6월 항쟁과
87년 체제의
성립

6월 항쟁과 87년 체제의 성립

지은이 | 이윤섭

1판 1쇄 펴낸날 | 2017년 11월 10일

펴낸이 | 이주명
편집 | 문나영
출력 | 문형사
인쇄 | 한영문화사
제본 | 한영제책사

펴낸곳 | 필맥
출판등록 | 제300-2003-63호
주소 | 서울시 서대문구 경기대로 58 (충정로2가) 경기빌딩 606호
홈페이지 | www.philmac.co.kr
전화 | 02-392-4491
팩스 | 02-392-4492

ISBN 978-89-97751-94-5 (03300)

* 잘못된 책은 바꿔드립니다.
* 값은 뒤표지에 있습니다.

이 도서의 국립중앙도서관 출판예정도서목록(CIP)은 서지정보유통지원시스템 홈페이지(http://seoji.nl.go.kr)와 국가자료공동목록시스템(http://www.nl.go.kr/kolisnet)에서 이용하실 수 있습니다. (CIP제어번호 : CIP2017027036)

6월 항쟁과 87년 체제의 성립

이윤섭 지음

서문

1948년 신생 독립국 대한민국은 민주공화국으로 출범하였다. 제헌 헌법 1조 1항은 대한민국은 민주공화국이라 선언하였고, 이는 9차 개헌에 따른 현행 헌법까지 변함없는 조항이다.

민주공화국(Democratic Republic)은 공화국이면서 민주주의 제도를 갖춘 나라이다. 정부의 권위와 권력은 궁극적으로 국민으로부터 나온 것이며, 선거로 뽑힌 공무원들이 정부를 지도하고 운영한다. 그러나 인류 역사는 민주공화정을 충실히 구현하는 것이 너무나 어려운 일임을 증명하고 있다.

건국 당시 대한민국이 물려받은 역사적 유산은 참담한 것이었다. 국가가 해야 할 책무를 거의 하지 않고 국민 대다수에 대해 의무만 부과하고 혹독한 착취를 해오다 무력하게 일본에 합병된 부패한 왕정 체제와, 낙후된 조선을 근대화하고 문명을 이식해 주겠다고 했지만 본질적으로 수탈적이었던 일본 제국주의가 남긴 부정적인 유산이 너무 많았다. 절망적인 빈곤과 더불어 국가권력과 사회에 대한 불신, 부패에 대한 불감증, 외세에 대한 의존성, 수단방법을 가리지 않고 살아남아야 한다는 의식, 집단적인 무기력증과 열등감, 권력과 물질적인 부에만 가치를 두는 풍조 등을 배경으로 한 정신적 빈곤은 건강한 민주사회를 이룩하려는 모든 시도와 노력을 무위로 돌릴 만큼 심각한 것이었다. 게다가 건국 후 2년도 채 지나지 않아 벌어진 3년간의 한국전쟁으로 인해 대한민국은 한정된 보유 자원의 많은 부분을 국가안보에 투여해야 하는 부담을 안게 되었다.

그렇게 누가 보아도 거의 가망 없는 나라였던 대한민국은 다른 가치들을 희생하면서 경제성장에 매진하여 놀라운 '압축성장'을 이루었다. 그리하여 마침내 세계 10위권의 경제 강국이 되었다.

경제적 성공의 결과로 1970년대 후반부터 민주적 가치의 실현을 바라는 국민의 목소리가 커졌다. 몰지각한 전두환 정권은 이를 폭력으로 억압했다. 전 국민적인 치열한 투쟁의 정점으로 1987년의 이른바 '6월 항쟁'이 있었고, 그 결과 새로이 민주적 헌법이 제정되어 지금까지 유지되고 있다. 이후 선거로 정권교체가 몇 차례 구현되는 등 제도적 차원의 민주화에도 성공했다.

대한민국은 1948년 건국에서 1980년까지 32년간 8차례나 개헌을 했다. 그러므로 헌법의 평균 수명은 수 년에 불과했다. 그리고 빈번한 개헌은 헌법이 집권자가 자의적으로 쉽게 변경할 수 있는 것으로 인식되게 했다. 이에 비해 1987년 9차 개헌으로 성립된 현행 헌법은 30년이나 유지되고 있으며, 2017년에는 헌법 수호 여부가 헌법재판소에서 대통령에 대한 탄핵의 인용과 기각을 결정하는 준거가 되는 모습을 온 국민이 지켜보기에 이르렀다. 이는 1987년 당시에는 누구도 예상하지 못한 일이다. 민주화 측면뿐 아니라 사회변화나 문화의 측면에서 보아도 대한민국사는 1987년 이전과 이후로 시대를 분기하여 볼 수 있을 정도로 1987년의 개헌은 의미가 크다. 이제는 민중궐기나 군사정변이 아니라 선거에 의해서

만 정권교체가 가능하다는 믿음이 사회의 저변에 굳건히 자리 잡게 되었다. 매우 긍정적인 성취라 할 수 있다.

그러나 지금에 와서 대한민국은 지난날의 성취가 무의미하다 싶을 정도로 심각한 도전에 직면해 있다. 가중되는 서민들의 생활고, 무너지는 중산층, 소모적인 정쟁에 몰두하고 대통령 선거에만 관심을 두는 정치권, 고질적인 지역몰표 현상, 미래가 없어 절망에 빠진 젊은 세대……. 모두가 이제는 낯익은 풍경이다.

언제나 '위기상황'인 것이 현대 국가의 특징이라고도 하지만, 지금의 현실에서 드러나고 있는 문제들은 시간이 지난다고 해서 저절로 해결될 수 있는 것이 아니다. 무언가 근본적인 해결책을 찾아야 한다는 공감대가 확산되고 있다. 이에 따라 1987년 9차 개헌으로 형성된 이른바 '87년 체제'의 한계가 지적되고 그 대안을 모색하는 움직임이 일어나고 있다.

'87년 체제'의 성립 기반인 6월 항쟁과 13대 대선에 대해서 많은 유권자들이 의외로 잘 알지 못하고 있다. 한국 현대사에서 각별한 의미를 지니는 6월 항쟁이 젊은 세대에게는 매우 낯설고 심지어 잊히는 현상은 이른바 '민주화 세대'에게는 매우 당혹스러운 일이다. '민주화'가 은근히 비아냥하는 말이 된 현실은 진영 논리의 잣대로는 '보수'가 좋아할 수도 있는 일이다. 그러나 당파적 입장에서 떨어져서 보면 국민 모두가 개탄할 일이기도 하다. 이는 전반적으로 민주화 운동과 한국 현대사에 대한 이해가 부족하여 생긴 것이다.

이 글은 1987년을 제대로 알아야 대안을 모색할 수 있다는 생각에서 전두환 정권 시절의 민주화 투쟁과 그 정점인 1987년의 6월 항쟁을 기술하였다. 각 진영의 정치선전이 '객관적 역사'를 대체한 현재 상황을 극복하자는 취지에서 '객관적 사실 묘사'에 중점을 두었지만, 이 글의 내용 또한 많고 많은 '사실(fact)들' 가운데 일부분에 불과하다. 그러나 정치선전에 기초한 한국 현대사가 아닌 사실에 기초한 한국 현대사를 구축하는 데 어느 정도 도움은 될 것이다.

차례

서문 · 4
프롤로그 · 10

1부 개헌운동과 전두환의 역공 · 29

김대중의 재미 정치활동 · 30
김영삼의 단식투쟁 · 52
학생운동의 활성화와 신민당의 부상 · 57
학원안정법 파동 · 104
민추위 사건 · 109
개헌운동 · 119
부천경찰서 성고문 사건 · 159
전두환의 계엄령 선포 지시 · 165
김대중의 대통령 불출마 선언 · 196
불출마 선언에 대한 각계의 반응 · 219

2부 1987년 6월 민주항쟁 · 239

미국의 한국 정계 개편 전략 · 240

박종철 고문살해 사건 · 249

전두환의 개헌 거부 선언 · 262

고문 은폐조작 진상 폭로 · 268

6월 민주항쟁 · 279

전두환의 병력동원 시도 · 304

미국의 개입 · 312

6·29 선언 · 320

13대 대선·총선과 지역분할 고착 · 353

전두환의 백담사 유배극 · 368

에필로그 : 87년 체제의 극복을 위하여 · 380

프롤로그

1979년 '10·26 사건'이 일어나 제주도를 제외한 전국에 비상계엄이 선포되었다. 새로이 민주헌법을 제정하자는 국민적 합의와 정치권의 동의가 있었고, 계엄사령관을 비롯하여 주요 군 지휘관들도 모두 유신헌법 폐지에 합의했다. 그러나 보안사령관 전두환(全斗煥, 육사 11기)을 중심으로 한 이른바 '신군부'는 1979년 12월 12일 하극상의 군사 쿠데타를 일으켜 군을 장악하고 치밀한 정권탈취 구상에 따라 1980년 5월 17일 전국비상계엄을 선포하고는 모든 정당을 해산하는 등 폭력으로 새로운 정치구도를 만들었다. 1980년 가을에 제정된 제5공화국 헌법은 유신헌법을 부분적으로 수정한 것에 불과했다.

전두환 정권은 허울뿐인 야당을 구축했고, 이후 1985년 12대 총선 이전까지 한국 정치에는 사실상 야당이 존재하지 않았다.

1980년 가을 중앙정보부는 '대야(對野) 전략'이란 명칭의 야당 재편 방안을 마련하여 전두환에게 보고했다. 이 '대야 전략'은 한마디로 '어용 야당'을 육성하는 것이었다.

이 '대야 전략'에는 다음과 같은 4개 항의 대전제 아래 세부실천계획이 들어 있었다.

1. 앞으로의 정계개편에 대비, 야권의 파벌 결속을 위한 회동 등을 예의 주시.
2. 범야 결속 방지 공작 긴요.
3. 4개 정도의 야당을 육성.
4. 참신한 인사가 리더십을 장악하도록 지원.

같은 해 12월 전두환 정권은 다음 해 1월 1일자로 중앙정보부를 국가안전기획부(약칭 안기부)로 개칭하기로 결정했다.

국가안전기획부
한 국가의 정보기관은 유용한 정보의 수집·분석을 통해 국가안보를 튼튼히 한다는 목적으로 세워진다. 그러나 민주의식이 모자라거나 결핍된 자가 대통령이 되면 국가정보기관이 공공성을 잃어버리고 대통령의 사조직이 되기 쉽다. 1961년 창설된 한국의 중앙정보부는 박정희 정권의 지킴이 역할을 했고, 중앙정보부장이 대통령 다음가는 제2의 권력자였다.

무소불위의 권력을 휘두르던 중앙정보부는 1979년 10·26 사건으로 한동안 기능이 정지되었다. 12·12 쿠데타 주도 세력은 보안사령부(약칭 보안사)를 통해 정권을 창출했다. 그 과정에서 중앙정보부는 보안사의 보조 역할을 했는데, 전두환 일당은 중앙정보부의 효용성을 새롭게 인식했다.

1980년 4월 보안사령관 전두환은 중앙정보부장서리직을 겸임하면서 중앙정보부에 대한 숙정작업에 나섰다. 보안사 인사처장과 합동수사본부 총무국장을 겸임하고 있던 대령 허삼수(許三守, 육사 17기)가 중앙정보부장

서리 특별보좌관 자격으로 중앙정보부 총무국장 이종찬(李鍾贊, 육사 16기)과 함께 이 숙정작업을 추진했다. 약 3백 명의 중앙정보부 직원이 축출되었다.

1981년 1월 1일자로 국가안전기획부법이 시행되어 안기부가 활동을 시작했으나, 보안사는 1월 24일 계엄령 해제 이후에도 민간부문 첩보 활동을 계속하면서 안기부를 견제할 수 있었다. 전두환 정권 출범 이후 정권의 중추부를 장악한 보안사 출신들은 보안사와 경찰의 기능을 강화했다.

전두환 정권 초기의 안기부장은 육군대장 출신 유학성(兪學聖)과 외무장관 출신 노신영(盧信永)이었다. 창설 이래 정보부의 영향력은 이 시기에 가장 약했다. 보안사 출신과 12·12 주도 세력이 청와대와 민정당, 그리고 정부의 핵심 부서에 포진하고 있었고, 안기부는 그 외곽에서 보조 역할을 했다.

그러나 시간이 흐르면서 안기부는 점차 이전 중앙정보부 시절의 위상을 되찾아갔다. 1985년 2월 전두환의 심복 장세동(張世東, 육사 16기)이 안기부장이 되자 안기부는 비로소 국가안전기획부법이 규정한 대로 초헌법적 존재로서 엄청난 권력을 휘둘렀다.

전두환 정권 시절의 국가안전기획부도 실체는 '정권안전기획부'였다. 야당 분열 공작, 행정부와 사법부에 대한 간여, 흑색선전, 반정부 인사의 여자관계 추적, 도청, 미행, 매수, 협박, 고문 등이 본업이었다. 이에 따라 국가정보기관이 갖추어야 할 정보 수집·분석 능력을 키우지 못했고, 국민에게는 공포의 대상인 동시에 경멸의 대상이었다.

전두환 정권 시절 안기부는 법(국가안전기획부법)의 보장으로 국민과 국회 및 어떤 행정기관의 감독도 받지 않고 책임도 지지 않으며 오로지 대통령 한 사람에게만 책임을 지도록 되어 있었다.

1981년 1월 1일자로 시행된 국가안전기획부법은 안기부의 직무를 다음과 같이 규정했다.

1. 국내외 보안정보의 수집·작성·배포
2. 국가기밀에 속하는 문서·자재·시설 및 지역에 대한 보안업무
3. 내란, 외환, 반란, 이적, 군사기밀누설, 암호부정사용의 죄 및 군사기밀보호법, 국가보안법, 반공법에 규정된 범죄에 대한 수사
4. 안기부 직원의 직무와 관련된 범죄에 대한 수사
5. 정보 및 보안 업무의 기획·조정

국가안전기획부법의 주요 내용은 다음과 같았다.

제5조 안전기획부의 조직·소재지·정원·예산 및 결산은 국가안전보장을 위하여 필요한 경우에는 이를 공개하지 아니한다.
제8조 부장·차장 및 기획조정실장은 정당에 가입하거나 정치활동에 관여할 수 없다.
제10조 ② 세출예산의 요구는 총액으로 하며, 그 산출내역과 예산회계법 제29조에 규정한 예산의 첨부서류는 이를 제출하지 아니한다.
④ 안전기획부의 예산은 국가안전보장을 위하여 필요한 경우에는 이를 다른 기관의 예산에 계상할 수 있다.
제11조 ① 안기부장은 국회의 예산심사 및 국정조사와 감사원의 감사에 있어서 국가기밀에 속하는 사항에 한하여 자료의 제출, 증언

또는 답변을 거부할 수 있다.

② 안기부장은 국가기밀에 속하는 사항에 한하여 국회의 질문에 응하지 아니할 수 있다.

제12조 안기부장은 그 책임 하에 소관업무에 대한 회계감사와 사무 및 직원의 직무에 대한 감찰을 행하고 그 결과를 대통령에게 보고한다.

국가안전기획부법으로 국가안전기획부는 국민과 국회로부터 거의 독립된 입장과 기능을 유지할 수 있도록 보장받았다. 안기부는 초헌법적 기관으로 '국가 안의 또 다른 국가(State Within State)' 정도가 아니라 '국가 위의 국가(State Beyond State)'였다. 민주국가에서 국가안에 국민, 언론, 국회의 감시를 전혀 받지 않는 정부조직이 존재한다는 것은 말이 안 된다.

1981년 3월 2일 대통령령인 '정보 및 보안업무 기획·조정 규정'이 공포되었다. 그 내용은 국가안전기획부의 방대한 권한을 세부적으로 뒷받침하는 것이었다.

이 규정은 "안기부장이 국가정보 및 보안업무에 관한 정책을 수립하고 각 정보수사기관의 업무 및 행정기관의 정보 및 보안업무를 조정한다"고 명시했다. 안기부장이 행하는 기획업무 속에는 정보예산의 편성도 포함되어 있었다. 여러 부처를 조정할 수 있는 안기부의 권한은 제5조에 명시돼 있었다.

국가안전기획부장이 정보 및 보안업무에 관하여 행하는 조정 대상 기관과 업무의 범위는 다음과 같았다.

1. 외무부
    가. 국외정보의 수집에 관한 사항
    나. 출입국자의 보안에 관한 사항
    다. 재외국민의 실태에 관한 사항
    라. 통신보안에 관한 사항

2. 내무부
    가. 국내 보안정보(외사·해양경찰·정보 포함)의 수집·작성에 관한 사항
    나. 정보사범 등의 내사·수사 및 시찰에 관한 사항
    다. 신원조사 업무에 관한 사항
    라. 통신정보 및 통신보안 업무에 관한 사항

3. 법무부
    가. 국내 보안정보의 수집·작성에 관한 사항
    나. 정보사범 등에 대한 검찰정보의 처리에 관한 사항
    다. 공소 보류된 자의 신병 처리에 관한 사항
    라. 적성 압수금품 등의 처리에 관한 사항
    마. 정보사범 등의 보도 및 교도에 관한 사항
    바. 출입국자의 보안에 관한 사항
    사. 통신보안에 관한 사항

4. 국방부
    가. 국외정보·국내보안정보·통신정보 및 통신보안 업무에 관한 사항

나. 제3호 나목(目) 내지 마목에 규정된 사항

다. 군인 및 군무원의 신원 조사업무 지침에 관한 사항

라. 정보사범 등의 내사·수사 및 시찰에 관한 사항

5. 체신부

가. 우편검열 및 정보자료의 수집에 관한 사항

나. 전파감시에 관한 사항

다. 기타 통신정보 및 통신보안 업무에 관한 사항

6. 문화공보부

가. 신문·통신 기타 정기 간행물과 방송·영화 등의 대중전달 매개체의 활동 동향에 대한 조사·분석 및 평가에 관한 사항

나. 공연물 및 영화의 검열에 관한 사항

다. 대공 심리전에 관한 사항

라. 대공 민간활동에 관한 사항

7. 과학기술처: 북한 및 공산국가의 과학기술 정보 및 자료의 수집·관리와 활용에 관한 사항

8. 국토통일원

가. 국토통일에 관한 국내외 정세의 조사·분석 및 평가에 관한 사항

나. 남북대화에 관한 사항

다. 이북 5도의 실정에 관한 조사·분석 및 평가에 관한 사항

라. 통일교육에 관한 사항

9. 기타 정보 및 보안업무 관련 기관: 정보 및 보안 관련 업무에 관한 사항

이 규정에는 또 안전기획부장이 이들 기관에 대하여 정보사업예산과 보안업무의 감사를 연 1회 이상 실시할 권한이 명시돼 있다. 이 규정은 "정보수사기관의 장은 정보사범 등의 신병 처리에 대하여 안기부장의 조정을 받아야 한다"고 하여 검찰과 경찰 및 군 수사기관에 대한 안기부의 통제를 제도화했다. 이 규정은 이 밖에도 각 정보수사기관이 정보사범에 대해 내사·수사·송치·재판 결과를 안기부에 보고하도록 규정했다.

국가안전기획부법은 안기부의 정치관여를 금지했고, 행정조정 업무는 명시하지 않았다. 그럼에도 불구하고 정부의 방대한 행정조직이 안기부의 영향권 아래로 들어간 것은 안기부가 정보비 집행권과 보안감사권을 가지고 있었고 고위공무원의 인사에 큰 영향을 줄 수 있었기 때문이다.

정부 각 부처의 예산에는 정보비란 항목이 있었고, 그 가운데는 반드시 안기부의 허가를 받아서 써야 하는 예산이 들어 있었다. 외국에서 온 귀빈에 대한 특수 접대비, 국제회의에서의 활동비, 경찰 및 군 수사기관의 보안관계 수사비, 학원대책 예산 등이 그것이었다. 이런 예산을 쓸 때는 안기부에 계획서를 제출하고 설명을 한 뒤 허락을 받아 타 쓰고 분기마다 예산집행에 따른 심사분석 보고서를 제출해야 했다.

보안업무규정(대통령령)에 따라 안기부는 정부 각 부처에 대해 보안감사(통신감사 포함)를 정기적으로 연 1회 또는 수시로 했다. 안기부 감사팀은

보안감사 이외에 감사원 감사대상인 항목에 대한 감사도 했다.

그러므로 안기부는 불법적인 수사나 연행 등의 폭력적인 방법 이외에 정보비 집행과 보안감사로도 일반 행정관청과 검찰, 법원을 종속시키고 통제할 수 있었다.

안기부는 고위공무원에 관한 신상보고를 통해서도 행정부와 사법부에 큰 영향력을 행사했다. 사무관급 이상의 공무원에 관한 안기부 등 정보기관의 신상보고는 인사기록 카드에 기록되었다.

특히 부이사관급 이상의 승진에는 안기부 등 정보기관의 신상보고가 결정적인 영향을 미쳤다. 해당 부처에서는 승진 대상자를 보통 배수로 뽑아 총무처 산하 중앙인사심의위원회에 추천했다. 이때 추천서류는 청와대 사정수석비서관실을 거쳤는데 승진 대상자에 대한 안기부, 경찰, 보안사의 정보보고서가 첨부됐다. 사정 담당 비서관들이 이런 보고서와 기존 인사기록 등을 참고하여 승진 탈락자를 정했는데, 이때 사정 담당 비서관들이 가장 중시한 것은 안기부의 보고서였다. 이 때문에 공무원들은 높은 직위로 올라갈수록 정보 부처를 출입하는 안기부 정보관들에게 굴종했다.

이처럼 전두환 정권 시절에 안기부는 법적, 제도적으로 초헌법적 특권을 보장받았다. 그러나 당시 안기부의 무소불위한 권력 행사는 이런 법적, 제도적 뒷받침에 따른 것이기 이전에 최고권력자의 신임에 따른 것이었다. 독재정권 아래서는 법치가 제대로 구현되지 않으며 오히려 인치가 압도하기 때문이다.

국가안전기획부법은 이후 민주화 과정에서 안기부의 초헌법적 정치사찰, 인권침해와 강압적 수사 등이 문제가 되어 1994년 1월 5일과 1997년 12월 13일에 일부 개정되었고, 1999년 1월 21일에 다시 일부 개정되면서 국가안전기획부를 국가정보원으로 개칭하였다.

11대 총선

안기부는 여당인 민주정의당(약칭 민정당)과 여러 야당의 창당을 주관했다. 정치규제에서 풀린 구 신민당 의원들을 바탕으로 민주한국당(약칭 민한당)이 창당되었다. 총재는 유치송(柳致松), 사무총장은 신상우(辛相佑)였다. 또한 공화당을 계승한다는 국민당이 창당되었다(총재 김종철). 이외에 혁신정당으로 민주사회당(총재 고정훈)과 사회당 등이 정권의 특별한 배려로 출현했다.

안기부는 민정당은 물론 민한당을 비롯한 모든 야당의 지역구와 전국구 의원 후보 공천까지 심사했다. 더구나 당 총재를 비롯한 주요 당직자 임명에도 주도적 역할을 했다. 심지어 창당선언문도 안기부가 사전 검열했다.

민정당은 1981년 1월 15일 잠실 실내체육관에서 창당대회를 열었고, 민한당은 1월 17일 세종문화회관 별관에서 창당대회를 치렀다.

1월 24일 전국비상계엄이 해제되었다.

2월 25일 전두환이 제5 공화국 헌법에 따라 체육관 선거로 12대 대통령에 당선되었고, 3월 3일 취임했다.

3월 25일 11대 총선이 실시되었다. 민정당이 151석을 얻어 전체 의석 276석의 절반인 138석을 훨씬 넘는 압도적인 과반수 원내 세력을 형성했다(지역구 90석, 전국구 61석, 득표율은 35.6%).

민한당은 11대 총선에서 82석을 얻어 제1 야당이 되었다(21.6% 득표). 국민당은 25석을 얻었다(13.3% 득표).

전두환의 민정당이 50%에 훨씬 못 미치는 35.6%의 득표율에도 불구하고 국회에서 압도적인 과반수 의석을 차지할 수 있었던 것은 선거제도가 기형적이기 때문이었다. 전두환 정권은 유신 시절에 만들어진 1지역구 2명 선출이라는 중선거구 제도를 그대로 유지했다. 92개의 지역구에서 2명씩 선출하는 184명과 전국구 의원 92명을 더해 국회의원 총수는 276명이었다. 제5 공화국 헌법은 지역구에서 제1 당이 된 정당은 전국구의 3분의 2인 61석을 차지하도록 규정했다.

　지역구마다 2명을 선출했으므로 출마하여 2위만 하면 당선되었다. 여당 후보가 여간해서는 3위 이하 득표를 할 수 없으므로 지역구에서 낙선할 가능성은 거의 없었다. 여당인 민정당이 지역구에서 제1 당이 될 확률은 거의 100%였다. 여기에다 지역구 의석의 3분의 2에 해당하는 61석을

11대 총선의 주요 정당별 득표수(명)				
	민주정의당	민주한국당	한국국민당	민권당
서울	122만 4521	84만 7357	42만 3943	22만 2251
부산	37만 5495	32만 5360	12만 2510	10만 8860
경기	81만 4540	48만 5703	21만 7978	12만 506
강원	37만 8872	18만 4790	14만 3131	3만 8537
충북	23만 332	11만 4075	16만 1518	4만 3779
충남	45만 4925	26만 9200	19만 9968	7만 6333
전북	37만 5787	21만 9981	10만 9077	11만 4209
전남	49만 3757	35만 1555	24만 1619	14만 380
경북	85만 9279	43만 2275	32만 2083	12만 2693
경남	52만 1875	22만 7449	20만 5466	9만 6672
제주	4만 7241	3만 8084		4627
합계	577만 6624	349만 5829	214만 7293	108만 8847

제1당에 주므로 민정당의 국회 과반수 의석 확보는 보장된 것이었다.

11대 국회에서는 민주한국당, 국민당, 민권당, 민주사회당 등 4개 정당이 야당 간판을 달고 있었다. 안기부에 의해 피조된 '제1 야당' 민한당은 11대 국회 내내 '면허 정당', '들러리 정당' 등의 별칭을 달고 다녔다. 모든 야당이 4년 내내 청와대와 안기부의 통제를 받았다. 사실상 전두환의 공천을 받아 당선된 야당 의원들도 상당수 있었다. 안기부는 민정당에 공천을 신청했다가 떨어진 정치지망생들을 '야당'에 보내 공천을 받도록 했다. 처음부터 안기부 추천으로 '야당'에 공천을 신청해 야당 의원이 된 자도 적지 않았다. 이들은 스스로 민정당 소속이라고 생각하면서 '간첩 의원'이 되어 야당의 동태를 수시로 안기부에 보고했다.

민한당 총재였던 유치송은 전두환이 11대 국회에서는 야당의 존재를 인정하지 않았음을 훗날 다음과 같이 증언했다.

"창당 후 야당 총재들이 전두환 대통령의 초청으로 청와대에서 조찬을 한 적이 있다. 전 씨 앞에서는 '야당'이라는 용어를 쓰지 못하는 상황이었는데 대화 중에 '야당 총재와'라는 말을 무심코 썼더니 전 씨가 '야당이 어디 있습니까? 1·2·3당이지요'라고 정색을 했다. 전 씨의 이 말에 아무런 반론을 제기할 수도 없었고, 또 그러는 야당 총재도 없었다."

민정당의 유력인사 가운데는 기자들에게 "야당(野黨)이 아니라 우당(友黨)이다"라고 말하는 자도 있었다.

1980년 5월 18일 이후 서울대 등 전국의 주요 몇몇 대학에는 사복 경찰이 대규모로 상주하게 되었다. 이들 중에는 폭력배 출신이 많았다. 이들로 인해 교내 반정부 시위는 오래 끌지 못하고 시작하자마자 곧바로 진압되었다. 이들은 여대생을 성폭행하는 만행도 저질렀다(언론은 이에 대해 한 줄도 보도하지 못했다). 대학 캠퍼스를 감옥으로 만드는 전두환의 폭거에 모두들 분개하게 되었다. 서울대, 연세대, 고려대, 성균관대 등 전국의 대학에서 반정부 시위를 했다는 이유로 1980년 5백여 명, 1981년 3백여 명, 1982년 1백 명가량, 1983년 3백여 명 등 모두 1363명이 제적되었다.

전두환 정권은 시국사건 보도를 엄금하고 매일같이 언론기관에 '보도지침(홍보보도지침)'을 보내 보도를 통제했다. 전두환 정권에서 문화공보부 홍보정책실은 하루도 빠짐없이 각 언론사에 보도 통제의 가이드라인인 보도지침을 은밀하게 보냈다. 그 내용은 '가(可), 불가(不可), 절대(일체) 불가'라는 보도 여부를 비롯해 보도할 기사는 어떻게 보도해야 하는지 등을 아주 구체적으로 지시하는 것이었다. 1983년에 들어서서는 겨우 1단 기사로 시국사건 기사를 지면에 싣는 것을 허용했다.

언론통제에는 안기부가 더 큰 역할을 했다. 문화공보부 홍보정책실은 안기부 언론 담당 부서와의 협의 아래 언론사를 상대했다. 문제기사에 대응할 때에는 안기부가 중요한 결정을 내리는 일이 많아 언론사에서도 홍보정책실을 상대하지 않고 바로 안기부와 담판을 지으려고 하는 경향이 있었다.

전두환 정권 시절에 정권보위 역할을 충실히 수행한 핵심 권력기관은 국가안전기획부(안기부), 국군보안사령부(보안사), 검찰, 경찰이었다. 보안사는 군의 쿠데타 움직임을 감시하는 본연의 기능 이외에 일반 국민을 수사할 수도 있었다. 이에 따라 보안사와 안기부가 주도한 '재일교포 간첩단 사건'이나 '어부 일가족 간첩단 사건' 같은 간첩조작 사건이 자주 일어났다.

국군보안사령부

군대는 쿠데타 등의 방식으로 정부 전복을 꾀할 수 있는 집단이다. 또한 군대는 특수한 조직으로 비밀이 많은 기관이다. 군에 반국가 세력이나 적국의 요원이 침투하면 정보유출 등 국가안보에 심각한 피해를 주는 일이 벌어질 수 있다. 이러한 일을 방지하기 위해 군대만을 감시하는 정보·수사기관이 필요하며, 군을 보유한 나라에는 모두 이러한 조직이 있다. 그러나 이러한 기관은 권력이 집중되어 군을 상대로 횡포를 저지를 가능성이 있는데, 후진국은 예외 없이 이러한 병리 현상이 있다. 우리나라도 1987년 민주화 이전까지 국군 정보조직의 폐해가 심각하여 과거 소련에서 정치장교가 군에 미친 부정적 영향을 능가할 지경이었다. 이럴 경우 군대는 외형상으로는 아무리 강해 보여도 질적으로는 허약할 수밖에 없는데, 한국군은 민주화 이후에도 이러한 상태에서 쉽게 벗어나지 못했다.

1948년 5월 27일 미군정 조선경비대 총사령부 정보처에 특별조사과(Special Investigation Section)가 창설되어 군 내부의 정보·수사기관 역할을 했다. 특별조사과 창설 당시 부대장은 김안일(金安一, 1917~2014)이었고, 주요 도시에 파견대를 두었다. 임무는 주요 인물에 대한 뒷조사, 남한 내 공산주의자들의 활동 감시, 북한 정권의 대남 간첩활동 조사, 대북 첩보·정보수집 등이었다.

1948년 8월 15일 대한민국 정부 수립 이후 정보처는 육군본부 정보국(국장은 백선엽)으로 개편되었는데, 여순사건 발생 직후인 1948년 11월 1일 정보국 3과인 특별조사과는 특별정보대(Special Intelligence Service)로 확대·개칭되고 권한도 강화되었다.

특별정보대는 본격적인 군 숙청 작업에 착수하여 제3과장 김안일 소령의 지휘 하에 김창룡(金昌龍, 1916~1956)·이세호 등이 이끄는 특별조사반을 구성해 1948년 11월부터 이듬해 9월까지 박정희 소령을 포함한 군인 570여 명과 민간인 85명을 좌익 혐의로 검거했다.

1949년 1월에는 전국 주요 도시에 15개의 파견대를 설치했다. 특별정보대는 1949년 10월 방첩대(防諜隊, CIC, Counter Intelligence Corps)로 이름을 바꾸었다.

1950년 10월 방첩대는 정보국에서 분리되어 육군본부 직할부대인 특무대(Special Operation Unit)가 되었다. 특무대는 일명 '1348부대'로 불렸고, 김형일(金炯一)이 초대 특무대장이었다. 1951년 3월 본부 인원은 400여 명이었고, 파견대의 민간정보원 190여 명이 소속되어 있었다.

본부 조직으로 제1팀(특수작전팀)은 군 내부와 지역에 대한 특별감시 활동을, 제2팀(정치경제팀)은 문화·예술·언론·라디오 분야의 정보 수집과 정당활동 조사를, 제3팀(조사안보팀)은 주요 인물의 배경 조사와 신분증명 파일 조사를 했다. 그리고 제5팀(총무팀)이 있었다.

전국 주요 지역(안양·청주·대전·전주·광주·대구·포항·부산·마산·제주·영주)에 하부조직이 배치되었고, 육군 3개 군단 및 전방 사령부와 각 군단·사단별로 파견대가 배치되었다.

1951년 5월 특무부대장에 임명된 김창룡은 함경도 출신인데 이승만 대통령에게 직보하는 등 육군참모총장보다 더 큰 권력을 행사했다. 이승만의 전폭적인 신뢰를 받으며 전국적인 정보망을 갖춘 특무대는 큼직한 정치적 사건을 모의·주도하는 등 비밀경찰(정보부) 역할마저 수행했다(1953년에는 해군 방첩대가 창설되었고, 1954년에는 공군 특별수사대가 생겼다). 1956년 특무대에는 특무과·조사과·재정과 등 5개 과가 있었고, 특무대본부는 '1928부대'로 불렸다. 1956년 3월 특무대의 소속 인원은 4083명이었고, 전국 요충지역에 27개의 지부를 운영하였다.

일본 관동군 헌병 출신인 김창룡은 지나친 횡포를 부려 모든 장군과 장교의 원한을 사고 정치권의 미움을 받았다. 결국 1956년 1월 30일 아침 출근길에 암살되었다.

특무대는 1960년 4·19 의거 이후 육군방첩부대로, 1968년에는 육군보안사령부로 이름을 바꿔가며 엄청난 세도를 누렸다. 1977년 육군 보안사령부, 해군 방첩대, 공군 특별수사대가 통합되어 국군보안사령부가 탄생했다. 국군보안사령부는 육·해·공군과 해병대를 모두 감시하게 되어 그 권력이 더욱 비대해졌다.

1979년 3월 20대 보안사령관에 임명된 육군소장 전두환은 집권하는데 보안사령부의 정보 능력을 십분 활용하였다. 전두환 정권 탄생의 산파역이었던 보안사령부는 전두환 집권 시절 민간인을 연행·고문하는 등 엄청난 횡포를 저질렀다(노태우는 21대 보안사령관). 1991년에는 국군기무사령부로 개칭되었다.

김창룡 암살 사건

1956년 1월 30일 오전 7시 30분경 육군 특무대장 김창룡 소장이 지프를 타고 출근하던 도중 서울 용산구 용호로(원효로) 1가 51번지 '미원' 미장원 앞 노상에서 괴한의 총격에 피살되었다(김창룡의 집은 원효로 1가 17번지에 있었다). 중장으로 추서된 김창룡의 장례는 2월 3일 첫 번째 국방장(國防葬, 현 국군장)으로 치러졌다.

특무대는 '김창룡저격사건 특별수사본부'를 설치하고 수사를 했는데, 사건 발생 20여 일이 지난 2월 23일부터 26일에 걸쳐 사건 관련자로 과거 특무대에서 김창룡의 부하로 근무했던 허태영(許泰榮) 대령과 그의 운전병 이유회(李留會) 일등중사, 육군본부 정병감 이진용(李珍瑢) 대령, 제12범죄수사대 대장 안정수(安楨洙) 소령, 허태영의 아우로 헌병 중위인 허병익(許炳益), 직접 저격에 나선 민간인 신초식(申初湜)과 송용고(宋龍高) 등을 체포했다. 또한 자유당 국회의원 도진희(都晋熙)도 암살에 사용된 지프차의 은닉을 도운 혐의로 체포되었다.

허태영 대령은 평소 김창룡을 증오한데다가 강문봉(姜文奉) 중장의 권고도 있어서 1955년 9월부터 김창룡을 죽이기로 결심하고, 자신의 사병(私兵)인 민간인 신분의 신초식과 송용고를 포섭했다.

1955년 12월 3일과 1956년 1월 28일 두 차례 암살 기회를 놓쳤으나 결국 1956년 1월 30일 이유회가 모는 지프차를 이용하여 신초식과 송용고가 김창룡 암살에 성공하였다. 이유회가 김창룡이 탄 지프차의 진로를 막자 김창룡의 운전병 박대복 중사가 경적을 울렸다. 순간 지프 안에서 송용고와 신초식이 튀어나왔다. 송용고는 육군 소령, 신초식은 육군 중위 계급장을 단 군복을 입고 있었다. 김창룡이 탄 지프차 문을 열고 송용고는 미제 45구경 권총으로 두 발을 쏘았고, 신초식은 네 발을 발사했다. 운전병 박대복 중사는 총을 맞고도 필사적으로 차를 서대문 적십자병원으로 몰았다. 의사가 달려왔지만, 잠시 후 김창룡은 숨을 거두었다.

허태영은 법정 진술에서 김창룡을 죽인 이유를 다음과 같이 말했다.

"김창룡은 평소 개인의 영달을 위해 무분별하게 사람들을 잡아들였으니 공산당 1명에 무고한 양민 10명의 비율로 무고한 사람들이 그의 손에 희생되었다. 김창룡이 취급한 사건들도 전부가 협박공갈로 자백을 받은 것으로 대부분 허위날조됐거나 침소봉대된 것이었다. 한편 뒤켠에서는 살인, 약탈, 협박 등으로 군수품을 빼돌리고 밀수를 하는 식으로 수단과 방법을 다 동원해서 김창룡이 그간 모은 재산만 20억 환이다."

군사재판에서 허태영, 이유회에게는 사형이 선고되었고, 다른 관련자들에게도 징역 3년에서 20년 사이의 실형이 선고되었다. 신초식, 송용고는 민간인이어서 일반 법원에서 사형선고를 받았다. 이에 1956년 11월 12일 허태영 대령의 아내 황운하(黃雲夏) 씨가 당국에 탄원서를 제출했다. 자신의 남편 허태영의 배후에 강문봉 중장(전 2군 사령관. 당시 국방대학원 입교)이 있다는 주장이었다. 그녀는 강 중장이 허 대령에게 막대한 자금을 제공하는 등 암살을 교사했다고 폭로했다.

이에 따라 배후에 대한 수사가 새로이 진행되어 강문봉 중장과 공국진(孔國鎭) 준장, 강홍모(姜弘模) 대령, 성정모(成正模) 대령, 백학규(白鶴圭) 중령 등이 체포되었다. 강문봉은 군사재판에서 김창룡의 횡포에 대해 증언했다.
"김창룡은 직속상관인 참모총장이나 국방부장관을 무시하고 직접 대통령에게 보고하는 따위의 월권을 자행했다. 비위사실의 보고 내용도 사적인 감정에서 나온 것이 많았다. 김창룡은 정보를 군사 목적으로서가 아니라 자신의 세력 확장에 이용했다. 그는 또 지휘관 사이를 이간시켜 장성들을 분열시켰다. 특무대는 본래의 사명을 망각하고 군 지휘관들을 감시하는 데 열중했다. 특무대는 군의 암적 존재다."

강문봉은 사형, 공국진은 징역 5년, 성정모는 징역 3년, 강홍모는 징역 2년, 백학규는 징역 2년을 선고받았다. 결국 1957년 9월 허태영과 이유회에 대한 사형이 총살형으로, 1958년 5월에는 신초식과 송용고에 대한 사형이 교수형으로 각각 집행되었다.

그러나 강문봉은 사형 선고 후 곧바로 무기징역으로 감형되었다. 군의 신망이 높은 강문봉을 사형시킬 경우 군의 반발로 어떤 일이 일어날지 몰랐기 때문이었다.

김창룡 암살 사건 이후 특무대의 군 통제력은 줄어들었는데, 4·19 의거 때 군이 중립을 지켰던 것도 이와 관련이 있다.

1부
개헌운동과 전두환의 역공

김대중의 재미 정치활동

1980년 11월 3일의 미국 대통령선거에서 공화당의 로널드 레이건(Ronald Reagan, 1911~2004) 후보가 민주당 후보인 지미 카터 현직 대통령을 누르고 당선되었다. 이어 김대중 석방 문제를 둘러싸고 전두환 정권과 레이건 진영 사이에 외교흥정이 벌어졌다. 레이건 진영의 대표로 흥정에 나선 사람은 백악관 안보담당 보좌관으로 내정된 리처드 앨런(Richard Vincent Allen)이었다.

리처드 앨런은 카터 행정부의 양해를 얻어 김대중 구명을 위해 내한했다. 전두환 측은 김대중을 살려주는 조건으로 전두환의 미국 방문과 한미 관계의 정상화를 요구하였다. 리처드 앨런은 김대중 구명 외에 김지하 시인의 석방도 요구했다(세계 펜클럽이 앞장선 김지하 석방 운동은 국내 언론에는 보도되지 않았으나 세계적인 이슈였다). 12월 양측은 서로 상대방의 요구를 들어주기로 합의했다.

1981년 1월 20일 로널드 레이건 당선자가 미국 대통령으로 취임했다. 이날 레이건은 전두환에게 미국 방문을 요청하는 서한을 보냈다.

전두환의 미국 방문은 전두환 정권에 대한 미국 정부의 공식 승인을 뜻했다. 이 거래는 전두환에게 크나큰 이익이었다. 왜냐하면 전두환은 처음부터 김대중을 사형시킬 생각이 없었기 때문이다(대령들인 허삼수·허화평·김진영 등은 사형 집행을 주장했다). 국내외에서 고립된 전두환에게 김대중 재판은 처음부터 미국 정부의 승인을 얻기 위한 수단이었다. 나중에 미국 정부의 관리도 이 거래에서 전두환에게 너무 많은 것을 주었다고 인정했다.

1월 23일 대법원이 김대중의 상고를 기각하여 사형이 확정되었다. 바로 이날 전두환은 김대중을 무기징역으로 감형했다.

1월 28일 전두환이 미국 로스앤젤레스 공항에 도착했다. 미국 교민들은 전두환이 가는 곳마다 반대 시위를 벌였다.

2월 2일 백악관에서 한미 정상회담이 열렸다. 공식 통역관도 없이 한국 외무장관 노신영이 통역으로 배석했다. 레이건과 전두환이 마주 앉은 시간은 단 10분이었다. 통역하는 데 걸린 시간과 인사말을 한 시간을 빼면 5분 정도 대면한 것이다. 미국 정부는 전두환을 푸대접한 정도가 아니라 아예 대접을 하지 않은 것이다.

2월 25일 전두환은 제5 공화국 헌법에 따라 체육관 선거로 12대 대통령에 당선되었다.

3월 3일 전두환은 12대 대통령으로 취임하였다. 전두환은 이날 김대중을 무기징역에서 징역 20년으로 다시 감형했다.

김대중의 교도소 생활은 다른 정치범들과 마찬가지로 열악한 환경 속에서 이어졌다. 1982년 1월 20일 김대중을 면회한 부인 이희호는 일본 내 최다 부수를 자랑하는 〈아사히(朝日)신문〉 기자와 인터뷰했다. 〈아사히신문〉은 사흘 뒤인 23일 아래와 같이 보도했다.

작년 1월 23일 대법원의 상고기각으로 사형확정 즉일로 대통령 권한에 의해 무기로 감형된 그 운명의 날로부터 1년. 한국의 김대중 전 대통령후보는 지금 충청북도 청주시의 형무소에서 차가운 겨울을 나고 있다. 형무소의 특별동이라고 부를 수 있는 1동에 있는 실내온도 10도의 독방에서 부은 다리와 어깨 결림, 그리고 귀울림증에 시달리면서 독서로 나날을 보내고 있다. 작년 8월 광복절과 크리스마스 때 이야기되던 사면에의 기대는 실현되지 않고 이제는 그런 가능성도 사라지고 말았다.

20일 김대중 씨를 면회한 이희호 부인은 다음날 서울 시내 자택에서 "남편은 지병이 겹쳐 2중 3중의 괴로움을 초인적으로 견뎌내고 있습니다. 민주국가에서 이렇게 가혹한 대우가 있을 수 있습니까"라고 호소했다.

부인과의 면회는 조그마한 구멍이 여러 개 뚫려 있는 유리 너머로 이루어져 얼굴은 잘 보이지 않았지만, 이전과 별로 다름이 없었다고 한다. 김 씨는 "다리가 많이 붓고, 피부가 당기는 것 같으며, 어깨가 결리고, 귀에서 소리가 난다"고 말했다고 한다. (……) 현재 쓰고 있는 독방은 침대가 없어 김 씨는 땅바닥에서 기거한다. 실내의 기온은 10도. 옷을 두껍게 껴입고 추위를 견딘다. (……) 심경은 침착함을 회복했다 한다. 작년 12월 면회 때 김 씨는 부인에게 "이처럼 괴롭고 치욕적인 일은 평생 처음으로, 미칠 것만 같았다. 왜 나를 살려놓고 있는가 하고 하느님을 원망하기도 했다. 자고 있을 때도 격한 감정이 끓어올라 기도로 극복했다. 그러나 지금은 편안하다"고 말했다 한다.

김대중은 자신의 수감생활을 나중에 다음과 같이 묘사했다.

아키노 씨는 마르코스 대통령의 최대 정적이요 그 때문에 미국에 추방되었지만, 나와는 달리 여행하는 데는 자유스러운 몸이었다. 나는 여권상 여행이 제한되어 미국 밖으로는 나갈 수가 없었지만 아키노 씨는 세계 어디고 마음먹은 대로 돌아다닐 수 있었다. 리비아도 갔다 왔고, 말레이지아도 다녀왔으며, 중남미도 갔다 왔다.

그 사람은 국내에 있었을 때 투옥당해서도 나와는 전혀 다른 감옥생활을 했다. 나처럼 그도 사형선고를 받아 투옥되었지만 해군 병영에 수감되어 있으면서 신문이나 텔레비전을 다 보고, 수영을 하고, 먹고 싶은 것을 다 먹었다고 한다. 거기다 가족이 매일 면회할 수 있었으며, 부인이 1주일에 한 번씩 자고 갔다. 그의 막내딸은 아키노 씨가 수감되어 있을 때 생긴 자식이었다. 내 경우 수감되어 있는 동안 신문 한 장 못 보았고, 가족 면회는 한 달에 한 번 10분 정도밖에 되지 않았으며, 한 달에 한 번 편지 쓰는 것 외에는 일체 글 쓰는 일조차 허락되지 않았다.

(김대중, '미국 체류 2년의 회고', 〈신동아〉 1985년 7월호)

김대중은 1982년 12월 13일 안기부의 요구에 따라 전두환에게 신병 치료를 위한 석방과 출국 허가를 탄원하는 편지를 썼다.

전두환 대통령 각하

국사에 전념하신 가운데 각하의 존체 더욱 건승하심을 앙축하나이다. 각하께서도 아시다시피 본인은 교도소 생활이 2년 반에 이르렀사온

데 본래의 지병인 고관절변형증과 이명 등으로 고초를 겪고 있으며 전문의에 의한 충분한 치료를 받고자 갈망하고 있습니다.

본인은 각하께서 출국 허가만 해주신다면 미국에서 이삼 년간 체류하면서 완전한 치료를 받고자 희망하온데 허가하여주시면 감사천만이겠습니다.

아울러 말씀드릴 것은 본인은 앞으로 국내외를 막론하고 일절 정치 활동을 하지 않겠으며 일방 국가의 안보와 정치의 안정을 해하는 행위를 하지 않겠음을 약속드리면서 각하의 선처를 앙망하옵니다.

1982년 12월 13일 김대중

12월 16일 정부 대변인 이진희는 성명을 발표했다.

"정부는 국가보안법과 계엄법 위반죄로 형이 확정되어 청주교도소에 복역 중인 김대중을 서울대병원으로 이송, 지병을 치료토록 조치했다. 앞으로 김대중 본인과 가족의 희망을 참작, 미국에서의 신병 치료를 포함하여 가능한 한 관대한 조치를 취할 방침이다. 그의 병원 이송은 과거 앓아오던 지병이 악화돼서가 아니다. 이 같은 정부 방침은 구시대의 잔재를 청산하고 국민 대화합을 이룩하려는 제5 공화국의 의지와 전두환 대통령 각하의 인도주의적 배려에 의해 결정된 것이다."

이날 오전 병원 구급차를 타고 서울대병원에 도착한 김대중은 12층 1병동 귀빈 병실에 입원했다. 김대중은 병원에서 간단한 치료를 받은 후 12월 23일 미국으로 떠나 워싱턴 내셔널 공항에 도착했다. 공항에 환영하러 나온 사람들은 '행동하는 양심'이라고 쓴 플래카드와 김대중의 사진을 붙인 푯말을 들고 있었다. 박수와 환호 속에서 김대중은 도착성명을 읽어 내려갔다.

"1973년 동경에서 납치된 이래 세계의 여론이 나를 도와주고 신체적 안전을 지원해준 데 대해 감사한다. 그리고 미국민과 레이건 대통령 및 레이건 정부의 배려에 감사한다. 동시에 나는 민주주의를 위해 투쟁하다 투옥된 동지들이 조속히 석방되기를 기원한다. 나 자신은 수년 후 귀국하여 국민들을 위해 공헌하기를 희망한다."

김대중은 미국 체류 첫날을 워싱턴 교외에 있는 힐튼 호텔에서 지냈다. 이날 김대중은 시사주간지 〈뉴스위크〉와 인터뷰했는데 〈뉴스위크〉는 인터뷰 내용을 1983년 1월 31일자에 실었다. 다음은 그 내용이다.

— 강제로 정치적 망명을 하게 되었나?
= 나의 석방에 대한 압력이 컸기 때문에 한국 정부는 더 이상 나를 가둘 처지에 있지 못했다. 한국 정부는 내가 신병 치료차 미국에 가는 데 동의한다면 나를 석방해주겠다고 제의해 왔다. 처음 나는 그러한 제의를 수락하고 싶지 않았다. 그러나 나의 벗들이 내가 미국에서 보다 효과적으로, 그리고 안전하게 치료를 받을 수 있다고 나를 설득했다.
— 당신의 석방을 두고 미국 정부는 '화해의 정신'이 현재 한국에서 나타나고 있다는 표시라고 말하고 있다. 동의하나?
= 한국 정부가 진정으로 사태를 개선할 생각이라면 나를 사면한 후 내가 고국에 돌아가 정치적 활동을 할 수 있도록 허용해야 한다. 그러나 나는 단지 형집행정지를 받았을 뿐이다. 이는 화해의 정

신과는 매우 멀다.

― 전두환 대통령 하에서의 인권 상황은 박정희 대통령 때보다 개선되었나, 아니면 악화되었나?

= 악화되었다. 정치범에 대한 고문의 예나 그 가혹성은 더욱 늘어나고 심해졌다. 언론자유에 대한 제한도 훨씬 더 심하다. 노조가 스스로 조직하거나 정당한 항의를 할 권리도 크게 줄어들었다. 학생과 교수들에 대한 탄압과 감시도 강화되었다. 반면 일부 긍정적인 변화가 없는 것도 아니나 이는 모두가 피상적인 것으로 구조적 탄압을 숨기는 데 목적이 있는 외양상의 변화에 지나지 않는다. 예를 들어 학생들이 머리를 기르도록 허용되고 있으며 제복을 입지 않아도 되도록 허용되고 있다.

― 최근 한국의 재야세력으로부터 전해지는 이야기가 별로 없는데 재야세력이 약해진 것은 아닌가?

= 전두환 장군이 집권했을 때 한국민은 충격을 받아 새로운 정권에 대해 겁에 질린 상태에 있었다. 그래서 한국민은 입을 닫아버렸다. 그러나 이제 한국민은 불평과 불만을 토로하기 시작했다. 지금의 재야세력은 숫자로는 박 정권 때보다 못할지 모르나 대의에 대한 열성이라는 질적 측면에서는 더욱 강력하다. 그렇기 때문에 한국 정부는 나를 석방하는 길 밖에 다른 도리가 없었다.

― 레이건 행정부는 그들의 조용한 외교가 당신을 석방하는 데 기여한 것으로 주장하고 있다. 그렇게 생각하는가?

= 그러한 도움이 있었는지 나는 모른다. 그러나 원칙적으로 나는 민주주의와 인권과 같은 대의가 관계되는 한은 조용한 것이 아

닌 공개되고 공공연한 외교를 찬성한다. 레이건 대통령이 민주주의와 인권을 공개적으로 옹호하지 않는다면 한국민은 미국 정부가 민주주의와 인권을 옹호하고 있음을 어떻게 알겠는가?

— 전두환 대통령을 미국의 좋은 친구로 받아들이는 레이건 대통령의 동기는 무엇이라고 생각하는가?

= 일부 미국 지도자들은 한국의 정치적 안정이 미국의 이익을 지키는 데 필요하다고 간주하고 있다. 그러나 그들은 독재자 밑에서의 정치적 안정은 피상적이며 겉치레에 지나지 않는다는 것을 깨닫지 못하고 있는 것이다. 그들이 안정으로 간주하는 침묵은 무덤의 침묵이다.

— 미국이 한국의 인권 상황을 개선하기 위해 해야 할 일이 무엇인가?

= 우리가 미국에 바라는 것은 우리에게 내려진 독재적 지배를 반대하고 있음을 공개적으로 밝혀달라는 것뿐이다. 우리는 미국의 정신적 지원을 요청한다. 미국이 군사적으로나 경제적으로 한국에 매우 깊이 개입하고 있기 때문에 그러한 지원은 매우 효과적일 것이다. 이승만 정권 말기에 민주주의를 지지하는 미국의 공개된 입장이 한국민으로 하여금 이승만 정권을 무너뜨리도록 고무했다.

— 미국이 군대를 철수시킨다고 위협해야 하나?

= 그래서는 안 된다. 미군의 한국 주둔은 한반도에서 또 다른 전쟁이 발발하는 것을 막는 데 필요하다. 만일 미국이 군대를 철수한다면 한국 정부는 더욱 가혹한 탄압 통치를 실시하는 구실을 얻게 될 것이다.

— 레이건 대통령이 인권에 대한 역점을 축소시킨 결과로 한국민들 간에 미국에 대한 이미지가 크게 악화되었는가?

= 그러한 이미지 악화는 카터 대통령 때 이미 시작되었다. 전두환 장군의 쿠데타는 카터 대통령이 집권하고 있을 때 일어났다. 미국 정부는 박정희 대통령 암살이 있은 후 민주주의에 대한 한국민의 열망을 지지한다고 약속했다. 그러나 실제로는 미국 정부는 아무 일도 하지 않았다. 한국군이 수백 명의 국민을 학살할 때에도 미국 정부는 침묵을 지켰다. 한국군을 장악하고 있는 미군 사령관마저도 학살을 중지시킬 조치를 취하지 않았다. 한국민은 이러한 태도에 대단한 불만을 갖고 있었다. 레이건 대통령 하에서 미국의 정책에 대한 한국민의 실망은 더욱 커졌다.

— 당신은 남북한의 통일을 열렬히 지지하는가? 한반도의 통일은 어떻게 실현될 수 있다고 생각하는가?

= 우선 한국에 민주주의가 실현되어야 한다. 한국이 국민들의 전폭적인 지지를 받을 수 있는 정부를 가졌을 때에만 북한은 한국을 강력한 상대자로 간주할 것이다. 그런 연후에라야 한국이 북한을 협상으로 유도하는 것이 보다 용이해질 것이다.

— 당신의 계획은 어떤 것인가? 한국으로 돌아갈 것인가?

= 우선 얼마 동안은 병원에서 보내게 될 것이다. 그런 다음 나는 객원 학자로 와 달라는 하버드 대학의 초청에 대한 수락 여부를 결정하겠다. 내가 한국에 돌아갈 수 있는 가능성은 민주주의가 회복되면 매우 높아질 것이다. 그러나 만일 필요하다면 나 자신의 개인적인 안전을 희생해서라도 나는 돌아가겠다.

— 1971년 당시와 같이 다시 대통령에 출마할 수 있기를 바라는가?

＝ 현재 나의 주요 관심은 한국민들에게 봉사하고 그들이 민주주의를 회복하도록 돕는 데 있다. 나는 내 위치에 상관없이 그와 같은 봉사를 할 작정이다.

김대중은 다음 날인 12월 24일도 하루 종일 기자회견으로 보냈다. 〈뉴욕타임스〉, 〈워싱턴포스트〉, 〈아사히신문〉 등의 기자와 차례로 만나 2년여 동안 하지 못했던 말들을 토해냈다. 김대중은 "하루라도 한국에 빨리 돌아가고 싶다"고도 말했고 "나는 이미 4차례나 죽을 고비를 넘겨 이제는 정치에 대한 마음가짐도 많이 달라졌다"고도 말했다.

크리스마스 날인 25일 아침 김대중은 메릴랜드 주의 한인 교회에 나가 기도했다. 그리고 워싱턴 중심부에 있는 세인트 매슈스 성당을 찾아가 크리스마스 미사에 참석했다.

미사가 끝난 뒤 김대중은 무슨 기도를 올렸느냐는 기자의 물음에 "그리스도가 항상 나와 함께 계셔주었음을 감사했고, 특히 몇 번이나 내 생명을 구해주신 데 대해 감사했다"고 대답했다. 그러면서 "나는 이후에도 정치에 관심을 가질 것이지만 무엇이 그리스도의 뜻에 따르는 길인가를 새겨 행동하겠다"고 말했다.

전두환은 1982년 12월 25일 크리스마스 특사로 광주사태 관련 수감자 전원을 석방했다.

김대중은 이때 자신이 석방되어 미국으로 가게 된 경위를 훗날 월간지 〈신동아〉(1985년 7월호) 기고문 '미국 체류 2년의 회고'와 국회 광주사태진상조사특별위원회 증언(1988년 11월 18일)을 통해 설명했다.

나는 왜 미국으로 가야 했던가? 1982년 12월 13일로 기억한다. 그 날 오후 청주교도소에서 복역 중인 나를 아내가 면회 왔다. 예정에 없던 면회였다. 아내의 말인즉 당국에서 병 치료를 위해 내가 미국에 가는 것이 좋겠다고 제의해와 그 일을 상의하러 왔다는 것이었다.

나는 이 제의를 한마디로 거절했다. 병 치료를 한다면 국내에서 해도 충분할 것이요, 고국을 떠나고 싶은 생각이 없기 때문이었다. 아내는 알았다고 대답하면서 돌아갔다.

그런데 그 다음날 나는 이야기가 끝난 것으로 알고 있었는데 다시 면회 온 아내 말이, 어제 동지들과 상의해본 결과 모두들 제의를 받아들여 미국에 가는 것이 좋겠다는 의견이어서 다시 권유하러 찾아왔다는 것이었다.

내가 미국으로 가는 것이 좋겠다고 동지들이 결론을 내린 이유는 두 가지였다.

첫째는 내가 당국의 제의를 받아들여 미국에 가야만 함께 투옥된 다른 동지들이 다 석방될 수 있을 것이라는 점, 둘째는 71년 선거유세 때 있었던 자동차사고 때문에 생긴 고관절변형증을 미국에 가야만 안심하고 제대로 수술을 받을 수 있다는 이유였다.

아내의 간곡한 권유에 나도 마음이 움직였다. 내가 미국에 감으로써 과연 나로 인해 투옥된 동지들이 석방될 수 있다면 이를 위해 내가 할 수 있는 일은 무엇이라도 해야 한다고 생각했다.

〈신동아〉 기고문에서

신경식 위원: 82년 12월 13일 증인은 건강상 치료를 받고자 미국

에 가기를 원한다고 그러면서 '본인은 앞으로 국내외를 막론하고 일체 정치활동을 하지 않겠으며 일방 국가의 안보와 정치의 안정을 해하는 행위를 하지 않겠음을 약속드리면서 각하의 선처를 앙망하옵니다'라는 내용의 탄원서를 제출한 것으로 알고 있습니다. 사실입니까?

김대중: 예, 그런 것을 낸 것은 사실인데 그것은 제가 먼저 가겠다는 것이 아니고 정부에서 가달라고 얘기하는데 나중에 요식을 꾸밀 때 그렇게 꾸민 것입니다. 그리고 제가 미국에 가서 그 정치활동을 했는데 그때는 대사관에다가 통고를 하고 내가 법적 책임을 진다고 말하고 했습니다.

신경식 위원: 이어서 82년 12월 13일 탄원서를 내기에 앞서서 81년 1월 23일 내란음모 사건이 대법원에서 상고를 기각하기 5일 전인 1월 18일 증인은 '본인의 행동으로 국내외에 물의를 일으키고 이로 인하여 국가안보에 누를 끼친 데 대하여 책임을 통감하며 진심으로 국민 앞에 미안하게 생각해 마지않습니다. 본인은 앞으로 자중자숙하면서 정치에는 일체 관여하지 않을 것이며 오직 새 시대의 조국의 민주발전과 국가안보를 위하여 적극 협력할 것을 다짐하는 바입니다' 하는 내용의 탄원서를 그 당시에도 제출했습니다. 여기에 서명하고 지장을 찍고 그랬는데 사실입니까?

김대중: 예, 그렇습니다.

신경식 위원: 제가 지금 이 두 가지를 인용한 것은 아까 위원들 질문에 답변하실 때 무기로 되었다가 또 감형되었다가 출옥하고 이게 무슨 법을 마음대로 하는 것이 아니냐, 그런 질문을 했을 때

증인께서 답변하시는 과정에서 사실 근거 없는 죄명으로 그렇게 되었고 내가 나오게 된 것은 국내외 전 세계의 압력으로 나오게 된 것이다, 그런 말씀을 하셨습니다. 저는 지금 이 두 가지 탄원서가 증인이 감옥에서 나오는 데 영향을 미치지 않았나, 이렇게 생각을 하고 있는데 전적으로 이 탄원서가 영향을 미쳤다는 것이 아니라 이 탄원서도 일부 영향을 미쳤지 않았겠나, 이런 생각을 하는데 증인께서는 어떻게 생각하십니까?

김대중: 그것은 거꾸로입니다. 저를 죽이려다가 도저히 죽일 수 없으니까 나중에 살릴 때 요식행위를 갖추면서 그것을 써달라고 해서 써준 것이고 미국 갈 때도 그쪽에서 가달라고 했는데 제가 안 간다고 했으나 밖에서 저희 동지들이 내가 미국 가야만 다른 사람도 석방이 된다 그래서 또 치료도 급한 면도 있고 해서 갔는데, 정부가 먼저 방침을 결정해 놓고 요식행위로 그런 것을 다 써달라고 한 것입니다.

신경식 위원: 아까 말씀하시는 가운데 이학봉 위원이 회유를 하는데 절대 양보하지 않겠다고 말씀도 하셨고 또 양보를 하지 않았다고 그러셨는데 그런데 이 탄원서만큼은 써달라고 한다고 그대로 서서 친필로 쓰고 또 지장까지 찍은 것은 좀…….

김대중: 제가 양보 안 한다는 것은, 제가 용공분자라는 것을 승인하는 것은 목숨 걸고도 양보를 안 했다, 나머지는 그때 사정으로 할 수 없어서 허위자백도 했다, 그렇게 말했습니다.

신경식 위원: 그러면 이것도 허위자백하는 그런 범주에 속하는 탄원서였습니까?

김대중: 그것은 요식행위로서 필요하다고 느꼈기 때문에 써준 것입니다. 그리고 제가 거기 썼지만 미국 가서 국가에 해된 일 하거나 안보를 해친 일 한 일 없습니다.

신경식 위원: 두 가지에 전부 정치를 안 한다는 것을 강조하셨는데, 정치를 안 하신다고 강조를 해놓았는데, 그것은 그때 그러면 실제로 정치를 안 하겠다는 심정으로 탄원서에 서명을 하셨던 것입니까? 아니면 내가 여기서 지금 너희들이 써달라니까 써주지만 두고 봐라 내가 나가서 정치할 것이다, 그런 마음을 갖고 계셨던가요?

김대중: …… 처음에 사형이 감형될 때는 다시 정치한다는 것을 생각도 할 수 없는 환경이었고, 미국 갈 때 쓴 것은 …… 제가 71년 국회의원 선거 때 자동차로 저를 깔아 죽이려고 해 가지고 다친 복관절 때문에, 치료가 굉장히 그땐 긴급했습니다. 양쪽 치료하는 데 1년 걸려요, 수술하면. 그래서 미국 가서 정치한다는 것은 전혀 생각할 수가 없는 상황이어서, 그래서 정치 어차피 못 하는 것이고 또 요식이 그렇게 되어 있으니까 나올 때는 누구든지 다 그렇게 씁니다. 형집행정지로 나올 때는, 요식이 그렇게 되어 있는 것이니까 그렇게 써 준 것이지요.

신경식 위원: 그 자동차 사고는…….

김대중: 그런데요, 그 요식이 어쨌건 정치활동 안 한다고 해 놓고 했지 않느냐? 그것이 순 거짓말 아니냐? 그러면 나 그 점에 대해서도 항변 안 합니다.

신경식 위원: 그 자동차 사고 관계는, 그 당시에 참 증인께서도 잘 아

시겠지만 저도 신문기자로서 그때 신민당 출입을 하면서 여러 가지 내용을 참 많이 알고 있습니다. 그런 관계는 이제 나중에 또 언제 언급될 날이 있으리라고 생각을 합니다. 지금 말씀하시는 가운데 증인께서 미국 가신 뒤에 정치활동하지 않았다 그런 말씀을 하셨습니다. 거기에 대해서 몇 가지만 묻겠습니다. 증인은······.

김대중: 하지 않았다고 말을 안 했는데요. 가서 치료받으면 정치활동을 하려야 할 수 없고 상황이 그러니까 안 한다고 했는데 아까 말한 바와 같이 미국 가서 보니까 ······ 수술을 받아보았자 아무 효과가 없기 때문에 의사가 그만두라 해서 수술은 안 받았어요. ······ 그런데 세계 각국에서 기자들이 몰려오고 이래서 그것을 도저히 거절할 수 없는 환경인데다가 그 당시 정부에서 여기서 가기 전부터, 지금도 그것을 유포하고 있는데, 제가 정부로부터 거액의 돈을 받아가지고 정치활동을 안 하기로 했다, 이렇게 말을 유포했어요. 그래서 제가 미국에 있는 우리 대사관에 사람을 보내가지고 내가 이런 약속을 하고 왔는데, 첫째는 내가 수술을 안 받게 되니 도저히 기자나 이전 교포들의 요청을 피할 수가 없고 둘째는 또 당사자들 측에서 이렇게 허위 정보를 유포하니 그것을 가만히 있으면 시인한 것이 되니까 내가 정치활동을, 정치적 발언을 안 할 수 없는데, 다만 내가 국가를 해치는 얘기는 절대 안 한다, 그 대신 내가 여기서 정부의 정치를 비판하는 얘기는 하겠는데 이 점에 대해서는 내가 형식적으로 약속을 안 지키고 또 법에 저촉된다면 돌아가서 책임을 지겠다, 이렇게 분명

히 통고를 하고 제가 시작했습니다.

(국회 광주사태 진상조사특별위원회 증언에서)

김대중이 석방된 과정에 대해 리처드 워커(Richard Walker) 당시 주한 미국 대사는 훗날 다음과 같이 회고했다.

1982년 9월 23일 오후 3시에 이희호가 유명한 여성 변호사 이태영, 그리고 미국인 선교사이자 나의 친구인 소니아 스트론(역주: 1999년 현재 이화여대 영문과 교수)을 대동하고 내 집무실을 찾아와서 김대중 씨가 신병 치료를 위해 석방되어 미국에 갈 수 있도록 도와달라고 간청했다.
이태영 씨(그녀의 아들 정대철 씨는 당시 김대중 지지자였다)는 내가 이미 이 문제에 관여하고 있다는 사실을 알고 있었다. 김대중의 처는 내가 김 씨를 석방시키는 데 도와준다면 남편 김 씨가 다시는 정치에 관여하지 않도록 맹세하는 데 일조하겠다고 약속했다. 나는 그녀에게 최선을 다하고 있다고 설명했다. 실제로 나는 김 씨 문제로 한국 정부와 상대하면서 정치적 자산의 많은 부분을 쏟아 붓고 있었다.
나에게는 다행스럽게도 전두환 씨 주변에는 김대중 씨를 다루는 한국 정부의 방식이 국제적으로 명분을 얻기 어렵다는 것을 이해하는 개화된 사람들이 적지 않았다. 나는 당시 내가 이범석 외무장관과 노신영 국가안전기획부장에 대해 가지고 있는 설득력을 이용했다. 이 두 사람은 나의 견해를 청와대에 전달했다. 또 청와대에서는 나의 오랜 친구인 함병춘이 김이 치료를 위해 미국으로 갈 수 있도록 전 씨를 잘 설득했다.

1982년 12월 16일 김대중은 석방되어 서울대병원으로 이송되었다. 그날 나는 세 명의 친구와 함께 전 대통령에게 그의 결정에 감사하는 편지를 보냈다. 전 씨의 결정은 청와대 강경파의 반대에 직면했었다. 청와대는 또한 외환관리법 규정보다 훨씬 많은 돈을 가지고 미국으로 가게 해달라고 요청해온 김대중과의 까다로운 거래에 말려들었다.

나는 전과 김의 관계가 좋지 않음을 알았다. 김대중에 대한 전 대통령의 적대감은 김대중 문제가 제기될 때마다 일그러지는 그의 표정에 그대로 드러났는데 이 같은 적대감은 오래된 지역감정에 따른 고질적인 불신과 경멸감 때문에 더욱 강해진 듯했다. 이러한 전의 적개심은 나의 업무를 어렵게 만들었다. 아무튼 청와대의 몇몇 인사는 나의 고충을 이해했으며 조용한 외교를 펼친 노력을 높이 평가했다.

김대중은 버지니아 주 알렉산드리아 시의 고층 아파트에 거주했는데, 방 3개 가운데 하나를 사무실로 사용하여 정치 활동을 재개했다. 주미 한국 대사관에 근무한 경력이 있는 이근팔이 비서실장을 맡고 서울에서 김대중의 영어 개인교사를 한 미국인 대드 리그가 영어문서를 취급하는 비서로 일했다.

김대중은 그날그날 자신의 일정이나 한국으로부터 사적 통로로 전달된 여러 가지 정보를 영문과 한국어로 타자하여 만든 보도자료를 미국의 여러 매스컴에 발송했다.

1983년 6월 김대중은 버지니아 주 스프링필드 시에 한국인권문제연구소를 차리고 소장이 되어 이를 재미활동의 기반으로 삼았다. 김대중은 이 연구소가 "재미 한국인간의 횡적 연락을 강화시키고 미 정부의 대한 정책을 전환시켜 한국의 민주화를 촉진하기 위한 넓은 의미에서의 로비활동의 거점"이라 했다.

이 연구소에는 한국인 2명, 미국인 2명이 스텝으로 일했다. 연구소는 월간으로 〈행동하는 양심〉이란 신문을 발행했다.

김대중의 미국에서의 활동은 폭이 넓었다. 김대중은 2년 1개월 동안 미국에 체류하면서 교포들이 주최하는 각종 모임에 참석하여 1백 회에 가깝게 연설했고, 미국·일본·유럽의 신문·잡지·텔레비전 기자들과 정열적으로 회견했다. 또한 미국의 전·현직 정치인 80여 명과 친교를 맺었다.

이러한 활동이 신병 치료라는 당초의 미국 방문 목적에 어긋나는 것이 아니냐는 지적에 대해 김대중은 이렇게 말했다.

"나의 미국 체류 중의 활동에 대해 정부에서 이야기가 있는 모양인데, 나는 출국할 때 '병 치료에만 전념하겠다'고 말하고 나왔지 정치활동을 않겠다고 약속한 일이 없다. 나의 이곳에서의 활동을 정치활동이라고 한다면 그렇게 볼 수도 있다."

일반 미국인 중에는 김대중을 아는 사람이 별로 없었다. 일부 정치인이나 지식인을 제외하면 미국 시민들에게 김대중은 무명에 가까웠다. 이 점은 당시 폴란드의 바웬사가 일반에게 잘 알려진 사실과는 대조적이었다. 김대중의 강연여행 중 그를 알아보고 함께 기념사진을 찍는 사람은 일본인 관광객뿐이었다. 김대중 납치 사건(1973년) 이후 일본 언론들이 김대중에 대해 많이 보도하면서 일본에서 김대중의 지명도가 높아졌다.

김대중은 워싱턴으로 찾아온 일본 잡지 〈세카이(世界)〉 편집장 야스에

와의 6시간에 걸친 인터뷰를 통해 자신의 소신을 광범하게 피력했다. 그 내용은 1983년 9월호에 실려 일본 독자들 사이에 큰 반응을 불러 일으켰다. 김대중 지지자들은 이 기사를 번역하여 미국에서는 '갈릴리 문고'로 발간했고, 한국에서는 그 복사본을 찍어 돌리며 대대적으로 선전했다. 이것은 '김대중 사상의 교본'으로 일컬어졌다. 다음은 그 내용의 일부이다.

나의 납치 사건을 다룬 일본과 한국 양 정부의 태도는 참으로 유감이 었습니다. 한국 정부는 범죄를 저지른 범인이니까 은폐하려 한 것은 당연한 일이라고 생각하지만, 일본 역대 정부의 태도는 인권문제, 일본 측에서 보면 주권문제이기도 합니다만, 이런 점으로 비추어 볼 때 전연 이치에 맞지 않는 것이며, 역사에 대하여 설명할 수 없는, 세계 여론에 대하여는 납득되지 않는 방법으로 해결 아닌 해결을 해온 것에 대하여는 매우 유감스러운 일이라고 생각합니다.

나 자신이 말하기는 뭣하지만, 나의 사건은 일본에는 어떤 의미로서는 매우 좋은 사건이었다고 생각합니다. 일본의 민주주의는 자력으로, 즉 내재적 요구, 국민의 민주적 성장에 의해서 얻은 것이 아니라 패전의 결과로서 얻은 것입니다.

그러므로 일본의 민주주의에는 여러 가지 문제점이 있을 것이며, 특히 정신적인 면, 무엇보다도 민주주의의 근간인 인권문제에 대하여 일본인의 인식이 어느 정도인가 하는 것은 핵심적인 문제로서 일본인 자신이 자문하고 논평되고 있을 것으로 생각됩니다. 이런 의미에 있어서 일본이 나의 사건을 인권문제로서 올바르게 해결했더라면 일본 민주주의의 성장을 위하여 큰 공헌을 했을 것이며, 이것은 세계 인권사상에도 또 하나의 공헌이 되었을 것입니다.

김대중은 이 대담에서 전두환 일당을 비난했다.

그들은 언제든지 '안보' '안보' 하지만 한국의 안보를 가장 파괴하고 있는 것은 그들입니다. 군의 생명인 군규를 문란케 하고, 상관을 체포하고, 상관을 지키는 사람을 죽이고, 군대의 사기를 저하시키고, 군대가 자기 본분인 국방에는 전념하지 않고 정권획득에만 집념하고 있습니다. 지금 한국에서는 출세하려거든 아들을 육사에 넣으라고 말하고 있습니다. 젊은 장교들은 '나도 장래는 대통령'이라고 하여 국방이 아니라 정치를 말합니다.
이렇게 하여 국방에 전념해야 할 군대를 정치에 끌어들여 국방력을 약화시킨 것은 지금의 군사정권 사람들이며, 우리들이 아닙니다. 그것을 저들은 데마고기를 써서 마치 3김씨가 나빴던 것처럼 말하고 있는 셈입니다.
도대체 무력으로 정권을 불법 쟁취하는 군인을 '3김씨'가 어떻게 막을 수 있습니까. 일부 정치군인의 그와 같은 국방을 위협하고 군기를 파괴하고 군의 정치적 중립을 범하는 행위, 더욱이 미군 사령관의 지휘권을 정면으로 유린하는 행위를 막는 실력과 권한을 가지고 있는 것은 미군 사령관뿐입니다. 그것을 그는 묵인 또는 추인했습니다. 전두환에게 두려워할 것이 무엇이 있겠어요.
또 '3김씨'의 대통령을 에워싼 신중한 경쟁은 국민 모두의 전례 없는 관심과 지지를 얻었습니다. 그러므로 '3김씨'의 입장은 당시 민심의 안정과 희망의 근원이었던 것입니다. '3김' 때문에 정국이 혼란해지고 쿠데타가 일어난 것이 아닙니다.

미국 체류 중 김대중의 활동 목표는 '정치적 재기를 위한 기반 구축'이었고, 이와 관련해 김대중은 미국 정부가 한국 정치에 개입해야 한다고 요구했다.

"여러분은 이 장소를 떠나면 미국의 정계·행정부 요인과 방송국·신문사에 전화와 문서 등으로 조국의 현실을 알려야 한다." (1983년 6월 5일 뉴욕 강연)
"미국은 한국의 군부에 영향력을 행사해야 한다." (1983년 10월 23일 외신기자 인터뷰)
"국내에서 격화되고 있는 학생시위가 민중의 지지를 받도록 민주인사들이 도와야 한다." (1984년 4월 28일 로스앤젤레스 기자회견)

김대중은 더 나아가 전두환 정권의 독재에 대항하여 미국이 한국에 경제제재를 가해야 한다는 논리도 여러 차례 펼쳤다.

"미국은 민주회복이라는 조건 아래서만 한국 정부에 군사적인 지원을 계속해야 한다. 미국은 한국의 민주화라는 목적을 쟁취하기 위해 한국 정부에 경제적 압력을 행사해야 한다. 미국은 무역상의 특혜적인 지위라는 것을 수단으로 한국 정부에 영향력을 행사할 수 있을

것이다." (1983년 5월 11일 프란시스코 페어몬 호텔에서 연설 후 청중의 질의에 대한 답변)

"미국은 한국에서 모든 국정이 자유언론과 선거자유의 여건 속에서 국민에 의해서 결정되는 민주정치만을 지지하는 태도를 분명히 해야 한다. 이의 실현을 위해서 미국은 내정간섭을 할 수는 없겠지만 경제무역상의 조치로써 격려도 하고 불만도 표시할 수 있을 것이다." (1984년 3월 27일 미국 내 주요 교포신문들에 배포한 보도자료)

"미국이 현재의 대한정책을 바꾸지 않는 한 한국 내 반미감정은 더해질 것이다. (……) 미국이 공개적으로 언론자유와 공명선거 등을 촉구하고 대한 경제원조를 전두환 정권에 대한 상벌로 이용해야 한다." (1984년 6월 21일자 〈시카고트리뷴〉 기고문)

김영삼의 단식투쟁

김영삼은 '광주사태' 3주년이 되는 1983년 5월 18일 민주화 5개항을 요구하는 성명을 발표하고 단식투쟁을 선언했다.

"광주사태와 민주투쟁에서 희생된 사람들의 고통에 동참하고 전두환 독재 정권에 저항하기 위해 이 투쟁을 전개한다."

그는 오래 전부터 단식 계획을 세웠다. 가택연금 상태에다가 자신에 대해서는 보도 한 줄 안 되는 상황에서 그것이 저항할 수 있는 유일한 방법이었다. 언론은 처음에는 그의 단식을 한 줄도 보도할 수 없었고, 나중에야 '재야인사 문제', '현안문제' 등으로만 표현할 수 있었다.

김영삼의 단식투쟁은 잠자고 있던 저항의식을 일깨워 그의 지지자들로 하여금 행동하게 만들었다. 다음 날 계보 모임인 '민주산악회' 회원들이 중심이 된 70명이 '김영삼 단식 대책위원회'를 구성했다. 김영삼이 요구한 민주화 5개항을 전두환 정권에 통고하는 한편, 서울과 지방에서 동조 단식이 잇달았다.

5월 25일 전두환 정권은 단식으로 허약해진 김영삼을 서울대병원에 이송하여 강제로 치료를 받게 했으나 그는 일체의 의료를 거부했다. 지지자 23명이 동조 단식에 들어갔고, 학생 시위가 전국적으로 확대되었다.

5월 27일 민정당 사무총장 권익현(權翊鉉, 육사 11기)이 병원을 방문해 단식 중단을 희망하는 전두환 정권의 뜻을 전했다.

"대통령께서는 총재님께서 단식을 빨리 끝내고 건강을 회복하기를 희망하고 있습니다. 이번에 건강이 회복되면 김 총재께서 일본이나 유럽, 아니면 미국 등 어디든지 가시도록 주선하겠습니다."

그리고 가족과 동반해서 출국할 수 있으며, 주택 제공은 물론 생활비 일체를 넉넉히 주겠다고 제의했다. 그러나 김영삼은 거절했다. 전두환은 집권 후 수년간 야당 정치인, 재야 인사, 학생들을 회유해 해외로 내보낸 바가 있다.

5월 28일 권익현이 다시 찾아와 설득했으나 거부당했다.

5월 29일 권익현이 방문하여 가택연금 해제 결정을 알렸다. 이날 대화에서 권익현은 크게 무안을 당했다.

김영삼: 나를 해외로 내보낼 방법이 전혀 없는 것은 아니다.
권익현: (반색을 하며) 그게 무엇입니까?
김영삼: 나를 시체로 만들어 해외로 부치면 된다.

권익현은 다시는 찾아오지 않았다.

김영삼의 상도동 자택을 감시하던 경찰과 서울대병원 병실 주변의 경비, 정보원들이 일단 철수했다. 이 사실을 알게 된 국내 주재 외신 기자들과 국내 보도진, 그리고 그의 지지자들이 몰려왔다. 몸무게가 13kg이나 빠져 수척해진 김영삼의 모습에 모두 오열했다.

단식 2주일이 경과하면서 그의 건강이 악화되고 세계의 이목이 집중되자 동조 단식, 지지 집회와 시위, 지지 성명, 격려 방문, 격려 전화가 쇄도했다.

5월 31일 함석헌(咸錫憲, 1901~1989), 홍남순(洪南淳, 1912~2006), 이문영(李文永, 1927~2014), 예춘호(芮春浩, 1927~) 등 반정부 인사들이 기독교회관에서 단식기도에 들어갔다.

6월 1일에는 33명의 전직 국회의원을 포함한 60명이 코리아나 호텔에 모여 연대 투쟁을 다짐하면서 '범국민 연합전선'을 구축하기로 결의했다. 101명이 곧 서명했다. 이 101명의 명단은 과거 야당을 했던 사람들을 망라하는 것이었다. 김영삼계뿐 아니라 그들과 서먹한 관계를 유지했던 김대중계 인사들도 다수 참여했다.

6월 2일 서울대병원 의사들은 생명을 건지기 어렵다며 단식 중단을 호소했다.

미국에 있는 김대중은 단식투쟁을 지지한다는 성명을 발표했다.

정부는 김영삼 씨의 투쟁이 한국민의 소리를 대표하는 것으로 인식하고 상응한 조치를 취하라. 김 씨의 단식을 국민에게 알려라. 미국은 한국에서 민주 회복 없이는 한국의 안전 보장을 기대할 수 없음을 알아야 한다.

김대중은 교포 사회의 민주운동 지도자들과 '김영삼 총재 단식투쟁 전미 비상대책위원회'를 발족시켰다. 워싱턴의 문동환(文東煥, 1921~) 목사, 뉴욕의 임정규, 로스앤젤레스의 김상돈, 샌프란시스코의 김재준 목사가 이 위원회를 지도했다. 이들은 연대 성명, 동조 단식, 항의 집회로 김영삼의 단식을 지원했다. 김대중은 6월 4일 워싱턴 집회에 참가하여 70여 명의 교포들과 함께 '김영삼 씨를 구출하라'는 구호가 적힌 플래카드를 목에 걸고 한국 대사관~미 국무부~백악관으로 이어지는 길을 데모하며 행진했다. 김대중은 김영삼이 단식의 한계에 도달한 6월 9일 〈뉴욕타임스〉에 김영삼 씨의 단식은 한국 민주화 운동에 전기를 마련했다는 내용의 글을 기고했다.

처음에는 무관심했던 미 국무부가 점차 이 문제의 심각성을 인식하게 되었고, 〈뉴욕타임스〉에 실린 김대중의 글로 일반 여론이 환기되었다.

6월 9일 김영삼은 김수환 추기경, 윤보선 전 대통령, 유진오 전 신민당 총재, 문익환 목사, 박형규 목사, 지학순 주교 등의 간곡한 권고로 23일에 걸친 단식을 끝냈다.

"나는 부끄럽게 살기 위해 단식을 중단하는 것이 아니라 싸우기 위해 단식을 중단한다. 나의 투쟁은 끝난 것이 아니라 이제 시작이다."

이 단식투쟁으로 김영삼계와 김대중계는 연결점을 찾았다. 단식투쟁이 끝난 지 약 2개월 지난 무렵 김영삼은 위문하러 들른 한 재미교포에게 김대중의 근황을 묻고 자신의 서한을 전달해주기를 당부했다. 1983년 8·15 광복절을 기해 전두환 정권에 민주화를 요구하는 공동성명을 발표하자는 내용이었다. 이 제안을 받은 김대중도 공감을 표시하고 문안은 김영삼 측에서 작성하여 발표하도록 요구했다. 다음은 광복절 성명의 일부다.

1980년 봄에 온 국민이 한결같이 열망하던 민주화의 길에서 우리는 당시 야당 정치인들로서 하나로 되는 데 실패함으로써 수백 수천의 민주 국민이 무참히 살상당하는 사태에 이르게 되고 계속 국민의 수

난이 연속됨은 물론 민주화의 길을 더욱 멀게 한 사태를 막지 못한 데 대한 책임을 면할 길 없습니다. 이제 국민 앞에 자책과 참회의 뜻에서, 그리고 온 국민의 민주화에 대한 열망 앞에서 우리 두 사람은 백의종군하는 자세로 하나가 되어 손잡고 우리 민족사의 지상과제를 향해 함께 나아가려 합니다. (……) 국민 여러분, 우리들이 부족하였음을 너그러이 용서해 주시고 여러분의 민주 전열에 전우로 받아주시기 바랍니다.

공동으로 광복절 성명을 낸 다음 가을에 김영삼은 김대중계 인사들에게 연합전선을 제의했고, 결국 1984년 5월 18일 '민주화추진협의회(약칭 민추협)'가 성립되었다. 김영삼과 김대중이 공동의장으로 취임했으며, 미국에 있는 김대중을 대신하여 김대중 계보의 김상현(金相賢)이 공동의장 대행이 되었다.

학생운동의 활성화와 신민당의 부상

전두환은 체제 정비가 어느 정도 이루어진 1983년 하반기부터 몇몇 탄압을 완화하는 조치를 취했다. 시국사건 구속자 석방, 제적생 복교, 해직교수 복직, 정치규제자 해금(解禁) 등의 조치를 취했다. 여기에는 미국의 압력도 어느 정도 작용했다.

1983년 12월 초 안기부장 노신영은 민정당 원내총무 이종찬에게 이런 말을 했다.

"지금 제적된 학생이 1200여 명이고, 교도소에 들어간 학생만 해도 350명에 가깝습니다. 이들을 관리하기란 대단히 어렵습니다. 더욱이 명년 5월이면 교황이 한국을 방문합니다. 그분은 폴란드 분으로 자유화에 대한 의지가 어떤 교황보다 강합니다. 많은 학생들이 교도소에 들어가 있으면 우리 정부에 부담이 되지 않을 수 없습니다. 결국 탕평책을 쓰지 않을 수 없는데 연말을 기해서 일제히 털어버리고, 새로 '정화 탱크'를 하나 만들어 학생들을 선도해 나가야 한다고 생각합니다."

1983년 12월 5일 문교부는 1980년에 해직시킨 교수 86명을 1984년 신학기부터 복직할 수 있도록 했다. 12월 21일에는 반정부 시위로 제적된 전국 65개 대학 대학생 1363명을 신학기부터 복학하도록 했다.

1984년 2월 25일에는 국민화합을 명분으로 2차 해금이 있었다. 1983년 2월 25일 1차 해금조치에 이어 꼭 1년 만이었다. 전두환 정권은 1980년 11월 5일 '정치풍토 쇄신을 위한 특별조치법'을 발효했는데, 이에 따라 정치인과 재야인사 567명의 정치활동이 금지되었다. 이는 반정부 성향을 가진 사람들의 정치 참여를 막기 위한 악법이었으므로 줄곧 비난을 받아왔다. 1차 해금으로 250명이, 2차 해금으로 202명이 정치활동을 할 수 있게 되었다.

또한 전두환은 '학원 자율화'를 실시한다며 학원 주둔 경찰을 철수시켰다. 이로써 교내 시위가 자유로워졌다. 전두환은 이런 유화조치를 취하면서 한편으로는 보안사령부, 국가안전기획부, 검찰, 경찰 등 수사기관에 별도의 지령을 내렸다. 이중 보안사령부에는 "보안사는 국민들이 두려워하는 존재가 되라"고 지시했다.

3월 신학기가 시작되자 서울대, 연세대, 고려대 등 서울의 주요 대학에서 반정부 학생 시위가 일어났는데, 언론이 반정부 시위를 보도하는 것이 가능해져 일반 국민들도 학생운동의 전개 양상을 알 수 있게 되었다.

1984년 6월 13일 청와대에 민정당 대표위원 정래혁(丁來赫)의 부동산 축재를 알리는 자료와 진정서가 배송되었다. 조사 결과 이 투서의 작성자는 당시 전남 화순곡성 지역의 공천을 두고 그와 경쟁관계에 있던 문형태(文亨泰)가 보낸 것으로 밝혀졌다.

문형태는 1922년 전남 화순에서 출생했다. 일제 말기 일본군 지원병이 되었다가 1946년 조선경비사관학교(육군사관학교의 전신)를 2기로 졸업했다. 보병 2사단장, 20사단장, 육군본부 병비국장, 육군본부 작전참모부장, 1·2군단장, 국방부 인력차관보, 육군 참모차장, 2군사령관, 합동참모회의 의장을 역임했다. 박정희 정권에서 체신부장관과 8, 9대 국회의원을 지내고 국회 국방위원장을 지냈다.

6월 20일에는 일부 신문사에 청와대에 배송된 것과 같은 문서가 배송되었다. 〈한국일보〉에서 주민등록과 등기부를 토대로 검증하여 보도했다. 이에 따르면 정래혁의 재산증식은 부동산투기의 전형이었는데, 싼 땅을 매입하여 요지로 바꾸는 수법이었다. 정씨 일가의 주민등록 등·초본과 등기부등본은 모두 32장이나 되었다. 정씨 일가의 주민등록 등·초본은 정씨 일가의 재산증식이 전형적인 복부인 수법을 닮았다는 사실을 보여주었고, 등기부등본에도 환지(換地) 때 노른자위 땅만 차지했다는 사실이 역력히 나타났으며, 지목변경을 하여 재산을 증식했다는 것도 드러났다. 정씨 일가는 예외 없이 주민등록 이전을 밥 먹듯이 했는데, 둘째 아들은 주인도 모르는 엉뚱한 집에 동거인으로 들어가기도 했고, 어떤 경우에는 건물도 없는 빈터에 주민등록을 옮겨 놓기도 했다. 게다가 세무당국이 수많은 소유권 이전 때 즉각 증여 여부를 조사하지 않았다는 사실도 드러났으나 관계자들은 한결같이 취재에 응하지 않았다.

1926년 전라도 곡성(谷城)에서 태어난 정래혁은 1945년 일본육사 58기로 졸업했다. 1948년 조선경비사관학교를 7기로 졸업하고 1950년 한국전쟁이 일어날 때 육군본부 작전과장이었다. 1951년 군단 작전참모, 육군본부 작전과장, 작전국 차장 등을 역임했다. 1952년 육군본부 참모총장 비서실장이 되고, 1954년 초 준장으로 진급했다. 육군보병학교 교장, 사단장, 육군본부 군수참모부 차장, 국방부 총무국장 등의 직위를 거쳐 1961년 5·16 쿠데타 후 상공부장관으로 발탁되었다.

1962년 6군단 군단장이 되었다. 1964년 육군사관학교 교장을 역임하고, 1966년 제2군사령관이 되었다. 1968년 중장으로 예편하고는 곧장 한전(韓電) 사장으로 임명되었다. 1970년 3월 국방부장관이 되었다가 1971년 8월 실미도 사건으로 경질되었다. 유신이 선포된 이듬해인 1973년 민주공화당 후보로 서울 성북구에 출마하여 9대 국회의원에 당선되었고, 1978년 10대 국회의원으로 재선되었다. 1980년에는 공화당 중앙위원회 의장이 되었다.

1980년 5·17 전국비상계엄으로 공화당이 해산되자 군 후배인 전두환에게 빌붙어 국가보위비상대책위원회 입법회의 의원이 되면서 부의장에 선출되었다. 1981년 민주정의당 전남지부 위원장으로 11대 국회의원 선거에 출마해 당선되었으며, 이어 국회의장에 선출되었다. 1983년 국회의장직에서 물러난 뒤 민정당 대표위원이 되었다.

6월 25일 민정당 총재 전두환은 민정당 대표위원 정래혁을 대표직에서 경질하고 권익현을 대표위원으로 임명했다.

6월 29일 정래혁은 기자회견을 통해 의원직 사퇴, 민정당 탈당, 재산 사회환원을 선언했다(정래혁은 나중에 자신의 부동산 재산은 인플레이션을 이기려고 부동산으로 저축한 것이지 부정축재는 아니라고 주장했다). 이 사건으로 민정당은 이미지가 크게 훼손되었다(사실 1960년대 이후 고위공직자 가운데 부동산 투기를 하지 않은 자는 매우 드물었다.).

1984년 9월 2학기가 되자 전두환 정권이 폐지하였던 대학 총학생회를 부활하려는 움직임이 서울대를 필두로 여러 대학에서 일어났다.

서울대에서는 이미 개학 전인 8월 15일 '학생대표기구 개선협의회'의 산하 기구인 '학생회 회칙 기초위원회'에서 학생회 회칙 시안을 만들었다. 9월 4일 이를 발표했고, 6일 오후 3시 학생회관에서 '학생대표자 회의'가 열려 '학생회부활 추진위원회'로 개편했다.

'학생회부활 추진위원회'는 9월 13일 아크로폴리스 광장에서 학도호국단 체제 전면 폐지를 주장했다. 9월 27일에는 총학생회 선거가 열려 법대 82학번 이정우가 총학생회장으로 선출되었다.

이에 전두환 정권은 각 대학 학생들이 뽑은 총학생회장들을 집회와 시위에 관한 법률 위반으로 수배·구속하는 등 탄압하였다. 특히 서울대에서 총학생회가 부활되자 정권은 총학생회장 이정우를 수배하였고, 서울대학 본부는 그에게 제적 처분을 내렸다. 이에 서울대생들은 수업 거부와 중간고사 거부로 맞섰는데, 전두환은 10월 24일 서울대학교에 전투경찰 6500명을 투입하는 과민 반응을 보였다.

11월 3일 학생의 날에는 연세대에서 전국 42개 대학 총학생회장과 '학원민주화 추진위원회' 위원장이 모여 '반독재 민주화 투쟁 학생연합' 결성을 선포했다. 11월 14일에는 고려대, 연세대, 성균관대의 대학생 264명이 종로구 관훈동에 위치한 민정당사를 점거하고 농성했다. 전두환 정권은 19명을 구속하고 186명을 즉심에 회부하게 했다.

한편 '노학연대(勞學連帶)' 투쟁이 본격적으로 시작되어 1984년 9월 19일에는 '청계피복노조 합법성 쟁취대회'가 열렸다. 3천여 명이 참여한 이 '9·19 투쟁'은 1980년 전두환을 비롯한 신군부가 비상계엄 전국확대 등의 방법으로 일으킨 5·17 쿠데타 이후 최초로 학생과 노동자들이 서울 도심에서 격렬한 시위를 벌인 사건으로 노학연대 투쟁의 전형이었다. 이 투쟁은 학생운동과 노동운동, 그리고 재야 민주화운동에 엄청난 영향을 미쳤다.

1980년 5·17 이후에 두 차례의 정화 조치, 민주 노동조합 해산, 노동법 개정 등으로 노동운동은 극도로 침체했다. 제5 공화국 초기 청계피복 노조 강제 해산으로 대표되는 민주노조 해산은 반도상사 노조, 콘트롤데이터 노조, 원풍모방 노조 등의 잇단 해산으로 이어져 민주노조 운동에 찬물을 끼얹었다.

5·17 이후 급격히 늘어난 제적 대학생들은 노동 현장에 뛰어들었고, 이로부터 노학연대가 이루어지기 시작했다. 학생들은 노동운동을 민주화운동의 중요한 부분으로 파악했다. 정치투쟁적인 학생운동과 임금인상 등 경제투쟁을 지향하는 노동운동이 상호 보완되어야 민주주의가 실현 가능한 것으로 보았던 것이다.

제도 정치권과 종교권의 그늘에서 벗어나지 못하던 1970년대의 재야 민주화운동 세력은 1980년의 여러 사태를 겪으면서 독자적인 세력으로의 변모를 꾀했다. 각 부문과 지역에서 공개적인 연대조직을 구축하기 위해 조심스럽게 움직이기 시작했는데, 1983년 9월 30일 김근태(金槿泰)를 의장으로 하는 민주화운동청년연합(약칭 민청련)이 결성되어 깃발을 올렸다.

민주화운동 세력 전반에 스며있던 패배감이 걷히면서 새로운 활력이 일어나기 시작했다. 민청련 출범 이후 교육, 문화, 언론, 종교, 노동 등 전 부문에서 공개적으로 조직을 결성했고, 지역에서도 조직 결성이 활발하게 이루어졌다. 1984년 3월 한국노동자복지협의회가 창립되었고, 4월에는 민중문화운동협의회가 세워졌다.

부문운동의 성장에 발맞추어 지역에서도 민주화운동 단체가 건설되었다. 1984년 8월 전북민주화운동협의회, 11월 전남민주청년운동협의회, 인천지역사회운동연합 등 민주화운동 단체가 속속 설립되었다.

부문과 지역에 걸쳐 민주화운동 단체가 설립되면서 이들 부문과 지역의 운동단체들을 포괄하여 민주화운동을 정치적으로 대표하고 나아가 부문과 지역 대중의 이해관계를 민주화운동으로 통일시킬 수 있는 전국적인 통합조직의 건설이 당면의 과제로 떠올랐다.

새롭게 건설되는 전국적인 통합조직이 더 이상 제도 정치권에 종속되거나 종교의 그늘 아래 머물러서는 안 된다는 데에는 쉽게 합의가 이루어졌다. 문제는 민주화운동 세력의 독자 노선을 어떻게 잡아나가느냐 하는 것이었다.

1984년 6월 29일 민중민주운동협의회(약칭 민민협)가 결성되었다. 민민협의 공동대표에는 천주교의 김승훈 신부, 개신교의 김동완 목사, 그리고 동아투위 출신의 이부영이 맡았다. 천주교, 개신교, 문화예술계, 언론계, 노동계 인사들이 민민협에 참여했다. 민청련이 함께한 것이 특히 의미가 있었다.

민민협은 노동자, 농민, 청년 등 각 부문 조직간의 협의체적 성격이 강했으며, 아직 성숙하지 않은 기층 민중의 대중운동 역량을 강화하는 데 중점을 두었다. 민민협은 주로 부문 조직운동의 활동가 중심으로 이뤄졌고, 1970~80년대에 등장한 많은 명망 있는 인사들은 거의 참여하지 않았다. 이는 전두환 정권 아래서는 조직 중심이 아니면 군부의 탄압을 견뎌낼 수 없다고 판단했기 때문이었다. 그러나 명망가가 거의 없어 본격적인 탄압이 가해질 경우 공개운동 조직으로서 방어력이 매우 취약했다. 민민협은 정치투쟁의 효율성과 집중성 면에서도 많은 한계가 있었다.

명망 있는 지도자들이 활동가들과 결합하여 민주화운동을 벌여나가야 방어력도 있고 폭발적인 운동으로 확산될 수 있다는 주장이 나왔다. 이에 따라 장기표·이창복이 문익환·계훈제·백기완 등 저명한 민주화운동 인사들을 대표로 하여 1984년 10월 16일 민주통일국민회의(약칭 국민회의)를 창립했다.

국민회의와 민민협은 정치적 상징과 대중운동의 강화라는 양 측면을 각기 대표했다. 국민회의는 민민협과는 대립적이면서도 보완적인 성격을 띠었다. 국민회의는 대중운동 단체보다는 개인 회원을 기반으로 삼았으며, 대중조직을 강화하기보다는 당면한 투쟁을 중시했다. 민주통일국민회의는 운동 역량이 부족한 각 지역 단체의 지지를 받았다.

12월 19일 서울 장충동 베네딕트 수도원 '피정의 집'에서 마침내 민주언론운동협의회(약칭 민언협) 창립총회가 열렸다. 송건호를 의장으로 한 민언협은 동아·조선투위, 1980년 해직언론인들이 주요 구성원이었다. 동아투위의 윤활식·성유보·박종만, 조선투위의 신홍범, 1980년 해직 언론인 김태홍 등이 주도적으로 참여했다.

민언협 결성은 부문운동의 하나였지만 언론자유가 거의 없는 전두환 정권 아래서는 의미가 컸다. 전두환 정권은 언론사를 '채찍'으로 위협하면서 조세상의 혜택과 재정지원 및 언론인 보수 향상 등 '당근'을 나눠줌으로써 권언유착을 꾀했다. 주요 언론사는 전에 없던 호황을 누렸다.

1980년~87년의 언론사별 자산 규모를 보면 〈동아일보〉가 176억여 원에서 710억여 원으로, 〈서울신문〉이 75억 원에서 547억여 원으로, 〈조선일보〉가 176억여 원에서 610억여 원으로, 〈중앙일보〉가 771억여 원에서 1528억여 원으로, 〈한국일보〉가 20억여 원에서 540억여 원으로 늘어났다.

언론통폐합으로 독과점 혜택을 받아 매출액도 급격히 늘어났다. 1981년 언론사별 매출액의 전년 대비 증가율을 보면 〈조선일보〉 63.9%, 〈서울신문〉 42.3%, 〈한국일보〉 40.0%, 〈중앙일보〉 36.9%였다.

전두환 정권은 언론인들을 '채찍과 당근'으로 다스렸다. 정권에 불리한 보도를 하면 기자를 연행·고문하는 일이 다반사였으나 기자들의 급여를 대기업체를 웃도는 수준으로 올리고 방송광고공사 자금으로 언론인에게 해외연수, 해외시찰 등의 특혜를 베풀었다. 이외에도 여러 가지 혜택을 주었다.

해직 언론인들은 정권의 취업제한 조치로 한때 생존권마저 박탈당했다. 1980년의 이른바 '언론학살' 때 일부 기자들은 모진 고문 끝에 엉뚱한 죄목으로 감옥살이를 해야 했으며, 고문 후유증으로 시달리게 된 경우도 있다. 무엇보다도 참기 어려운 것은 오명에 따른 고통이었다. 해직 당시 일반 사회에는 해직 사유가 '사이비 기자'나 '부패 기자' 등으로 알려졌기 때문이다. 다수 언론사에서 모두 1천 명에 이르는 기자들이 해직됐는데도 언론은 정확한 해직 사유는커녕 해직 사실조차 한 줄도 보도하지 않았다.

1980년 해직된 30여 명의 기자들이 1984년 3월 24일 '80년 해직언론인협의회'를 발족시켰다. 1984년 9월 말에는 해직 언론인 13명이 제도언론을 극복할 수 있는 방안과 공동의 협의체 결성 문제를 논의하기 시작해 결국 민언협이 창립되었다.

1985년 2월 12일 12대 국회의원 선거가 실시될 예정이었다. 12대 총선은 전두환 정권으로서는 집권 후반기를 안정시키고 장기집권 체제를 갖추기 위해 매우 중요한 선거였다.

1984년 중반 전두환의 장기집권을 위한 계획서가 작성되어 전두환에게 보고되었다. 전두환의 직접 지시로 기획·작성된 이 문서는 전두환이 퇴임 후에도 국정에 영향력을 행사하는 방법을 연구한 것이다. 이 문서 작성에 관여한 연구원이 미 대사관에 한 부를 전달했고, 〈뉴욕타임스〉가 이 문서를 입수하여 보도함으로써 세상에 알려졌다. 이 가운데 12대 총선과 관련된 부분은 다음과 같다.

88년까지 예상되는 정국불안 요인과 대책

가. 국정불안 요인

(1) 12대 국회의 민한당 의석 증가 가능성
(2) 김대중의 귀국 문제 및 3김(김대중·김영삼·김종필)의 해금 요구
(3) 대통령 직선제 개헌 요구
(4) 재야 정치세력의 반체제 활동 격화 가능성
(5) 학원·종교·노조 등의 움직임
(6) 상업지 언론의 비판적 논조 격화 가능성
(7) 군 내부 동향
(8) 후계자 지명을 둘러싼 여권 내 분열 가능성
(9) 지역감정(광주사태와 관련된 사건 재발 가능성)
※남북한문제, 국제정치, 경제문제 등이 정국에 미치는 영향에 대해서는 이 연구에서 제외했음

나. 12대 국회의원 선거 대책

(1) 민정당의 국회의석을 현 151석(92개 지역구중 90석, 전국구 61

석) 이상을 확보하는 대신 민한당은 현 81석(지역구 57석, 전국구 24석)에서 70석 내외로 감축하고 국민당은 현 28석 의석(지역구 21석, 전국구 7석)에서 30석 이상으로 늘리도록 함.

(2) 야당 세력을 분산하고 민한당 의석을 삭감하기 위해 신당 창당을 유도(신당대책 별항)

(3) 보수야당 세력을 견제하고 사회주의 국가에 대한 의원외교 강화를 위해 신정사회당의 의석을 현 3석에서 6~8석으로 확대.

(4) 복수공천을 하지 않는 한 민정당 의석을 153석 이상으로 증대할 수 없기 때문에 친여 무소속 의원을 10명 이상으로 확보.

(5) 11대 국회에서 과격하고 극렬한 자세를 보인 야당인사는 야당공천과 선거과정에서 탈락시키도록 함.

(6) 12대 총선은 금년 12월 20일 전후에 실시하는 것이 바람직함.

〈참고〉 연내 선거의 장단점

장점

○ 선거운동 비용을 절감하고 과열 타락 현상을 축소함.

○ 민정당은 조직 면에서 우세하므로 야당의 조직과 기세가 강화되기 전에 선거를 실시하는 것이 민정당에 유리함.

○ 선거와 관련된 야당의 정치공세 기간을 단축시킬 수 있음.

○ 행정기관이 선거 때문에 받게 되는 업무지장을 줄일 수 있음.

단점

○ 추곡수매를 농민들에게 만족스럽게 결정하기 어려울 것이므로 농촌에서는 여당에 불리한 분위기가 조성될 가능성도 있으나 농촌

의 투표성향은 주로 조직에 좌우되므로 조직력이 강한 민정당의 득표에 큰 영향은 없을 것임.

○ 야당이 정기국회에서 선거를 의식하여 예산심의보다는 정치공세에 치중, 국회를 정치선전장으로 이용할 가능성도 있으나 현 야당 의원들의 체질로 보아 야당공천에 대한 여권의 영향력 행사를 의식, 정부를 궁지로 몰아넣는 극한적 투쟁은 벌이지 못할 것임.

다. 신당문제

선명경쟁을 벌일 위험성도 있으나 야당세력 분산 등의 이점이 더 많으므로 신당창당이 바람직함.

이점

○ 민한당 의석을 줄이고 야당세력을 분열시키는 데 가장 효과적일 것임.

○ 총선 때까지 99명의 정치활동 피규제자를 두기에는 부담이 크기 때문에 추가해금이 필요할 것으로 보이나 추가해금을 하는 경우 신당 움직임이 있을 것으로 예상되므로 이를 막는 것보다는 적극적으로 이용할 필요가 있음.

○ 재야 강경세력의 일부를 원내로 흡수, 원외 반체제활동의 과격성을 다소 완화시킬 수 있을 것임

불리점

○ 신당의 성격이 강경야당이면 민한당과 선명경쟁·정통성논쟁을 치열하게 벌이게 되어 온건 민한당도 강경노선으로 선회할 가능

성이 있음.
○ 신당이 온건야당이 되는 경우 총선 후 민한당과 연합전선을 펴든가 합당하는 사태도 예상할 수 있음.
○ 총선 과정에서 신당 후보자의 개인적 인기가 높은 지역에서는 민한당 후보와 동반 당선될 가능성도 없지 않음.

대책

(1) 선명경쟁 방지
○ 신당의 국회의석 규모를 10석 내외로 조정. 의석이 너무 적어 민한당으로부터 완전히 무시될 만큼 미미한 존재가 되어서도 안 되지만 의석이 많아 민한당을 위협하여 경쟁상대가 될 정도로 강한 야당이 되어서도 안 됨.
○ 민한당을 강경노선으로 선회시켜 신당과 선명경쟁을 벌이게 하는 내부적 요인을 제거하기 위해 민한당의 초강경 인사를 공천과 선거 과정에서 탈락시키도록 해야 함.
○ 신당이 내부적으로 갈등관계를 유지케 하여 일사불란한 대외 강경자세를 갖지 못하도록 인적구성을 조정해야 함.

(2) 대여 연합전선 및 합당 방지
○ 신당의 주도권은 민한당의 지도부와 인간적으로 절대 어울릴 수 없으면서도 온건한 성격의 인사가 장악토록 해야 함.
○ 신당의 성격을 민한당보다는 약간 강경하게 조정해야 함.

(3) 기타
○ 신당과 민한당 후보의 동반 당선을 막기 위해서는 추가해금 및 공천과정에서 조정해야 함.

○ 신당의 결성 시기는 총선 실시 전 3개월 정도가 적절함. 시간적으로 여유가 많으면 강한 신당이 될 우려가 있으며, 촉박하면 소기의 신당이 되지 못할 것임.

라. 김대중 문제

(1) 국내정치의 안정을 위해서는 김대중의 귀국은 바람직스럽지 못함.
(2) 김대중의 귀국 문제에는 △ 미국의 김대중에 대한 태도 △ 미국에서의 생활여건 △ 국내정치 상황 등 세 가지 요인이 큰 변수로 작용할 것임.
(3) 현재의 한미관계로 보아 미국 대통령선거 결과 어느 정권이 들어서든지 양국의 관계가 극도로 악화되지 않는 한 미국이 한국의 정치안정에 달갑지 않은 영향을 미칠 우려가 있는 김대중의 귀국을 조장할 가능성은 희박한 것으로 전망됨.
(4) 김대중은 미국에서의 생활여건이 견디기 어려울 만큼 곤란할 때는 국내정치 상황에 관계없이 귀국을 기도할 가능성이 클 것임.
(5) 그러나 미국에서의 생활이 어렵지 않을 경우 국내정치 상황이 조용하면 귀국하지 않을 것이며
(6) 국내정치가 격동하더라도 결정적인 승산이 보이지 않는 한 귀국을 강행하기는 어려울 것임.
(7) 귀국 방지를 위해 레이건 미 행정부와 긴밀한 협조관계를 유지하고 민주당 정부가 들어서는 경우에도 대비하여 사전에 대책을 강

구할 필요가 있음.

(8) 김대중에 대한 회유, 설득 등의 공작을 통해 미국에서의 반체제 활동 및 귀국 의사를 약화시키도록 유도.

(9) 그 추종세력에 대해서는 각 정당에의 분산수용·국회진출·취업알선 등을 통해 김대중으로부터 격리시킴.

마. 3김 문제

(1) 법정시한 만료 때까지 해금을 하지 않는 것이 바람직함. 3김을 계속 묶어두면 해금 요구가 클 것으로 예상되나 해금함으로써 예측되는 정국불안 문제점과 비교해보면 해금을 하지 않는 것이 더 유익할 것임.

(2) 김영삼, 김종필의 추종세력에 대해서도 각 정당에의 분산수용 등의 방법으로 포섭 또는 격리 공작을 전개.

(3) 김영삼에 대해서도 생활이 어렵지 않을 정도의 물질적 회유 등으로 반정부 활동을 자제하도록 유도.

(4) 88년 6월 30일로 정치활동 규제 법정시한이 만료되면 88년 말 또는 89년 초 실시되는 13대 총선에 이들이 나서거나 야당권 개편에 막중한 영향력을 행사할 것으로 보이기 때문에 이에 대한 대비책도 강구해두는 것이 좋을 것임.

김대중은 12대 총선의 중요성을 인식하고 귀국하려 했다. 1984년 7월 김대중은 귀국할 뜻을 미 국무부와 주미 한국 대사관에 비공식적으로 전달했다. 귀국하겠다는 정식 의사는 9월 11일 전달했다.

김대중은 형집행정지 중의 신분이었다. '신병치료'를 마치고 귀국하는 날에는 정권이 그를 재수감하여도 법적으로는 문제가 되지 않았다. 김대중의 귀국 계획이 전해지자 전두환 정권은 즉각 이 문제를 거론했다. 9월 21일 법무부는 정부의 입장을 다음과 같이 밝혔다.

"김 씨는 최근 미 국무부 관계자에 대한 서신 등을 통해 귀국할 의사를 표명하고 미 정부당국에 안전한 귀국과 귀국 후의 자유활동을 보장토록 요구한 것으로 알려졌다. 김대중 씨가 귀국하려는 것은 신병치료가 완료됐기 때문인 것으로 알고 있으며 귀국 여부는 본인의 의사에 따라 결정될 문제이나 정부로서는 금후 그의 행동을 주시할 것이다.

김 씨의 방미 허용이 신병치료 때문에 이뤄진 것인 만큼 그가 귀국한다면 정부로서는 법에 따라 필요한 조치를 취하게 될 것이다.

김 씨는 지난 82년 12월 국내외에서 일체의 정치활동을 않겠다고 다짐하고 형집행정지 처분을 받아 출국한 뒤 신병치료에 전념하겠다는 약속과는 달리 인권과 민주화를 표방하면서 국내 정치문제에 개입을 기도해오던 불순단체들과 어울려 기자회견, 강연 등을 통해 국내의 제반 상황을 비난하고 미국 정부에 대해서도 한국에 대해 영향력을 행사토록 요청하는 등 정치활동을 계속해왔다."

김대중은 1984년 가을부터 귀국해도 자신을 수감하지 않는다는 약속을 전두환 정권으로부터 얻어달라고 미국 레이건 정부에 요청했고 미국 정부는 전두환 정권과 어려운 협상을 벌였다.

1984년 10월 16일 에드워드 케네디 상원의원을 비롯한 일부 미 의회 의원들은 공동서한을 전두환 앞으로 보내 김대중의 안전귀국과 사면복권을 요구했다.

11월 6일 실시된 미국 대통령선거에서 현직 대통령인 레이건 공화당 후보가 58.8% 득표로 대의원 525명을 확보하여 40,6% 득표로 대의원 13명을 얻은 민주당 후보 월터 먼데일에 압승했다.

11월 10일 미 의회 의원들의 공동서한에 대한 회신이 류병현(柳炳賢) 주미 한국대사의 명의로 케네디 상원의원에게 전달됐다. 이 회답에서 류병현 대사는 김대중이 귀국할 경우 재수감될 것임을 명백히 했다. 류병현은 1) 김대중은 합법적인 재판 절차에 의해 1981년 1월 사형이 확정되었고, 2) 그후 감형되어 1982년 12월 신병치료를 목적으로 한 미국행이 허용되었다, 3) 김대중의 형은 일시적으로 집행정지 상태에 있을 뿐이며 귀국한다면 나머지 형을 복역하지 않으면 안 된다고 회답하였다. 이 회신에서 류 대사는 '한국은 법치국가임'을 강조했다.

11월 28일 류병현 대사는 대사관에서 김대중을 만나 정부의 의사를 통고했다. 이 자리에서 류병현은 미국에서의 정치활동을 비판하면서 "현재 처해 있는 법적 지위에 따라 행동할 것과 한국 국민으로서 한국 법을 지킬 것"을 요구했다.

1984년 11월 김대중은 미국의 저명한 시사정치 매거진인 〈저널 오브 인터내셔널 어페어스(Journal of International Affairs)〉와 인터뷰했다. 여기서 김대중은 한국에 대한 미국과 일본의 공동 경제제재를 요구했다. 이 시사지는 '민주주의의 딜레마(Dilemmas of Democracy)'를 주제로 1985년 겨울 38호를 발행했다. 다음은 여기에 실린 김대중 인터뷰의 일부다.

질문: 당신은 아직도 한국에서 정치 규제자이며 게다가 정치활동을

하지 않기로 서약서를 썼는데, 귀국하면 어떠한 역할을 맡기를 희망하는가?

김대중: 나는 그러한 서약서를 쓴 일이 없다. 어쨌든 인권과 민주회복을 주장하는 것이 정치활동이라고 생각하지 않는다. 그것은 정치활동이 아니다. 내가 정치 규제에서 풀리더라도 이 독재정권 하에서는 국회의원 선거나 대통령 선거에 참여하지 않겠다. 내 공민권은 제한되어 있으므로 선거에 참여하기 위해 직접 당을 만들 수 없다. 나의 제일 목표는 민주회복이다. 민주제도가 회복된 다음이면 물론 공직 출마를 고려할 수 있다. 그러나 현재로서는 공직에 출마할 의사가 없다.

(……)

질문: 그러면 구체적으로, 한국의 민주회복을 돕기 위해 미국이 어떤 조치를 취해야 한다고 느끼는지 개략적으로 말할 수 있는가?

김대중: 좋은 질문이다. 나는 두 가지만 요청한다. 첫째, 기자에게 말한 것처럼 미국 정부는 인권과 민주주의를 지지한다고 우리 국민에게 인식시켜야만 한다, 그러면 나머지는 우리가 할 것이다. 미국의 한국에 대한 영향력은 대단히 세다. 핵무기를 가진 4만 명의 미군이 한국에 주둔하고 있으며, 미국인 사령관이 60만 한국군 전부를 지휘하고 있고, 한국은 모든 경제 분야에서 미국에 과도하게 의존하고 있다. 미국이 진정으로 우리의 민주주의와 인권에 대한 대의를 지지하는 것을 알게 되면 우리 국민은 용기를 얻을 것이며, 특히 민주인사와 중산층, 지식인들이 그러할 것이다. 그러면 우리는 전두환이 민주주의로 평화적인 이행을 하기 위한

진지한 태도를 가지고 우리와 대화를 갖도록 강제할 수 있을 것이다. 또 하나, 미국 정부에 제안하는 것이 있다. 경제적 지렛대를 써라. 기자에게 말한 것처럼 미국은 한국 정부에 영향력을 행사할 수 있는 많은 수단을 갖고 있다.

질문: 구체적으로 어떤 것인가?

김대중: 미국 정부는 한국 정부에 많은 차관을 제공하고 있고, 한국은 수출의 약 35%를 미국에 의존하고 있다. 동시에 미국의 태도가 바뀌면 일본도 따를 것이다. 우리 경제의 약 70%가 이 두 나라에 달려 있다. 만약 한국 정부가 민주주의를 발전시킬 용의가 있다면 미국은 무역과 경제원조의 수준을 증대시킬 수 있을 것이다. 그러나 그렇지 않을 때에는 한국의 내정에 간섭함이 없이 이것을 줄여버릴 수 있을 것이다. 미국만이 한국의 민주주의를 고무할 수 있는 수단을 사용할 수 있다. 미국이 이 두 가지 조치를 한다면 우리는 또 다른 도움이 없어도 된다. 아시아에는 독재정권이 많이 있으나, 필리핀인과 한국인들은 줄기차게 민주주의와 인권을 위해 투쟁했다. 미국과 이 두 나라의 관계는 오래되었다. 미국은 이 두 나라에 군대를 주둔시키고 있다. 미국은 이 두 나라 국민의 우호적인 감정이 절실히 필요하다. 그러므로 미국은 이들 국민의 민주주의와 인권을 향한 열망을 존중해야 한다. 필리핀에는 급진적인 세력이 있고 공산주의자들이 이끄는 신인민군이 있으나, 미국이 필리핀인들에게 미국이 민주주의를 옹호한다는 인상을 주면, 나는 그들이 공산주의자들을 지지할 것으로 생각하지 않는다. 더군다나 한국에는 신인민군 같은 것이 없

다. 극소수를 제외하고는 모든 한국민이 미국과 우호적이고자 한다. 미국이 우리의 대의를 지지하면 우리는 반미적이 되지는 않을 것이다. 우리는 독재정권을 지지하는 미국에 실망하고 있기 때문에 어떤 의미로는 반미가 되도록 강요받고 있다. 이것이 한국의 현실이다.

질문: 2년 동안 이곳에 머무는 동안 레이건 행정부의 관리들과 얼마나 접촉을 해왔으며 어느 레벨이었나? 귀국하려는 당신의 계획에 그들의 반응은 어떠했는가? 그들 중 귀국 계획에 대해 당신과 대화한 사람은 있는가?

김대중: 불행하게도 나는 차관보를 만났을 뿐 고위 정부관리를 만나지 못했다. 레이건 행정부와 나는 서로 이해를 잘 했으나, 내가 그들을 설득시켜 우리 국민의 필요를 만족시키는 정책으로 전환하도록 설득하지는 못했다고 생각한다. 지금 나는 미국 정부가 서울에서 아키노 사건과 같은 사건이 일어나는 것을 정말로 보고 싶어 하지 않는다고 믿고 있다. 그러나 한국 정부가 나를 다시 투옥하지 않도록 미국 정부가 열심히 노력하는지에 대해서는 회의적이다. 확신이 서지 않는다.

질문: 레이건 행정부 관리 중 귀국하지 말라고 당신을 설득한 사람은 있는가?

김대중: 없다, 내가 귀국 의사를 표명했을 때 찬성도 반대도 안 했다.

1984년 12월 23일자 〈뉴욕타임스〉는 김대중의 미국 활동을 정리하고 논평한 장문의 기고문을 실었다. 그중 일부를 소개한다.

월세가 950달러인 널찍한 그의 집은 새 아파트의 16층 한 구석에 있으며, 한국 정보부의 감시까지도 따돌릴 수 있는 보안장치를 갖추고 있다. 동조하는 한국인 사업가들이 월세를 지불하는 이 아파트에서 그는 줄지어 방문하는 한국 반정부 인사들에게 둘러싸여 야야기한다.

김 씨는 자신의 정치철학이 종교적 신념에 기반을 둔다고 자주 말한다. 김 씨는 하느님이 5번이나 직접 개입해 자신을 살려주었다고 믿는다. 1980년 사형선고를 받았을 때 아내에게 보낸 편지에서 그는 "아무리 가혹한 형벌을 당국이 내릴지라도 주께서 나를 지켜줄 것을 믿습니다"라고 했다.

미국이 한국 문제에 대해 40년 동안이나 강력한 영향력을 행사해왔음에도 불구하고 레이건 행정부는 김 씨의 계획에 관여할 수 없다고 말한다. 레이건 대통령을 만나고자 한 김 씨의 교섭은 무시당했다. 어떤 미국 관리도 그의 귀국을 만류하려고 하지 않았거니와 누구도 전두환에게 그의 안전을 염려하는 편지 한 장이라도 써주겠다고 약속한 적이 없다.

미 국무부는 김 씨의 내란음모죄가 "견강부회된 것"이라고 주장했던 1980년 카터 행정부의 입장을 견지하고 있다. 올해 미 국무부는 "김 씨의 귀국이 별 탈 없기를" 바란다는 뜻을 밝혔다.

미국의 한 직업 외교관은 통명스럽게 말했다. "우리는 김 씨를 적어도 세 번은 구해주었다. 우리가 이자를 위해 얼마만큼 해주어야 하는가? 그가 가마솥에 뛰어들 때마다 그가 요리되지 않도록 우리가 막아줘야 하는가?"

미국의 다른 몇몇 고위 외교관들은 김 씨가 권좌에 오른다면 과거의 한국 지도자들과 마찬가지로 독재적이 될 것이라고 말하면서 그의 정직성에 의문을 제기한다. 그러나 1978~81년 주한 미국 대사를 역임했던 윌리엄 글라이스틴은 "김 씨는 사기꾼이 아니다. 자신이 전통적인 한국식 독재자라는 것을 감추기 위해 민주적 수사를 쓰는 것은 아니다"라는 생각을 밝혔다.

많은 한국인들은 최근의 역사에서 특별히 혼란했던 두 시기에 관한 안 좋은 기억과 관련해 김 씨를 비난할지 모른다. 그것은 1960년 이승만의 사임 이후 등장한 장면 정권과 1979년 박정희 암살 이후의 불안한 상황이다.

한 미국 관리의 회고에 따르면, 전자의 경우에는 민주주의가 너무 활짝 피어 "중학교 1학년 아이들이 동맹휴학을 할 정도였고, 언론자유가 너무 많이 보장되어 신문이 사람들에게 공갈을 쳤다."

1980년 초에는 김 씨가 시위자들에게 자제하도록 충고하기를 거절했으며, 그래서 그 이후에 나타난 억압에 대해 "어느 정도 책임이 그에게 있다"고 윌리엄 글라이스틴 전 주한 미 대사는 주장한다.

게다가 오랫동안 김 씨를 존경해 온 일부 한국의 지식인들도 이제는 자신의 귀국을 보장받으려고 미국에 호소하는 김 씨의 태도에 기분이 상해 있다. 그들이 보기에 김 씨의 전술은 '사대주의(큰 나라를 섬긴다는 뜻)'에 대한 오래된 민족적 분노를 일깨우는 것이다."

1984년 11월의 어느 금요일 밤 김대중 부부는 그들의 아파트에서 20여 명의 미국인 친구와 지지자들을 위해 '송별회'를 열었다. 손님은 김 씨 부부가 처음 미국에 도착했을 때 수도원에 임시거처를 마련해주었던 신부 한 사람, 한국을 방문하며 김 씨를 위해 로비활동을 한 인권운동가들, 여러 명의 한국 전문가, 그리고 언제나 항의하는 일에는 빠지지 않는 워싱턴의 몇몇 인사들이었다.

갈비 등 여러 가지 한국 요리를 손님들과 즐긴 다음 김 씨는 늘 그러했듯이 한국 민속춤을 담은 비디오를 틀었다. 그 다음 손님들은 한국 인권을 위한 북미동맹의 집행국장인 파리스 하비로부터 김의 안전이 미국의 '국익'에 합치된다는 것을 레이건 행정부와 전(全) 정권에 납득시키기 위한 새로운 방도를 찾아달라는 촉구를 들었다. 60명이 넘는 하원의원들이 김 씨를 위해 서명했으며, 상원의원들의 서명도 모으고 있다고 그는 말했다. 또 전직 국무장관들의 지지도 얻을 계획이며, 김 씨가 귀국할 때 수행할 미국의 저명인사들도 모집하고 있다고 덧붙였다.

안전귀국에 대한 보장도 없는 상황에서 김 씨는 말했다. "나의 귀국은 그 자체로도 우리 국민에게 매우 의미 있는 일이 될 것입니다. (……) 나는 사회혼란을 유발할 생각이 없습니다. (……) 나는 아키노의 운명을 맞지 않기만을 바랍니다."

밤이 깊어지자 만약 김 씨가 다시 해를 입거나 투옥되는 경우에는 한국의 대미 무역관계를 위협하는 방안을 모색하자는 이야기가 나왔다. 모인 사람들은 대체로 세계 여러 곳에서 김 씨에 대한 보다 적극적 지지를 끌어모음으로써 김 씨의 일을 '국제화'하는 것이 좋으리라는 데 의견이 일치했다.

마지막으로 한 손님은 이렇게 우울할 것이 아니라며 "김대중 씨가 청와대 만찬에 우리를 초대할 날을 고대하자"고 제의했다. 모든 사람이 박수를 치면서 일어났다. 각자는 김 씨와 함께 사진을 한 장 찍고는 자기 집으로 돌아갔다.

1984년 11월 30일 전두환 정권은 3차 해금을 발표했다. 84명이 해금되었는데, 해금된 주요 인사는 이철승(李哲承) 전 신민당 대표최고위원, 이민우(李敏雨) 전 신민당 부총재, 조윤형(趙尹衡) 전 신민당 의원, 이기택 전 신민당 부총재, 조연하 전 신민당 의원, 노승환 전 신민당 의원, 김녹영 전 통일당 의원, 문익환 목사, 계훈제 등이었다. 3차 해금으로 김영삼, 김대중, 김종필, 김덕룡, 김상현, 이후락 등 15명을 제외하고는 모두 정치활동 규제가 풀렸다.

아직도 '정치풍토 쇄신을 위한 특별조치법'에 묶여 있는 김영삼 전 신민당 총재는 12대 총선에 참여하기 위해 신당 창당에 나섰다. 김대중은 창당에 반대했으나 민추협 공동의장인 김대중을 대행하고 있는 김상현이 참여를 적극 주장하여, 김대중은 자신의 계보 인사들에게 개인 자격으로 참여하라고 지시했다. 신당은 당명을 신한민주당(新韓民主黨, 약칭 신민당)으로 결정했다.

12월 3일 정대철(鄭大哲)과 조윤형이 일반의 예상과 달리 민한당에 입당했다. 김대중의 후견인이었던 정일형 의원의 아들 정대철은 김대중과 불가분의 관계였다. 정대철은 1977년 부친 정일형 박사가 긴급조치 위반으로 의원직을 박탈당하자 미국 유학 중 귀국해서 보궐선거에 무소속으로 출마하여 당선되었고, 1978년 10대 총선에서는 신민당 후보로 당선되었다. 1980년 정치규제 대상자가 되었는데, 1983년 미국으로 가서 학업을 재개하여 1984년 정치학 박사학위를 받았다. 미국에서 김대중과 3차례 만났는데, 세 번째 만남에서 김대중은 다음과 같이 지시했다.

"민한당의 시작은 사쿠라 정당이었지만 결국 다음 총선에서 제1 야당이 될 것이다. 귀국하거든 조윤형 전 의원과 함께 민한당에 입당해서 당을 접수하라."

정대철이 민한당의 어용성을 들어 이의를 제기하자 김대중은 "민한당에 들어가 헌 조직을 새롭게 만들면 된다"고 하였다. 정대철은 귀국하여 조윤형에게 김대중의 지시를 전했는데 조윤형이 의심하자 김대중이 '접수'라는 용어까지 썼다고 설명했다.

12월 19일 김현규(金鉉圭), 홍사덕(洪思德), 서석재, 박관용 등 민한당 의원 8명이 탈당하고 신당에 참여하겠다는 기자회견을 했다. 당일로 김현규와 홍사덕 의원이 안기부에 연행되어 조사받았다.

20일 신한민주당은 창당발기인대회를 열어 5개항의 결의문을 채택했다.

21일 오후 김현규, 홍사덕 의원은 안기부에 총선출마를 포기하겠다고 약속하여 석방되었다. 그러나 민한당 신상우 부총재가 친분이 있는 안기부 차장에게 부탁하여 김현규 의원은 무소속으로, 홍사덕 의원은 신민당 후보로 출마할 수 있었다.

의원 8명의 탈당에 민한당 총재 유치송은 당황했는데, 조윤형은 요직인 선거대책본부장 자리를 요구해 관철했다.

1985년 1월 5일(워싱턴 시간으로 1월 4일) 류병현 주미 한국대사는 폴 월포위츠(Paul Wolfowitz) 미 국무부 동아시아·태평양 담당 차관보와 면담했다. 월포위츠 차관보는 "김대중이 귀국 후 재수감되면 미 정부는 의회로부터의 거센 압력과 언론의 성화를 면치 못할 것이며 문제의 양상이 달라질 것이다. 케네디 의원 등은 레이건 행정부에 대한 공격수단으로 활용하기 위해 본 건을 끈질기게 물고 늘어질 것"이라고 말했다.

월포위츠는 "김대중이 재수감될 경우 나나 워싱턴에서의 류 대사의 생활이 모두 비참(miserable)해질 것"이라고 여러 차례 은근히 협박했다. 월포위츠는 "김대중의 선거 전 귀국은 현재의 한국 내 정치발전, 민주발전에 저해요인이 될 것"이라며 "한국 정부가 김대중에게 귀국을 선거 후로 연기하면 유럽 방문을 허가해 주겠다는 제의를 하라"고 권고했다.

레이건 행정부는 이렇듯 김대중 귀국 시 재수감을 강력히 반대했으나 총선 전 귀국에 대해서도 반대했다.

1월 7일 하버드 대학에서 연수 중인 한국 외무부의 반기문 참사관은 하버드 대학 모 교수로부터 '가치 있는 정보'를 입수해 즉각 류병현에게 보고했다. 그 내용은 다음과 같았다.

1. 'Campaign to Assure a Safe Return for Kim Dae Jung(김대중 안전귀국 보장운동)'이 주동이 되어 약 130명의 미국 학계 및 법조계 인사가 연서(連書)한 김대중 안전귀국 요청 서한을 1월 10일경 대통령 앞으로 발송할 것입니다.
2. 서한의 요지는 김대중의 무사귀환과 Public Life(공적 생활)를 보장하고 이를 통해 국내적인 신뢰를 도모하는 것은 1985년 국회의원 선거, 1986년 아시안 게임, 1988년 올림픽 및 1988년 대통령 선거를 위한 Social Harmony(사회적 화합)의 Critical Moment(결정적 계기)가 되리라는 것입니다.

류병현은 당일로 한국 외무부에 보고했다. 이에 외무부장관 이원경(李

源京)은 류병현에게 다음과 같이 지시했다.

"미 국무부가 김대중과 접촉 시 그의 귀국이 오히려 국내 정치 발전이나 민주 발전에 방해가 된다는 사실을 인지시켜줄 것을 요망한다. 월포위츠 차관보에게 본건 협의가 태평양계획(전두환의 미국 방문) 발표 이전에 이뤄지는 것이 바람직하다는 점을 미국 측이 유념하도록 당부하기 바란다."

1985년 1월 18일 신민당은 앰배서더 호텔에서 창당대회를 열었다. 유진산의 직계로 김영삼과 가까운 이민우 전 국회부의장이 총재가 되었고, 김녹영·이기택·조연하·김수한·노승환 등 5인이 부총재로 선출되었다(이 중 김녹영·조연하·노승환은 김대중계). 조연하가 수석부총재였다. 신민당은 대통령직선제 개헌, 독재와 독선 배제, 지방자치제 조기실시, 언론기본법 폐지, 군의 정치적 엄정중립 등을 정강정책으로 채택했다.

민추협 공동의장 대행 김상현이 조연하와 더불어 김대중계 몫의 공천권을 행사했다. 김상현 자신은 해금되지 못해 2·12 총선에 출마하지 못했으나 신민당의 김대중계 몫 32개 지역구와 전국구 공천을 주관했다.

민추협 설립 이후 과거 야당 활동을 했던 정치인들은 민추협 인사와 비민추협 인사로 갈렸다. 민추협 인사와 비민추협 인사가 각각 50% 지분으로 신민당에 참여했다. 신민당은 기존의 야당을 '관제 야당'이라 비난하며 선명 야당을 기치로 내걸었으나 '낮에는 야당, 밤에는 여당'이었던 상당수 기회주의자들을 국회의원 후보로 공천하였으므로 그 내막을 아는 사람들은 크게 실망했다. 이들은 대개 비민추협 인사였다.

신민당 공천을 받은 후보 가운데 특이한 경력으로 화제를 모은 이도 여럿이었는데, 서울 성북구에 공천을 받은 서울대 사회학과 복학생 이철(李哲)이 가장 많이 인구에 회자되었다. 이철은 1974년의 이른바 민청학련(민주청년학생총연맹) 사건으로 사형을 선고받은 인물이었다.

김대중계는 이민우를 총재로 선출하는 것을 받아들이는 대신 이민우가 정치 1번지인 종로·중구에 출마해야 한다는 것을 조건으로 내걸었다. 아무 지역 연고가 없는 종로·중구 출마를 꺼리는 이민우에게 김영삼은 "내가 이 총재의 당선을 위해 최선을 다하겠다"며 설득했다. 이는 정치 1번지에서 여당의 강력한 후보인 이종찬(당시 민정당 원내총무)을 꺾어야 신민당 돌풍이 일 것이라 예상했기 때문이었다. 결국 이민우는 김영삼의 강권에 정치 1번지인 서울 종로·중구에 출마하기로 결심했다.

1월 19일 리처드 워커 주한 미 대사는 외무부장관 이원경을 만나 "김대중이 선거(2·12 총선) 이후 귀국해달라는 우리 측의 제안을 받아들이면 한국 정부가 사면해주면 좋겠다. 만약에 김대중이 이러한 제의(사면받는 대신 총선 이후 귀국하라는 제의)를 거부하는 경우 미국 정부로서는 그 내용을 그대로 공개해 김이 불리한 처지에 놓이게 될 것"이고 "사면을 해주는 경우에도 김대중이 정치활동 규제는 계속 받도록 할 수 있을 것"이라고 말했다.

워커 대사는 또 전두환과의 면담을 요청하며 "이 건은 국내 문제에 그치지 않고 한미관계 전반과 태평양계획에도 영향을 줄 수 있는 중요한 문제로, 백악관에서 직접 지시를 받고 있다"고 말했다.

워커 대사는 김대중의 귀국 연기 및 사면과 전두환의 방미를 연결시켜 한국 정부를 압박한 것이다.

1월 21일 한국 외무부는 김대중 귀국 문제로 내부회의를 열었다. 결론은 다음과 같았다.

"김대중은 선거 후 귀국이 가장 바람직하며 이를 위해선 김대중에 대한 사면 조치가 필요할 것으로 사료된다. 이런 결정의 대미 통보는 각하(전두환)가 워커 대사를 만나 직접 하거나 안기부장이 워커 대사 앞 서한으로 알리는 방안이 고려될 수 있다."

22일 워커 대사는 전두환과 회담했다. 전두환은 김대중 사면에도 부정

리처드 워커(Richard Louis 'Dixie' Walker, 1922년 4월 ~2003년 7월)

미국 외교관, 학자, 저술가. 펜실베이니아 주 벨레폰테에서 태어났다. 1944년 드루 대학(Drew University)을 졸업하고 예일 대학에서 석사와 박사 학위를 받았다. 중국에서 선교 활동을 벌인 가정에서 태어난 워커는 어린 시절을 중국에서 보내 중국어에 능통했다. 이를 토대로 1943~46년 맥아더 사령부에서 통역을 맡는 등 중국 전문가로 활동했다. 한국전에도 참전했다.

군 복무를 마친 워커는 1957년까지 예일대 역사학과에서 학생들을 가르쳤다. 1956년 펴낸 저서 《공산주의 치하의 중국: 첫 5년(China Under Communism: The First Five Years)》에서 워커는 모택동 정권 치하에서 일어난 대숙청으로 수백만 명이 죽었음을 지적하며 공산주의는 장기적으로 중국 문화와 양립할 수 없다고 주장했다.

이 때문에 진보적 풍토의 예일대에서 논란이 일자 사우스캐롤라이나 대학(University of South Carolina)으로 자리를 옮겼다. 1961년 사우스캐롤라이나 대학에 국제학연구소(Institute of International Studies)를 설립하고 20년간 소장을 지냈다.

1980년 미국 대선 때 레이건 진영에 참가하여 국제정치 자문을 했다. 이 공으로 다섯 나라의 대사직 가운데 하나를 고르라는 제안을 받고 한국을 선택했다. 1981년 8월 주한 미국 대사로 부임해 1986년 11월까지 대사직을 수행했다. 그는 한국의 민주화를 위해 전두환 정권에 공개적으로 압력을 가하라는 미 의회와 국무부 일각의 요구에 '조용한 외교(quiet diplomacy)'가 더 효과적이라고 주장했다. 레이건 대통령은 이에 공감하여 워커에게 "당신은 조용한 외교를 예술로 승화시켰소(You have transformed quiet diplomacy into a fine art)"라고 칭송하는 편지를 보냈다.

사우스캐롤라이나 대학으로 돌아가 정년을 마쳤는데, 사망하기 얼마 전까지도 학술 활동을 계속했다. 17권의 저서를 남겼는데, 국제관계에서 문화적 요소를 강조했다. 우익적인 성향으로 유명하지만 매카시즘을 혐오했다.

적이었고, 김대중이 자신의 미국 방문 이전에 귀국하면 재수감하겠다고 말했다.

23일 폴 클리블런드(Paul Cleveland) 주한 미국 부대사는 조찬 회동에서 한국 외무부 미주국장 박건우(朴健雨)를 압박했다.

"어제 워커 대사가 대통령 각하를 면담한 내용을 워싱턴에 자세히 긴급 보고했다. 어젯밤 들어온 국무부의 1차 반응은 한마디로 대단히 실망했다는 것이었다. 국무부 한국과장과 차관보급에서는 이와 관련해 24일로 예정된 태평양계획의 발표를 연기하는 문제를 검토하고 있다."

이어 클리블런드 부대사는 한국 외무부 차관 이상옥(李相玉)과의 면담에서 "워싱턴의 반응이 매우 강경하다"며 "내일로 예정된 태평양계획 발표를 다소 연기하는 문제도 검토되고 있는 것으로 보인다"고 말했다. 이어 클리블런드는 레이건 대통령이 이 문제와 관련해 전 대통령에게 친서를 보내는 것을 한 방안으로 생각하고 있는 것 같다고 덧붙였다.

이에 한국 외무부는 미국 대사관에 "현 상황에서 미국이 발표 연기를 원한다면 우리도 동의하겠다"는 입장을 전했다. 이날 신민당은 대통령 직선제로의 개헌, 국회의 국정감사권 부활, 지방자치제 전면 실시, 언론기본법 폐지, 노동관계법 개폐 등을 총선 공약으로 확정했다.

1월 24일 전두환은 한발 더 물러섰다. 외무부장관 이원경은 외무부로 찾아온 워커 대사에게 "김대중 문제와 관련해 미국 정부에 부담을 주기를 원치 않는다. 김이 스스로의 의사로 귀국한다면 시점이 언제든 받아들일 것이다. 김의 귀국과 관련해 레이건 행정부의 입장을 난처하게 하는 일은 없을 것"이라고 말했다. 이에 워커 대사는 "레이건 행정부의 입장을 난처하게 하지 않겠다는 것은 재수감을 하지 않고 가택연금을 하겠다는 뜻으로 해석하겠다"고 말하며 환영했다.

전두환은 청와대에서 수석비서관들과 오후 늦게까지 김대중 문제를 논의했다. 전두환은 외무부 관리들이 미국에 너무 쉽게 굴복한다고 일갈했다. 워커 대사와 폴 클리블런드 부대사는 퇴근하지 않고 저녁 8시까지 기다렸다.

외무부 장관 이원경이 워커 대사에게 전화를 걸어 전두환이 미국의 견해에 동의했다고 전했다. 워커는 클리블런드 부대사를 바라보고 "전이 양보했구먼"이라고 말했다.

전두환 정권은 엄청난 선거자금과 행정력을 동원해 야당 바람에 맞서려 했다. 전국 시·도에 몇 가지 선거지원 지침을 내렸다.

▲ 무허가 건물·무허가 영업 등 모든 불법행위 단속을 완화할 것. 시민의 불편사항을 일제히 점검하고 체납세금 등 받을 것은 미루고, 영세민 생활보호금·보조금 등 줄 것은 빨리 줄 것.
▲ 민원서류는 될 것은 당연히 해주고 안 될 것도 해줄 듯이 희망을 주며 선거가 끝날 때까지 끌 것.
▲ 기회 있는 대로 정부의 시책을 홍보하되 각종 공사는 미리 착공하고 시민을 오라 가라 하는 회의는 삼갈 것.
▲ 민정당에서 벌이는 '공명선거 100만 명 서명운동'에 공무원과 가족·친척·친지를 총동원할 것.

전두환 정권은 이외에 각계각층 인사에 대한 훈장·표창 수여를 장려했다. 그 결과 평소보다 훈장과 표창을 받는 자가 5배로 늘어났다. 민정당은 선거기간 중 거리낌 없이 돈봉투나 선물을 돌렸다.

1월 26일 이민우 총재는 서울 종로·중구 지구당 창당대회에서 "현 정부는 정권 유지에 필요해 다당제를 만들었다"고 주장하고 "국민들은 이번 총선에서 이 같은 다당제의 함정에 속지 말고 진정한 민주야당이 어느 당인지를 심판해야 할 것"이라 말했다.

1월 30일 12대 총선 합동연설회가 경기도 옹진군에서 시작되었다. 당시 선거법으로는 후보의 개별 연설회는 금지되었고 합동연설회로만 유권자들이 후보자의 정견을 직접 들을 수 있었다. 합동연설회는 인구 30만 미만의 시나 구는 2회, 30만 이상의 시나 구는 3회, 읍·면이 12개 미만인 군은 3회, 읍·면이 12개 이상인 군은 4회 실시하게 되어 있었다.

2월 1일 서울에서 강남구와 강동구를 제외한 12개 선거구에서 합동연설회가 시작되었다. 종로·중구 지역구의 선거 유세가 열린 창신 국민학교 운동장에는 1만 5천여 청중이 모였다. 연설회를 마치고 나오는 군중은 "이민우, 이민우"를 외쳤다. 돌풍의 뇌관이 터졌고 돌풍은 전국으로 확산됐다. 야당 후보 진영에 대학생과 운동권 출신들이 대거 가세하여 신민당 후보 득표 운동을 도왔다. 재야단체 민중민주운동협의회는 신민당을 적극 지원했다. 민정당과 들러리 야당인 민한당 후보들을 공격하는 유인물을 대량 제작하여 해당 지역에서 살포했다.

신민당 후보들은 이철희·장영자 어음사기 사건, 민정당 대표 정래혁 축재 사건, 이정식 토지투기 사건 등 전두환 정권 아래서의 각종 대형 부정 사건을 거론하며 비난해서 청중의 열렬한 호응을 얻었고, 날이 갈수록 유세장에 청중이 구름같이 몰려들었다. 신민당 이철 후보는 민정당을 '민주정복당', 민한당을 '민주한심당'이라 부르며 야유했다.

많은 청중과 열띤 호응에 고무되어 12·12 군사쿠데타와 5·18 광주사태의 진상을 폭로하고 전두환 정권을 군사독재 정권이라고 규탄하는 후보도 나왔다.

부산 동구의 한 초등학교에서 열린 합동유세에서 신민당 박찬종(朴燦鍾) 후보는 외신보도를 인용하며 12·12 군사쿠데타와 5·18 광주사태의 진상을 폭로했다.

"미국의 〈타임〉은 이렇게 보도했습니다. 〈뉴스위크〉는 또 이렇게 보도한 바가 있습니다. 전두환 씨는……, 신군부는 이런 짓을 저질러 놓고……."

유언비어를 퍼트린다고 몰아대지 못하도록 외신보도를 인용한 박찬종 후보의 폭로로 교정을 가득 메운 청중은 크게 놀랐다. 군중 속에 섞여 있던 안기부원이나 보안사 요원, 경찰 정보원들도 낯빛이 변했다. 언론은 박 후보의 발언을 제대로 보도하지 못했으나, 합동유세가 끝나자 부산 전역에 12·12 군사쿠데타, 광주사태의 진상에 관한 소문이 급속히 퍼져나갔다.

'과격한' 발언이 청중의 엄청난 호응을 얻자 야당 후보들은 경쟁적으로 발언의 수위를 높였다. 12대 총선으로 유권자의 정치의식은 크게 고양되었다.

2월 2일 청와대와 백악관은 전두환이 4월 중 미국을 방문할 것이라고 공식 발표했다. 이것은 전두환 정권이 김대중이 귀국해도 재수감하지 않겠다는 조건으로 미국 정부와 협상하여 얻어낸 것이었다.

2월 4일 월요일 전두환 정권은 "형집행정지로 풀려난 김대중 씨가 약속을 어기고 반정부 활동을 했지만 인도적인 견지에서 재수감을 하지 않겠다"고 발표했다.

2월 6일 종로·중구 합동연설회가 열린 옛 서울고 운동장에는 10만여 인파가 모여 선거 열기가 뜨거움을 상징적으로 보여주었다. 운동장 주변에는 미리 자리 잡은 커피 행상들이 "민주 커피요, 민주 커피 마시고 공명 투표하세요"하고 외쳤다. 커피 외에 번데기, 샌드위치, 김밥, 떡 등 온갖 먹을거리를 파는 행상들이 몰려들어 대목을 만끽했다. 일부 시내 다방에서는 주인이 여종업원을 데리고 나와 커피 원정판매를 하기도 했다.

이민우 후보는 전두환 정권의 정통성을 공격했는데 "국민의 위대한 힘으로 이 정권에 본때를 보여야 하고 그러기 위해선 기권하지 말아야 한다"고 당부하며 연설을 끝냈다.

민한당 정대철 후보는 "김대중 선생의 측근으로부터 연락이 있었는데 국내 어떤 정당과도 연계가 없음을 밝혔다. 김대중 씨를 팔지 마라"고 말하고는 "선친인 정일형 박사가 1971년 김대중의 선거대책본부장을 지냈고 모친인 이태영 박사가 고등군재 때 유일하게 김대중의 무죄를 주장했던 끊을 수 없는 연고를 가지고 있다"고 주장했다.

마지막으로 유세한 민정당 이종찬 후보는 "나는 누구로부터 지지를 받았다, 나는 누구로부터 천거를 받았다 하는데 여기가 무슨 아버지 찾아주는 곳이냐, 미아보호소냐, 친자 확인 소송을 해주는 재판소냐"고 야권을 싸잡아 비난했다.

전두환 정권은 합동연설회에서 예상을 훨씬 뛰어넘는 '과격 발언'이 마구 나오자 선거법 위반으로 처벌할 것을 고려했다. 30여 명의 야당 및 무소속 후보가 경고를 받았는데 대부분 서울과 부산, 전남 지역 출마자였다.

2월 7일 밤 10시 10분경 동대문 경찰서의 조창래 수사과장은 이민우 총재의 지구당 사무실을 찾아가 이민우 후보가 2월 1일 유세에서 "군사정권은 근본적으로 잘못되어 이승만 정권의 말로와 같은 길을 걷고 있고 정치를 20여 년 후퇴시켰다"고 발언한 것과 2일 유세에서 "대학생을 최루탄으로 탄압하고 짓밟고 감옥, 군대로 보내는……"이라고 발언한 것이 국회의원선거법 170조(허위사실공포죄)와 171조(후보자비방죄)에 해당한다고 통보했다. 조창래 등 경찰관 4인은 이어 정대철 후보 사무실을 찾아가 2일 연설에서 "광주사태를 일으킨 장본인은 바로 현 정권"이라고 발언한 것 등이 역시 국회의원선거법 170조와 171조를 위반한 것이라고 통보했다.

야당 후보를 선거법 위반으로 처벌하겠다는 정권의 의도가 보도되자 야당 지지율이 올라가는 역효과가 났다.

2월 8일 김대중이 귀국했다. 그의 신변안전을 우려하는 27명의 해외인사들이 함께 입국했는데, 이 과정에서 일부 미국인들이 폭행을 당했다. 이에 미 국무부는 즉각 성명을 발표해 "미국인들이 한국의 보안요원들로부터 상당한 폭력을 당했다"는 사실을 밝히며 공식적으로 한국 정부에 항의했다. 김대중의 귀국으로 선거 열기가 더욱 달아올랐다.

미국은 한국 측 요청에 따라 김대중의 귀국에 대한 주한미군방송(AFKN)의 보도를 자제했다. 2월 8일 밤 10시 종합뉴스에서 김대중 귀국을 30초 정도 보도했다.

투표를 며칠 앞두고 민정당은 88~90석, 민한당은 40~45석, 신민당은 24~40석 당선을 각각 예상했다.

2월 11일 신민당, 민한당, 국민당 등 야당은 모두 "야당에 대한 노골적인 탄압을 즉각 중지하라"는 성명을 냈다. 신민당 박실 대변인은 "선거를 앞두고 전국 일원에서 경찰이 신한민주당 후보 및 선거운동원들을 공공연히 연행·미행·협박하는 등 공포 분위기를 조성하고 야당의 선거운동을 마비시키고 있다"고 비난했다. 민한당 조세형(趙世衡) 선거대책본부 대변인은 "경찰 병력이 저녁 무렵부터 모든 골목을 가로막아 야당의 선거운동을 완전히 동결시켰다"고 주장했다.

12일 12대 총선 투표가 실시되었다. 뜨거운 선거 열기를 반영하여 투표율이 85%에 이르렀다. 이는 5·16 쿠데타 이후 최고 투표율이었다.

신민당은 창당한 지 불과 25일 만에 치러진 총선에서 득표율 29.2%로 67석(지역구 50석, 전국구 17석)을 얻어 기성 정당의 두꺼운 지층을 뚫고 제1 야당으로 부상했다. 원내 교섭단체를 구성할 수 있는 20석 확보가 어려울 것이란 일반의 예상을 훨씬 뛰어넘은 결과였다. 12대 총선은 신민당 신화를 창조했다.

전두환의 민정당은 지역구에서 5명이 낙선하여 87명이 당선되었다. 부산에서는 6개 선거구 중 절반인 3명 낙선, 대구에서는 1명 낙선, 서울에서는 1명 낙선했다. 예상 외로 광주를 포함한 전라도에서는 민정당 후보가 전원 당선되어 운동권 학생들은 큰 충격을 받았다.

민정당의 득표율도 35.2%로 11대의 35.6%에 비해 0.4%포인트 줄었다. 목표로 했던 38%에는 2.8%포인트 미달하는 것이었다. 민정당은 그럼에도 불구하고 제1 당에 전국구의 3분의 2를 주는 선거법에 따라 전국구 92석 중 61석을 차지하여 총의석은 148석이 됐다. 11대에 비해 3석이 줄었다.

민한당은 11대 총선에서는 지역구와 전국구를 합쳐 82석을 얻었으나 12대 총선에서는 35석으로 몰락했다(지역구 26명, 전국구 9명. 득표율

19.7%). 특히 신상우 부총재, 오홍석 중앙상임위원회 의장, 김원기 정치훈련원장, 김문석 인권옹호위원장 등 주요 당직자와 조윤형 선거대책본부장, 정대철이 낙선하여 충격이 더 컸다.

국민당은 9.16%의 득표율로 원내 교섭단체 유지에 필요한 20석을 간신히 채웠다(지역구 15명, 전국구 5명).

신민당은 서울특별시, 부산직할시, 대구직할시, 인천직할시(대구와 인천은 1981년 7월 직할시로 승격)에서 민정당을 제치고 득표 1위를 했다. 민정당은 경기, 강원, 충북, 충남, 전북, 전남, 경북, 경남, 제주 등지에서 1위를 했는데 충북에서는 과반수가 넘는 56.7%를 득표했다. 민한당은 강원, 경북, 제주에서 2위였고 나머지 지역에서는 모두 3위였다. 유권자들에게

12대 총선 주요 정당별 득표수(명)				
	민주정의당	신한민주당	민주한국당	한국국민당
서울	130만 3114	205만 6642	95만 4454	11만 2142
부산	48만 3507	63만 9724	40만 8834	18만 666
대구	26만 3168	27만 6780	17만 2771	14만 5418
인천	23만 9376	24만 1802	14만 2647	2만 2107
경기	78만 2360	64만 643	47만 936	31만 141
강원	41만 3958	10만 1349	15만 9816	15만 8318
충북	41만 8909	13만 5213	11만 6866	6만 3359
충남	57만 7742	31만 9222	30만 1955	15만 6044
전북	39만 9758	28만 7358	20만 5086	12만 8707
전남	63만 7292	45만 2599	32만 2486	18만 1889
경북	72만 5326	25만 4760	27만 5253	17만 4472
경남	72만 2169	42만 3916	36만 561	19만 5481
제주	7만 3798	1만 3819	3만 9635	
합계	704만 477	584만 3827	393만 1300	182만 8744

야당으로 인정받는 신민당과 민한당의 득표율을 합치면 50%가 넘었다.

12대 총선에서 의석을 얻지 못했거나 2% 이상의 지지를 못 얻은 정당은 정당법에 따라 등록이 취소되었다.

12대 총선에서 신민당 신화가 창조된 것은 신민당 자체의 폭발력이 컸기 때문이었다. 전두환 정권의 정통성을 문제 삼으면서 대통령을 내 손으로 뽑자는 신민당의 대통령 직선제 구호가 열렬한 호응을 받았다. 여기에 전두환 정권의 부정부패가 국민감정을 부채질했다.

당시 야당 지지표는 중산층과 상인, 대학생과 노동자 계층의 연합적인 성격이 짙었다. 주관중 정치학 교수는 2·12 총선의 양상을 다음과 같이 분석했다.

12대 총선 각 정당별 득표율(%)									
	민정당	신민당	민한당	국민당	신사당	민권당	권농당	신민주당	무소속
서울	27.3	43.9	19.9	2.3	2.1	0.4	0.5	0.2	3.6
부산	27.9	36.9	23.6	10.4	0	0.1	0	0	0.4
대구	28.3	29.7	18.5	15.6	15	11	0	2.4	2.5
인천	37.1	37.4	22.0	3.4	0	0	0	0	0
경기	34.6	27.8	20.4	13.7	0.6	0.6	0	0	2.1
강원	46.2	11.3	17.8	17.6	0	0	1.1	0.8	4.8
충북	56.7	13.8	15.8	8.5	0.5	0	0	0	0
충남	39.5	21.8	20.6	10.6	2.8	0	0.2	4	4.0
전북	36.8	26.4	18.8	11.8	0	0	2.5	3.4	0
전남	35.7	25.4	18.0	10.2	4.4	0.5	1.9	0.1	3.0
경북	44.7	15.7	16.9	10.7	1.4	0.3	1.6	0.9	7.4
경남	39.9	23.4	19.9	10.8	0.5	0.6	3.0	0.7	0.8
제주	31.8	5.9	17.1	0	0	1.2	0	0	43.8
전국	35.2	29.2	19.6	9.1	1.4	0.3	0.9	0.5	3.2

세계 어디서든지 야당은 공군력, 즉 선전전으로 싸우고 여당은 육군력, 즉 조직전으로 싸운다. 공군이 아무리 폭격을 해서 폭풍을 일으켜도 적의 표밭을 점령하는 것은 육군인데, 여기서 야당 전략의 한계점이 노출되는 법이다. 그런데 이번에는 대학생층이 공수부대 구실을 떠맡아 곳곳에서 낙하하여 야당을 위해 표밭 거점을 확보했기 때문에 이런 결과가 나왔다.

김동길 연세대 교수는 〈월간조선〉 1985년 4월호 권두시론 '침묵할 때와 투쟁할 때'에서 2·12 총선에 대해 다음과 같이 논평했다.

제5 공화국의 여당인 민정당이 전라도 광주에서 개가를 올렸다는 것은 놀랍게 느껴질 뿐 아니라 약간의 현기증을 일으키는 것도 같다. 그러나 이런 심리적 구토 현상도 편견에 기인한 것일 수도 있다. 광주사태 이후 정부와 여당이 선정을 베풀어 민심이 다 돌아섰다면 할 말이 없는 것이다. 그만큼 국가 장래를 위해 다행한 일이라고 해야 옳을 것이다.
그러나 한 똑똑한 전라도 친구는 이번 선거를 통해 '서울 사람, 부산 양반, 전라도 X'이라는 새 말이 생겼다고 하며 자못 미안한 표정이었다.
그게 무슨 미안한 현상인가? 따지고 보면 그래 마땅한 일인지도 모르지. 과오를 덮어 주고 잘못을 용서하는 것처럼 아름다운 마음씨가 또 있으랴! 이번 일이 한국인 중 어느 누구의 체면도 손상시키지 않는 것이라고 믿어야 옳지 않을까!

새로 생긴 정당, 그것도 여러 갈래의 탁류가 한데 뒤섞여 아직은 청탁을 가리지도 못하는 터인데 예상을 뒤엎고 50석이나 되는 많은 의석을 차지하여 그 저력을 과시하였다니, 아직 생기지도 않은 저력을 어떻게 과시할 수 있었다는 건가? 궁금하기 짝이 없다. 신당의 진로는 명확한가? 소속 당원들의 신분이나 능력은 확실한가?

전두환 정권은 1980년 집권하면서 모든 국회의원을 감시·도청하고 야당 내부 운영마저 통제하는 등 의회정치, 정당정치를 형해화했다. 민한당 등 관제 야당들은 정권과 의견을 달리하는 사안에서도 안기부가 얘기하는 것은 잘 따랐다. 그러나 2·12 총선으로 그런 구도가 무너지게 되어 전두환 정권은 충격을 받았다.

총선에서 패배한 전두환은 2월 18일 내각을 교체하고 노태우를 민정당 대표위원에 임명하는 등 당정을 개편했다. 안기부장 노신영이 국무총리로, 대통령 경호실장 장세동이 안기부장으로 임명되었다.

2월 21일 선거가 끝난 지 열흘도 지나지 않아 전두환은 부산에 기반을 둔 재계 순위 7위의 국제그룹을 해체시켰다. 많은 사람들이 민정당 후보가 부산에서 절반이나 낙선한 데 따른 정치보복으로 생각했다. 국제그룹 총수인 양정모 회장은 전두환의 아우 전경환이 회장으로 있는 새마을운동본부에 기부금 내기를 거부했고, 전두환의 일해재단에도 압력을 받고서야 10억 원만 기부했다. 이로 인해 전두환은 양정모 회장에게 악감정을 품고 있었는데 2·12 총선에서 특히 부산에서 대패하자 치졸한 보복을 한 것으로 많은 사람들이 생각했다. 국제그룹 계열사의 대부분은 전두환 정권에 우호적이던 한일그룹으로 넘어갔다.

2월 27일 민한당 총재 유치송은 총선 패배의 책임을 지고 총재직을 사퇴했다.

3월 3일 신임 국가안전기획부장 장세동이 소집하여 관계기관대책회의가 열렸다. 장세동은 전두환이 김영삼, 김대중을 정치규제자 명단에서 해제하기로 결정했음을 알렸다.

"이제 정치활동 금지를 말끔히 청산하기 위해 나머지 14명을 마저 털어버리자는 것이 대통령의 뜻입니다. 국민들이 놀랄 거예요. 그리고 각하

관계기관대책회의

시국사건 처리 문제로 여러 관계 정부기관이 모여 대책회의를 갖게 된 것은 박정희 정권 때부터인데, 전두환 정권에서 활성화되었다. 이 회의는 의제와 연관된 참석자 구성에 따라 대략 5가지 유형이 있었다.

1) 안기부장, 보안사령관, 청와대 수석비서관, 민정당 대표, 검찰총장, 각 부처 장관, 치안본부장
2) 안기부 차장, 청와대 수석비서관, 검찰총장, 법무장관, 내무장관, 치안본부장
3) 안기부 지부장, 지검장, 시경국장·도경국장, 안기부 국장, 지검장(또는 대검 부장), 치안감
4) 안기부 과장, 부장검사, 치안감
5) 안기부 정보관, 검사, 경무관

사안에 따라선 보안사령부 직원도 참석했다(안기부 과장은 부이사관으로서 중앙부처의 국장과 맞먹고, 안기부 부국장은 이사관급, 안기부 국장은 관리관 즉 차관보급이었다).

장세동이 안기부장이 된 이후로는 안기부만이 관계기관대책회의 소집권이 있었고, 안건은 거의 안기부의 의견대로 결정되었다. 하급 수준의 대책회의에선 이미 결정된 사항을 집행하는 방법을 토의했다.

의 영단에 엄청난 박수가 쏟아질 겁니다. 김영삼 씨에게는 현홍주 의원이, 김대중 씨에게는 이상재 의원이 각각 사전에 통보하기로 했습니다. 이제 그 같은 상황에 대비해 대대적인 홍보대책을 마련해야 될 것입니다. 해금 날짜는 3월 6일입니다."

신임 민정당 대표 노태우가 사전에 논의하지 않은 것에 불만을 토로하고 민정당 사무총장 이한동(李漢東), 원내총무 이종찬, 내무부장관 정석모, 법무부장관 김석휘가 노태우를 두둔했다. 이와 달리 청와대 정무1수석비서관 허문도(許文道), 문공부장관 이원홍은 장세동 편을 들었다. 이미 전두환이 결정을 내린 뒤였으므로 사실 어쩔 수 없는 일이었다.

3월 6일자로 정치 규제자 명단에 마지막으로 남아있던 김영삼, 김종필, 김대중, 이후락, 김상현 등 14명에 대한 해금이 발표되었다. 이때의 해금으로 정치활동이 금지된 구 정치인은 더 이상 없게 되었다.

신민당의 대부 격인 김대중, 김영삼이 정치활동 규제에서 풀려나면서 야권통합 기운이 무르익었다. 무소속으로 출마하여 당선된 김현규 의원을 시발로 유갑종(신민주당·정읍), 김봉호(신정사회당·해남)가 신민당에 입당했다.

지역구에서 불과 26명의 당선자를 낸 민한당은 동요하기 시작했다.

3월 15일 김영삼과 김대중은 해금 후 첫 공식 기자회견을 갖고 "야당은 신민당을 중심으로 통합되어야 하며 3월 29일로 예정된 민한당 전당대회는 통합을 위한 수권대표만을 선출하는 것이 바람직하다"고 밝혔다.

그러나 구체적인 통합방안에서 김영삼과 김대중은 이견을 드러냈다. 김영삼은 민한당 인사들의 개별입당에 의한 흡수통합을 주장했고, 김대중은 합당절차에 따른 통합안을 제시했다.

3월 22일 국민당은 전당대회를 열었는데 예정과 달리 대의원들의 요구로 제5 공화국에서는 여야를 통틀어 처음으로 민주적 방식의 경선을 벌여 대의원 투표로 이만섭(李萬燮) 의원을 총재로 선출했다. 이만섭 의원은 국민당 총재 취임 기자회견에서 대통령 직선제를 주장하고 이를 위해 국회 내에 헌법개정특별위원회를 조속히 구성할 것을 제안했다.

3월 29일 민한당 전당대회에서는 2·12 총선에서 낙선한 조윤형이 민한당 총재로 선출되었다.

뿌리로 보아 옛 신민당 소속이었던 민한당 당선자들은 대세에 탑승하지 않으면 낙오될지 몰랐다. 아직도 전두환 정권의 손 안에 있던 이들 가운데 당 대 당으로 합당하자는 주장을 펴 야권통합에 제동을 걸려는 사람도 있었다. 시간을 놓치면 야권통합이 어려워질 것으로 판단한 김영삼은 황낙주 등 옛 계보 소속 의원 15명에게 탈당을 권유했다. 소속 의원들의 집단 탈당이 임박하자 조윤형은 4월 3일 기자회견을 갖고 민한당을 조건 없이 신민당에 합당시키고자 한다며 백기투항을 선언했다. 이 시각 김영삼과 가까운 황낙주, 유한열, 목요상 등 의원 15명이 민한당 탈당과 신민당 입당을 선언했다.

이어 김대중계도 4월 4일 이중재, 임종기, 이용희 등 14명이 민한당을 탈당하고 신민당에 입당했다. 그후 3명이 추가 탈당하여 제5 공화국에서 제1 야당으로 안주하던 민한당은 하루아침에 몰락하여 유치송, 손태곤, 신동준 등 단 3명의 의석을 보유한 군소정당이 되었다. 주요 신문은 '폼페이 최후의 날' '싱가포르 최후의 날(태평양전쟁 때)' 등의 표현을 써가며 민한당의 몰락을 대대적으로 보도했다. 이후 국민당으로 당선된 3명이 탈당하고 신민당으로 입당하여 신민당 의석수는 103석이 되었다. 신민당은 헌정 사상 최대의 야당이 되었고, 사실상 야권을 통합했다. 신민당의 대부 김영삼, 김대중의 위력을 입증한 실례였다. 이로써 김영삼과 김대중의 야권에서의 위상은 확고부동해졌다.

전두환의 미국 방문은 한국 정부가 2월 2일 서둘러 발표하느라 그 일정이 미처 정해지지 않았다. 이후 협상을 거쳐 전두환의 미국 방문 일정은 1985년 4월 24~29일의 5박 6일로 정해졌다. 4월 초부터 한미 정상회담에서 발표할 언론발표문(press remarks)의 내용을 두고 교섭이 시작되었다. 전두환 정권은 미국 측에 "전두환 대통령의 헌정 수호 결의를 지지한다"는 내용을 담을 것을 요구했다.

4월 12일 전두환은 워커 대사와의 오찬에서 직접 "헌법 수호를 통한 평화와 안정을 위한 노력에 대해 레이건 대통령이 확고하게 지지하는 성명을 발표해 주기를 바란다"는 뜻을 밝혔다. 그러나 미국 정부는 끝까지 난색을 보였다. 정상회담을 하루 앞둔 4월 25일 저녁 미국 현지에서 열린 한미 외무장관 회동에서도 줄다리기가 계속됐다. 이원경 외무장관은 전두환이 헌정질서 유지에 각별한 관심을 갖고 있다며 거듭 지지를 요구했다. 그러나 폴 월포위츠 미 국무부 동아시아태평양 담당 차관보는 "한국 내에서 헌법 개정 문제가 정치문제화 돼 있는 것으로 아는데, 미국이 이 문제를 언급하면 한국의 국내정치에 간섭한다는 인상을 줄 우려가 있다"고 반박했다. 결국 최종 언론발표문은 레이건 대통령이 헌법 문제에 대한 언급 없이 한국의 정치 발전을 위한 제반 조치를 지지하고 "전 대통령이 임기 말에 하겠다는 평화적 정권교체 공약에 대한 미국의 지지를 재차 강조"하는 선에서 타결됐다.

12대 국회는 1985년 5월 13일에 이르러 겨우 원을 구성했다. 민정당 총재상임고문 이재형이 국회의장, 김녹영 신민당 부총재와 민정당 의원 최영철이 국회부의장으로 선출되었다. 전두환은 국회 상임위원장의 과반수를 군 출신으로 채웠다.

원 구성 후 대표 연설에서 이민우 총재는 "대통령 직선제로의 헌법 개정은 국민에게 정부 선택권을 되돌려주는 것이며, 그것이 국민적 합의"라며 대통령 직선제를 요구하고 나섰다. 이 총재는 이를 위해 국회에 '헌법개정 특별위원회'를 설치할 것을 제의했다. 이 총재는 광주사태를 집중 추궁하면서 '진상조사 특위' 설치를 제의하고, 각종 인권 유린과 대형 부정 부조리의 진상 규명을 요구하고, 지방자치제 실시 등 민주화를 촉구했다.

재야 민주화 단체의 통합 운동도 결실을 보았다. 스스로의 한계를 인식한 민민협과 민주통일국민회의는 통합으로 돌파구를 찾고자 하여 1984년 11월부터 통합을 위한 논의를 시작했다. 민민협과 민주통일국민회의는 2·12 총선 이후 통합에 박차를 가했다. 그 결과 1985년 3월 29일 서울 장충동 분도회관에서 민민협과 국민회의가 통합대회를 열어 민주통일민중운동연합(약칭 민통련)이 탄생했다. 의장에 문익환 목사, 부의장에 계훈제·백기완, 사무처장에 이부영, 상임위원장에 이창복, 정책실장에 장기표, 정책실차장에 이해찬이 선임됐다. 동아투위의 성유보, 임채정, 김종철 등도 민통련에 참여했다. 그러나 민청련과 개신교 측은 합류하지 않았다.

민통련은 한국전쟁 이후 한국 사회에서 부문과 지역을 아우르는 최대의 재야 민주화운동 단체로 출범했다. 상임위원회로 부문운동 단체들을 포괄했고, 각 지역 조직을 통하여 개인회원을 받아들였다. 출범 당시에는

10여 개 단체로 시작했는데 나중에는 참여 단체가 25개로 늘어났다.

민통련은 출범 후 기관지 〈민주통일〉, 신문 〈민중의 소리〉를 통하여 국민에게 민주화운동을 알리는 데 힘을 쏟았다. 그리고 노동자들의 파업투쟁과 농민들의 소몰이투쟁, 철거민들의 철거투쟁 등 기층 대중의 생존권 투쟁에도 지원을 아끼지 않았다. 민통련은 양김씨와 더불어 민주주의를 대표하는 상징적 존재로 성장해갔다.

1985년 5월에는 불교계에서 민중불교운동연합이 결성되었다.

6월 15일 민언협은 '민주·민족·민중언론을 향한 디딤돌'을 표방하며 기관지 〈말〉을 창간했다.

1985년 중반까지 전국의 도 단위 지역에 빠짐없이 민주화운동 단체가 건설되었다.

전두환은 김대중을 재수감하지는 않았으나 1987년 7월 9일 사면·복권할 때까지 수시로 가택연금했다. 정치 규제자 신분에서 풀려났으나 사면복권은 이루어지지 않았으므로 김대중은 공식적으로는 정치활동을 할 수 없었다.

1984년 창립된 민주화추진협의회(약칭 민추협)는 김영삼과 김대중이 공동의장으로 취임했으며, 미국에 있는 김대중을 대신하여 김대중 계보의 김상현이 공동의장 대행이 되어 활동했다. 신한민주당은 민추협과 구 야당 인사들이 50 대 50의 지분을 가지고 창당했다. 민추협계가 신한민주당의 당권을 잡아 주류였고, 비주류로는 이철승 파벌이 대표격이었다. 당 내에는 여러 파벌이 있었으나 김영삼계와 김대중계가 당연히 최대 파벌이었다. 다른 군소 파벌들은 시간이 지남에 따라 김영삼 계보와 김대중 계보에 흡수되었다. 신한민주당이 분열된 1987년 봄까지 명맥을 유지한 군소

계보는 이철승계와 이기택계였다.

  5월 하순 예춘호 씨가 김대중 비서실장에 취임했다. 그는 김대중의 권유를 3개월 이상 거절하다가 5월 31일 김대중 비서실 정례회의에 처음 참석하여 업무를 보기 시작했다. 그러나 김대중의 정치 행태에 회의하게 된 예춘호 씨는 7월 중순부터 아예 비서실에 나오지 않았다. 이태호와 배기선이 방문하여 다시 나와 달라고 간청했으나 예춘호 씨는 요지부동이었다.

학원안정법 파동

1985년 2·12 총선에서 야당 승리에 크게 기여한 학원가는 개학이 되자 총학생회 결성을 위한 선거 열기에 들끓었다. 총학생회 선거 유세에서 '강력한 민주투쟁'을 내건 후보들이 당선되었다. 이는 대학생들의 민주화 투쟁이 격렬해질 것을 예고하는 것이었다.

학생 세력의 연합도 모색되었다. 4월 17일 고려대에서 '전학련(전국학생총연합)'이 결성되었는데, 의장에 김민석(서울대 총학생회장), 부의장에 오수진(성균관대 총학생회장) 등 4명이 선출됐다. 결성식이 끝나자 학생들은 전두환의 미국 방문 성토대회를 열어 '현 정권에 보내는 경고장'을 채택하고 '매국방미 결사반대', '수입개방 결사반대', '경제종속 결사반대', '군부독재 퇴진' 등 구호를 외치며 횃불 시위를 벌였다.

이틀 후인 4월 19일에는 수유리 4·19 묘소에 5천여 명이 참가하여 시위를 벌였고, 5월에 들어서는 광주사태를 이슈로 한 이른바 '5월 투쟁'이 격렬히 전개되었다.

결성과 동시에 각종 집회와 시위 등을 주도한 전학련은 5월 23일 서울에 있는 미국 문화원(USIS) 점거 농성 사건으로 국내외에 큰 반향을 일으켰다. 이날 서울대, 연세대, 고려대, 성균관대 등 4개 대학 남녀학생 73명이 롯데호텔 앞 미문화원으로 일제히 진입해 셔터를 내리고 점거농성에 들어갔다. 이들은 미국 정부에 '광주학살을 지원한 데 대한 공개사과와 전두환 정권 지원 중단'을 요구했다. 이들이 내건 '삼민투위(三民鬪委)'라는 단체 명칭과 반미 구호는 많은 사람에게 충격을 주었다.

5월 24일 국가안전기획부 간부회의가 열렸다. 안기부장 장세동은 "주요 보안 목표에 대한 공격이 있을 때에는 총살을 해서라도 저지해야 한다"고 말했다.

광주사태 진상 조사와 미국의 사과를 요구하던 대학생들은 사흘 만에 미문화원에서 자진 철수하여 경찰에 연행되었다.

학생운동의 또 하나의 흐름은 민중 생존권 수호 투쟁이었다. 전학련의 '5월 투쟁'은 광주사태에 중점을 두었지만 목동 철거 반대 시위 등 민중 생존권 투쟁에도 역점을 두었다.

1985년 4월 대우자동차에서 파업이 일어났다. 서울대 공대 출신의 네 사람이 기능공으로 취업하여 벌인 민주노조 활동이 임금인상을 내건 시위, 철야농성, 파업으로 번졌다. 결국 김우중 회장과의 대좌로 분규는 원만한 타결을 보았다.

6월에 10개 사업장에서 2500여 명이 참여한 가운데 연대 파업인 '구로 동맹파업'이 일어났다. 정권은 대규모 검거와 구속으로 대응하였다. 8월에는 구로 연대투쟁 관련 해고자들과 지식인 출신 노동운동가들이 중심이 되어 '서울노동운동연합(서노련)'을 출범시켰다. 서노련은 출범과 더불어 노동운동 세력의 정치투쟁을 주도했다.

학생들의 위장취업이 전 노동계로 번지는 것을 전두환 정권은 우려했고, 기업들도 매우 경계했다.

학생운동이 정권에 위협을 주게 되자 전두환은 이를 탄압하려 이른바 '학원정상화 임시조치법(약칭 학원안정법)'을 만들려 했다. 전두환은 안기부에 입법을 지시했다. 6월 초 안기부 분석연구실장 강재섭, 청와대 비서관 최창윤을 비롯하여 법제처, 법무부, 문교부의 요원들이 실무작업반을 이루어 법안을 마련했다. 내용은 학생시위를 일으키는 문제 학생들을 가두어 훈육한다는 것으로 실제로는 정치범 수용소 만들기였다. 6월 말까지도 민정당은 물론 청와대 수석들도 진행상황을 모를 정도로 비밀리에 작업이 진행되었다.

7월 5일 전두환은 학원안정법을 만들고 있는 실무 작업반에 추가 지시를 내렸다.

1. 교육 중 단식·탈출·집단행동에 대한 벌칙을 강화하라.
2. 내무반별로 10~20명을 수용하여 훈련시켜라.
3. 오지의 감호소를 활용하라.

7월 15일 미 문화원 점거농성 사건에 대한 첫 공판이 열렸으나 피고와 방청객들이 반미 구호를 외치고 운동권 노래를 부르며 재판을 거부하여 공판이 무산되었는데 언론이 이를 크게 다루었다. 다음날 전두환은 법무장관 이석휘를 경질했다.

7월 24일 안기부장 장세동은 서울 플라자 호텔에서 학원문제를 다루기 위한 당정회의를 소집했다. 민정당 사무총장 이한동, 민정당 원내총무 이종찬, 청와대 정무1 수석비서관 허문도 등이 참석자였다. 장세동과 허문도는 대학가 반정부 시위를 주도하는 운동권을 뿌리째 뽑기 위해 특별법을 제정할 필요가 있다고 강력히 주장했다. 구체적인 내용을 듣고 민정당 소속 인사들은 크게 놀랐다. 이종찬, 이한동은 학원안정법이 정치범수용소나 삼청교육대 같은 인상을 줘서는 안 된다고 말했다.

7월 26일 일부 신문이 학원안정법의 내용 중 일부를 보도했다. 이날 장세동의 주관으로 이한동. 이종찬, 허문도, 민정당 정책조정실장 현홍주 등이 모임을 가졌다. 장세동과 허문도는 문제 학생들을 수용할 시설이나 교육내용에 대한 준비가 끝났으며 입법만 되면 즉시 행동으로 들어갈 수 있다고 말했다. 이들은 학원안정법을 정부입법이 아닌 의원입법으로 해달라고 민정당 소속 인사들에게 요구했다.

7월 30일 아침 일찍 민정당 원내총무 이종찬의 집으로 기자들이 찾아가 8월 임시국회 소집 여부를 물었다. 이종찬은 "시급한 민생법안을 처리하는 국회라면 소집해야겠지만 학원안정법이라면 아직도 소집할 계획이 없다"고 말했다. 이어 이종찬은 클리블런드 주한 미국 부대사와 오찬을 했다. 클리블런드는 "수용소(gulag) 계획은 잘되어 가느냐?"고 비꼬아 물었다. 7월 31일 민정당 대표 노태우는 이종찬을 호출하여 원내총무직에서 경질되었음을 통보했다.

"청남대에서 각하가 급히 찾는다고 해 헬기로 갔다 왔소. 이 총무를 경질하라는 거요. 나도 학원안정법에 이의가 있지만 각하가 너무 강경하기 때문에 말없이 돌아왔소. 그동안 심려가 많았을 터이니 좀 쉬면서 앞으로 할 일을 정리합시다."

8월 8일 전문 11조와 부칙으로 구성된 학원안정법 시안이 언론에 보도되었다. 주요 내용은 준사법적 성격의 '학생선도교육위원회'에서 반정부 대학생에 대한 '선도교육' 여부와 그 기간을 결정한다는 것이었다. 선도

교육 대상은 학원안정법을 위반하거나 학원 소요와 관련해 형법, 폭력행위 등 처벌에 관한 법률, 집시법, 국가보안법 등을 위반한 학생 가운데 선도의 가능성이 있는 자로 규정했다. 이는 전두환이 집권하면서 저지른 대표적 악행인 삼청교육대 설치와 다를 바 없었다. 신민당과 국민당은 학원안정법 제정 저지에 힘을 합쳤다. 신민당은 장외 투쟁까지 각오했다. 재야에서는 학원안정법반대투쟁 전국위원회를 결성했다. 김수환 추기경도 8월 13일 이민우 신민당 총재를 만나 학원안정법이 제정되면 대한민국은 국제사회에서 병영국가로 지탄받게 될 것이라며 반대 의사를 밝혔다. 여론이 극히 부정적이고 야당이 완강하게 반대하는데다가 미국 정부마저 공식·비공식으로 반대의사를 전달하자 전두환은 학원안정법 제정을 포기했다. 체면을 살리려 여야 영수회담으로 의견을 수렴하고 확대당정회의를 소집해 취소 결정을 내리는 모양새를 갖추기로 했다.

8월 15일 전두환은 신민당 이민우 총재와 여야 영수회담을 하고 16일에는 이만섭 국민당 총재와 회담했다. 야당 총재들은 학원안정법 제정에 강력 반대했다. 이만섭은 "9월 유엔총회에서 연설을 한다고 들었는데 이 법을 통과시키고 어떻게 유엔 연설을 할 수 있겠습니까"라고 말했다.

8월 17일 정부는 학원안정법을 보류한다는 성명을 발표하여 사실상 철회했다.

2학기가 되자 경찰은 전두환의 지시에 따라 학내 시위에 대해서도 캠퍼스로 진입해 진압을 하기 시작했다.

민추위 사건

1985년 가을 전두환 정권이 저지른 대표적인 용공조작 사건으로 꼽히는 '민추위 사건'이 벌어졌다. 이 조작 사건의 여파로 그동안 공공연한 비밀이었던 고문이 한국사회에서 공론화되었다. 고문은 국민에게 공포를 불러일으켜 순종하게 하고 허위자백을 받아 반정부인사를 처벌하는 데 활용되는 등 권력을 유지하는 데 요긴한 방편이었다. 전두환 집권 시절에는 모든 시국사건에서 고문이 활용되었는데, 사법부가 이를 용인한 것이 더 큰 문제였다.

민추위 사건은 2·12 총선 이후 전두환 정권이 거센 도전에 직면하자 재야에서 선도적으로 투쟁하던 민청련과 학생운동 세력을 하나로 묶어 그 뿌리를 뽑으려고 만들어낸 사건이었다.

문용식(당시 서울대 국사학과 3년 휴학) 민추위 위원장은 1985년 5월 수배를 받고 8월 말 검거돼 치안본부 남영동 대공분실에서 20일 정도 계속된 조사기간 중 수십 차례 물고문을 받았다. 민주화청년운동연합(민청련)을 민추위 배후 조직으로 몰아 허위자백을 받으려 함이었다.

1985년 9월 4일은 민추위의 배후로 지목되어 구류를 살던 김근태 민청련 의장이 석방되는 날이었다. 이날 새벽 김근태는 서부경찰서 유치장에서 석방되는 대신 남영동의 악명 높은 치안본부 대공분실로 연행되었다. 이곳에서 김근태는 9월 25일까지 23일간 불법 구금되어 모진 고문을 당했다. 고문을 당해내지 못한 김근태는 차라리 죽여달라고 호소했지만, 고문자들은 "그건 말하지 않겠다는 것"이라며 허위자백을 강요했다. 김근태는 삼천포에서 배를 타고 월북했으며 간첩으로 남파된 형들과 자주 만났다는 황당한 날조를 사실이라고 시인해야 했다. 김근태 이외에 이을호, 김병곤 등 민청련 간부들도 연행되어 참혹한 고문을 받았다.

9월 9일 안기부는 〈학원 소요 배후 조직 '서울대 민추위' 등 수사 진행 상황 보고〉라는 제목의 보고서를 작성했다. 이 보고서는 "금번 수사를 계기로 민청련 조직 자체를 최소한 국가보안법상 이적단체 이상 수준으로 의율, 조직을 와해"시키고 "다소의 부작용을 감수, 강력수사로 사건 실체 전모를 규명"하겠다고 했다. 안기부는 "관련자 전원 법정 중형으로 엄단"하여 이들을 "사회로부터 장기간 격리차단"하고 "수사종료 후 적기에 사건 전모 홍보로 학원소요 배후 실상을 폭로"한다는 방침을 정했다. 안기부 수사관들은 치안본부 대공분실에 상주하여 수사를 지휘하면서 고문을 권장했다.

전두환 집권 시절 안기부는 '안보수사 조정권'을 휘두르며 주요 공안사건들을 사실상 진두지휘하고 관계기관대책회의를 주도했다. 이 사건에서도 김근태 등 민청련 간부 연행 계획에서부터 세세한 공판 대책에 이르기까지 안기부는 모든 일을 감독했다.

김근태는 고문의 증거를 확보하려고 노력했다. 아무도 없는 밀실에서 자행된 고문에는 증거나 목격자가 있을 수 없다(고문 피해자가 법정에서 고문 피해를 호소한 경우에 거의 모든 판사들이 증거가 없다며 외면했다). 전기고문을 당할 때 그의 발뒤꿈치가 짓이겨져 야구공만 한 딱지가 남았다. 그는 구치소로 옮겨진 뒤 떨어진 딱지를 휴지로 싸서 잘 보관했다가 공판 일주일 전에야 처음으로 변호사를 접견하게 되었을 때 이돈명 변호사 등에게 그 딱지를 보여주며 증거로 제출해줄 것을 요청했다. 그러나 교도관이 막아 뜻을 이루지 못했다. 감방으로 돌아온 뒤 교도관들은 김근태에게서 딱지를 강제로 탈취했다.

10월 2일 변호인단은 김근태의 상처에 대해 '신체감정 증거 보전'을 서울형사지방법원에 청구했다. 수사기관에서 당한 고문의 상처가 치유되기 전에 사진촬영과 의사의 신체감정으로 고문의 증거를 보전해줄 것을 청구했다. 김 씨에게는 전기고문의 흔적으로 양발 뒤꿈치에 피부결손 및 찰과상 반흔이 있고 발등에 10여 개의 찔린 흔적이 있었다.

안기부로서는 고문 문제를 덮기 위해서 증거보전 신청을 기각시켜야 했다. 안기부는 정보관을 통해 담당 재판부를 '강력 조정'했다. 이에 따라 담당 재판부는 10월 12일 '증거보전 필요성 불인정, 기각 결정'을 내렸다. 판사 김오수(金吾洙)는 "김 피고인이 검찰에서 묵비권을 행사했기 때문에 고문 여부로 증거능력을 다툴 진술 내용이 없어 증거보전 절차에 실익이 없다"는 이유로 증거보전 신청을 기각했다. 다음은 기각결정문의 요지다.

경찰에서 고문을 받아 임의성 없는 상태에서 자술서를 작성하여도 공판준비 과정 및 공판정에서 그 진술 내용을 부인하기만 하면 임의성 유무를 따질 필요도 없이 증거능력은 없게 되므로 경찰진술의 임의성을 다투기 위한 증거보전의 필요성은 인정할 수 없다. 피고인이 검찰에서 묵비권을 행사하고 있는 점 등으로 미루어, 가사 피의자가 경찰에서 고문을 받아 임의로 진술할 수 없는 상태에 빠져 있었다고 하더라도 그런 상태가 검찰 조사 과정에까지 계속되고 있다고 보기는 어려우므로 증거보전의 필요성은 인정할 수 없다.

전두환 정권 내내 안기부는 정보관들을 법원과 검찰에 보내 재판과 수사 과정에 깊이 관여했다. 검찰과 법원은 안기부의 부당한 압력을 거부하지 못했다. 거부하기는커녕 야합하여 승진의 덕을 본 자도 많았다.

김근태 민청련 의장에 대한 고문 사실이 알려지자 10월 17일 민통련과 신민당, 민추협은 '민주화운동에 대한 고문수사 및 용공조작 대책위원회(약칭 공대위)'를 결성했다. 공대위는 민주화운동 세력과 두 김 씨 사이의 최초 연대 모임이었다.

1985년 10월 29일 전두환 정권의 '시녀'인 검찰은 대학가의 각종 시위와 노사분규의 배후에 좌경용공 학생들의 지하단체인 '민주화추진위원회(약칭 민추위)'가 있으며 이 단체의 위원장인 문용식의 배후에 민청련 의장 김근태가 있다면서 관련자 26명을 국가보안법 등 위반 혐의로 구속하고 17명을 수배했다고 발표했다.

10월 30일 오후 3시경 서울대생 500여 명은 교내 아크로폴리스 광장에서 비상학생총회를 열어 "민추위 사건은 삼민투 사건과 함께 제2의 민청학련 사건"이라고 규정했다.

11월 1일부터 법정에서 민추위 사건 공판이 시작되었다. 법정에서 김근태 민청련 의장은 고문 받은 사실을 폭로했다.

이전에도 수많은 사람들이 고문에 의해 허위자백을 할 수밖에 없었다고 법정에서 눈물로 호소했지만, 전두환 정권의 폭력성에 겁을 먹은 판사들은 모두 외면했고 언론은 고문을 폭로하는 진술을 단 한 줄도 쓸 수 없었다. 김근태를 재판한 판사들도 그의 호소를 무시했다. 그럼에도 고문 문제가 쟁점으로 부각될 수 있었던 것은 폭로가 구체적이기 때문이었다. 김근태는 23일 동안 그가 당한 고문의 내용과 일시, 고문 기술자들의 이름과 대공분실에서 통하는 별명 및 생김새, 고문을 통해 조작하려고 했던 내용, 고문 당시의 정황 등을 모두 기억해두었다가 진술했다. 김근태는 그동안 많은 고문 폭로가 무시된 것을 누구보다 잘 알았기에 분노와 굴욕감을 삭이며 필사적으로 세세하게 사실들을 기억해두었다.

고문에 대한 논란이 계속되자 11월 안기부는 〈최근의 학원 좌경폭력소요 배후사건 수사과정 시비에 대한 진상〉이라는 보고서를 작성했다. 내용은 김근태 등의 고문 주장이 모두 이들의 구명과 정치투쟁 가속화를 위해 재야 운동권 세력이 허위로 만들어낸 것이라고 중상모략하는 것이었다.

11월 18일 아침 8시경 서울대, 고려대, 연세대, 성균관대, 이화여대 등 14개 대학생 185명이 성동구 가락동에 소재한 민정당 중앙정치연수원 본관 건물을 기습 점거하여 '광주사태 원흉 처단하라' 등의 구호를 외치며 농성했다. 경찰은 12시 12분 고가사다리차에서 물을 뿌리며 1층으로 진입하려 했으나 실패했다. 오후 2시 5분 경찰은 다시 호수로 물을 뿌리며 진입해 모두 연행했다. 전두환이 전원 구속을 지시해 모두 구속되었다.

12월 안기부는 〈민주화운동청년연합 등 문제권 단계별 처리 계획〉이라는 제목의 보고서를 작성했다. 안기부는 이 보고서의 목적이 "제5 공화국 후반기 정국안정 도모는 물론 86 아시안게임 및 88 올림픽 등 국제행사의 성공적 수행과 88 평화적 정권교체 기반을 공고히 하기 위해 민민련(민통련) 등에 대한 단계별 소탕처리 계획을 수립시행"하는 것이라 했다. 이 보고서는 총 6단계의 계획을 담고 있었는데 1단계 처리 계획은 1985년 12월 1일부터 1986년 2월 28일까지 민청련 관련 수사를 종결하고 그에 따른 홍보 계획, 조직 완전척결, 공판 대책 등을 시행하는 것이었다. 2단계 처리 계획은 민민련 등 문제권 관련 조사 착수, 홍보 계획, 예상상황 적극 대처, 공판 대책 등을 시행하는 것이었다. 6단계는 비상조치 발동이었다.

이 계획에서 안기부는 민청련을 "관련자 전원 국가보안법상 이적단체로 엄단"하기로 했다. 민민련 등 '문제권'의 경우 "전원 구속 엄단 조사, 문제단체 척결 및 문제권 소탕, 사안에 따라 국가보안법 적용 검토, 사회 안정 풍토 정착"을 기본방침으로 관계기관대책회의 개최를 통해 대처해 나가기로 했다.

이 계획의 집행을 위해 안기부는 검찰과 법원에 각각의 역할을 부여했다. 안기부가 검찰에 부여한 역할은 '시행 계획 1. 수사종결' 단계에서 "김근태 등 관련 구속자(7명) 관리 철저, 공소유지 만전"과 "묵비권 행사 중인 김근태 공소사실 추가 보완", "반성문 제출한 최민화(부의장), 김희상(대변인) 및 이을호(정책실 부실장) 등 3명 계속 설득, 공소유지"였다.

안기부는 법원에는 이른바 '공판 대책'이라는 역할을 부여했다. 공판 대책의 원문은 다음과 같다.

○ 관련자 전원 중형 선고, 엄단 조치
　- 검찰, 사전 법원 협조 최고형 선고
○ 1심 공판, 최소한 개학 전 종료
　- 피고인별 분리 심리
　- 검찰, 법원과 협조 공판기일 결정

- 주1회 이상 공판 개정
  * 피고인 묵비권 행사, 방청객 소란 난동 등 사정 발생 시 주 2회 이상 공판기일 변경 조정
○ 공판정 내외 소란 및 불순행위 저지
  - 공판정 내외 병력 배치, 경비 강화
  - 공판정 주변 검문검색 강화, 문제인물 출입 차단
  - 방청객 소란행위 시 형소법 제281조(법정 경찰권)에 의거 필요 조치 강구
○ 공판정 출입자 통제 및 피고인 호송 방법 결정
  - 방청권 제한발부(가족 1매, 일반 방청권 20매 내), 학생, 문제인물 출입 엄격 통제
  - 출정 거부 피고인 순화, 최단시간 내 출정
  - 입퇴정 시 불순구호 제창 등 소란행위 강력 저지
  - 피고인은 최단시간 내 입퇴정, 가족 및 학생 등과의 접촉 대화 차단
○ 공판정 내 대정부 비난발언 등 정치선전 강화 강력 저지
  - 피고인, 변호인 등 공소사실 이외 발언 즉각 저지
  * 필요 시 일시 휴정 등 공판절차 최대 활용, 탄력적 운용
  - 정치성 색채 문제인물 증인신청 시 기각, 최소인원으로 조정
○ 공판 상황, 사실보도에 국한
  - 문공부, 사전 언론사 협조
  - 사실보도에 국한 축소 보도
○ 유관기관 공조, 변호사 사전 순화
  - 재판부 기피신청 예방

    - 정치사건화 저지
  ○ 피고인, 변호인 등 재판부 기피신청 시 신속 대처
    - 법원과 협조, 최단기일(16일) 내에 신속 처리
    - 1심 구속만기일 임박 시에는 '급속을 요한다'는 이유로 신속 처리(형소법 22조)

재판은 안기부의 계획대로 진행되었다. 1심 재판이 끝난 날이 1986년 3월 6일이었던 점이 '1심 공판, 최소한 개학 전 종료'라는 방침과 달라 유일하게 안기부의 계획과 어긋난 것이었다.

국회 회기 마감이 얼마 남지 않은 가운데 11월 29일부터 신민당은 국회 본회의장을 점거했다. 신민당은 예산안 통과와 관련하여 개헌특위 구성과 조세감면법 원상복구, 예산안 삭감을 요구하고 있었다. 30일 밤에는 예결위원회 회의장 안팎에서 신민당과 민정당 의원들이 심한 몸싸움을 벌였다. 민정당 심명보 대변인은 밤 11시 30분경 이를 비난하는 성명을 발표했다.

민정당 원내총무 이세기와 신민당 원내총무 김동영은 12월 1일 저녁 8시 7분 첫 회담을 열었다. 김동영은 개헌특위안 만을 의제로 한정한 대표회담을 제의했고, 이세기는 '헌법연구위원회' 구성을 고려할 수 있다고 말했다. 그러나 원내총무 회담 내용을 보고받은 이민우 총재는 "개헌특위를 구성해주겠다는 구체적 언질이 없는 한 대표회담에 나설 수 없다"고 주장하여 협상 타결 전망이 어두워졌다. 2일 0시 40분경 전두환은 노태우에게 전화를 걸었다. 노태우는 신민당이 예산 통과의 전제로 내건 개헌특위 구성 제안을 받자고 건의하여 동의를 얻었다. 1시 35분 다시 원내총무 회담이 열렸는데 개헌특위 명칭과 구성 시기에 이견을 보였다. 이후 국회의장단까지 나서 막후 접촉을 10차례 벌여 새벽 4시 30분 '△ 헌법연구특위를 회기 내에 설치 △ 조세감면법은 본회의에서 찬반토론 후 통과 △ 예산안은 예산결산위원회 계수조정 소위원회 안대로 통과'로 타협안을 마련했다. 그러나 6시 국회 본회의장에서 열린 신민당 의원총회에서 김대중계가 명칭이 개헌특위가 아니라 헌법연구특위라는 이유로 강력 반대하여 밤새워 한 협상은 좌초되었다. 이에 전두환의 지시에 따라 민정당은 날치기 통과를 강행했다.

12월 2일 아침 7시 6분 민정당은 국회 146호실에서 단독으로 예산결산특위와 본회의를 잇달아 열어 13조 8천억 원의 1986년도 예산안과 예산관련 부수법안을 2분 만에 통과시켰다.

신민당은 국회 146호실로 들어가려고 잠긴 회의장 문을 부수기도 했다. 이어 단독 통과에 항의하여 3일 오전까지 국회에서 농성을 계속했다. 예산안 파동으로 정국은 급속히 경색되었다.

전두환의 지시에 따라 검찰은 예산안 통과와 관련해 일어난 '국회 폭력 사태'를 수사하기로 했다. 12월 6일 서울지검 공안부장 최환(崔桓)은 "사회질서를 수호하기 위해 폭력은 결코 용납할 수 없으며 그것이 의사당 내라고 해서 예외일 수 없다"며 "폭력을 행사한 사람에 대해서는 신분에 따라 법 적용에 차별을 두는 일이 없을 것"이라 말했다. 이에 신민당은 확대간부회의를 열고 당사자 출두 요구에 불응하기로 결론을 내렸다.

12월 30일 대한변협 인권위원회는 김근태 씨를 고문한 혐의로 치안본부 대공수사단 소속 '김 전무' 등 경찰관 8명을 검찰에 고발했다.

12월 31일 신민당 의원 12명이 탈당을 선언했다. 이들은 유한열, 이태구, 임종기, 황병우, 정재원, 유갑종, 서종렬, 이건일, 최운지, 신경설 등 신보수회 소속 의원 10인과 신병렬, 한석봉이었다. 이들은 "계파정치가 가져온 구시대적 정치병폐의 척결"을 탈당 이유라고 밝혔으나 많은 이들이 전두환 정권의 정치공작이라 보았다. 실제로 안기부는 거의 모든 신민당 의원들을 상대로 회유를 하거나 비상조치설로 협박하는 등의 방법으로 탈당을 권유하고 정치자금도 제공했다(안기부가 12명을 탈당시키는 데 50억 원 내지 100억 원을 썼다는 소문이 돌았다).

이들의 집단 탈당으로 신민당 의석은 재적의원 3분의 1에 2석 미달하는 90석으로 줄어들었다. 이로써 임시국회 단독소집 요구권과 독자적인 탄핵 발의권, 국무위원 해임안 제출권을 잃게 되어 원내에서 정치공세를 펼칠 힘이 약화되었다.

개헌운동

1986년의 정국은 연초부터 개헌 문제를 축으로 전두환 정권과 반정부 세력이 대치하였다.

1월 1일 오전 신민당은 종로구 인의동 중앙당사에서 단배식을 갖고 "민주회복에 매진"할 것을 다짐했다. 이민우 총재는 신년사 서두에서 신보수회의 탈당을 비난하며 "이 정권은 갖은 수단으로 우리의 민주회복 열망을 방해하려 하나 우리 발걸음은 조금도 멈추지 않을 것"이라고 말했다.

1월 10일 오전 검찰은 신민당 의원 7인에 대해 법원으로부터 구인장을 발부받아 강제수사에 나섰다. 그동안 검찰은 '국회 폭력사태'와 관련해 신민당 17명에게 세 차례 출석 요구를 했으나 불응하자 1차로 7명에 대한 구인장을 법원에 청구하여 받아냈다. 신민당 의원들은 무기한 농성을 선언하고 오후부터 국회의사당에서 농성에 들어갔다.

1월 12일 신민당 김동영 원내총무와 민정당 이세기 원내총무는 두 차례 총무회담을 열어 사건 관련 여야 의원 동일 조사, 구인장 집행 유보 등에 합의하여 정치적 타결을 보았다.

1월 16일 전두환은 국정 연설에서 제5 공화국 헌법으로 차기 대통령 선거를 실시하겠다고 밝혔다. "개헌 논의는 평화적 정권교체를 이룬 뒤

1989년경에 하는 게 순서"라고 주장했다.

1월 22일 민정당 대표 노태우는 서울 올림픽의 성공적 개최를 위해 1988년까지 모든 정쟁을 지양할 것을 야당에 제안했다.

1월 25일 이민우 신민당 총재는 연두기자회견에서 "정부가 구체적인 민주화 일정을 밝히지 않는 한 2월 중 개헌서명운동을 시작해 금년 말 이전에 1천만 명 서명을 완료하겠다"고 선언했다.

1월 29일 남산 안기부 청사에서 개헌서명운동 동향에 대한 실무대책회의가 열렸다. 이 자리에서 안기부 제2국장은 장세동 등 주요 기관장들이 이미 합의한 바대로 야당이 가두서명을 할 경우 서명을 권유한 자와 서명자를 모두 구속한다는 방침을 참석자들에게 통보했다.

2월 4일 정오 서울대에서 15개 대학생 1천여 명이 모여 '86년 전학련 신년 투쟁 및 개헌서명운동 추진본부 결성대회'를 열었다. 전두환 정권은 오후 3시 30분경 전투경찰 20개 중대 3천 명을 출동시키고 이 가운데 2천 명을 교내로 투입하여 캠퍼스 내에 있던 대학생들을 무차별 체포 연행했다. 모두 252명이 연행되었다. 이중에는 아직 입학식도 치르지 않은 대학 합격생들도 있었다. 개헌운동을 시작하기 전부터 철저히 차단하려는 전두환의 조치였다.

이날 연행된 대학생들은 대학별로 서울대 97명, 연세대 24명, 성균관대 43명, 한양대 52명, 이화여대 15명, 숙명여대 1명, 서울시립대 4명, 단국대 4명, 동국대 2명, 숭전대 2명, 덕성여대 1명, 홍익대 1명, 고려대 1명, 인천교대 1명 등이었다.

2월 5일 오후에는 서울 영등포역과 강남터미널에서 대학생들의 가두시위가 있었다. 경찰은 영등포역에서 14명, 강남터미널에서 16명을 연행했다.

2월 6일 막후에서 신민당을 지도하던 김영삼 전 총재는 신민당 입당을 선언하며 기자회견을 가졌다. 그는 민주화를 향한 대화와 대토론을 정권에 제안한다고 말했다.

이날 검찰은 '개헌서명운동 추진본부 결성대회' 사건 관련 연행자 중 189명을 구속하기로 결정했다. 이 초강경 조치에 대학 당국과 연행된 학생의 학부모들이 모두 놀랐는데, 이는 전두환의 직접 지시에 따른 것이었다. 전두환이 자기방어 본능을 드러낸 셈이었다.

2월 7일 김영삼은 신민당에 공식 입당하여 당 상임고문이 되었다. 그는 입당 환영식에서 "신민당은 지난해 2월 선거의 위대한 승리를 승화시킬 책임이 있다"고 강조하고 "나는 이제부터 전국 방방곡곡을 다니며 국민들과의 직접 대화를 통해 이 나라의 민주화를 위해 노력하겠다"라고 개헌투쟁 의지를 밝혔다.

이날 홍사덕 신민당 대변인은 전두환 정권의 대학생 189명 무더기 구속 사태에 대해 짤막하게 논평했다.

"우리 당은 분노와 경멸을 가지고 정부 여당에 묻는다. 도대체 이 나라를 어찌하겠다는 것인가."

이날 문교부는 학내외 시위 등과 관련하여 제적된 학생은 복교시키지 말라는 학사관리 지침을 각 대학 당국에 내렸다.

2월 10일 월요일 전두환의 개헌서명운동 초강경 대응 지시에 따라 검찰 수뇌부는 개헌서명운동에 대한 처벌 지침을 전국 검찰·경찰에 시달했다. 내용은 다음과 같다.

△ 개헌서명을 위한 옥내 집회에도 집시법을 적용한다.

△ 가두서명을 받을 경우 도로교통법에 따라 1년 이하의 징역에 처한다.
△ 호별 방문으로 서명을 권유하면 주거침입죄를 적용한다.
△ 시민의 서명 행위는 불법행위방조죄로 처벌한다.
△ 완장·리본·어깨띠를 달면 즉심에 회부한다.

이 지침은 안기부가 만들어 내려보낸 것으로 되어 있었지만, 그 내용을 살펴보면 검찰이 만든 것임을 알 수 있었다. 실제로 이 지침은 검사 출신으로 안기부장 특별보좌관이 된 박철언의 지휘 아래 안기부에 파견된 검사들이 만들었다. 장세동이 안기부장이던 시절에 검찰은 안기부가 정한 방침에 따라 사건을 처리하는 기관으로 전락했다.

민정당은 정부의 몰상식한 조치에도 한마디 논평도 내지 못하고 침묵했다. 당 대표인 노태우 등 당내 온건세력은 강경 기조의 안전기획부로부터 견제를 받고 있었고, 검찰과 경찰 등 공권력이 정국 대응의 역할을 맡고 나섰다. 이런 가운데 김영삼 전 총재의 입당으로 신민당이 반정부 투쟁의 본산으로 부상하면서 공권력과의 충돌이 불가피해졌다.

2월 12일 신민당은 인의동 당사에서 '2·12 총선 1주년 기념식'을 가졌다. 이민우 총재가 기념사 말미에 갑자기 목청을 높였다. "총선 1주년을 맞아 김대중, 김영삼 선생, 그리고 나와 부총재단, 개헌추진본부 시도지부장을 필두로 대통령 직선제 개헌 서명을 시작하겠습니다."

장내는 잠시 숙연해지더니 박수와 환호성이 터졌다. 김영삼이 나와 '1천만 명 개헌서명에 즈음하여'라는 성명서를 읽고는 안주머니에서 이미 김대중의 서명이 되어 있는 용지를 꺼내 자신도 서명했다. 이어 총재단, 당 6역, 국회의원, 사무처 당직자 등 122명이 서명했다. 같은 시각 민추협에서도 사회를 보던 김대중이 개헌서명을 제의했다. 본래 2월 20일부터로 예정한 개헌 서명운동을 이날 착수한 것은 전두환 정권의 허를 찌른 기습이었다.

이에 대응해 검찰과 경찰은 다음 날인 2월 13일 신민당사와 민추협 사무실을 봉쇄했다. 400여 명의 전투경찰이 신민당사 주변을 완전히 차단했다. 확대간부회의를 열어 개헌서명 작업 확대 방안을 논의하려던 당직자들의 출입이 차단되자 밀고 당기는 실랑이가 벌어졌다. 이민우 총재, 김영삼 고문 등 신민당 지도부는 당사에 들어갈 수가 없어 인근 다방에서 확대간부회의를 열어야 했다.

회의가 끝난 뒤 김영삼은 노승환 부총재와 함께 연금되어 있는 김대중을 만나기 위해 동교동으로 갔으나 역시 제지당했다. 경찰은 김영삼 일행이 서소문에 있는 민추협 사무실에 들어가는 것조차 막았다. 김영삼은 "현 정권에 힘으로 되는 일이 없음을 알려주고 나의 결연한 개헌투쟁 의지를 보여주기 위해 지금부터 내가 만든 민추협 사무실에 내 발로 걸어 들어갈 수 있을 때까지 선 채로 기다리겠다"며 눈이 오는 가운데 점심식사도 거르며 버텼다. 다섯 시간이 지나도록 자리를 뜨지 않자 경찰은 강제로 그를 상도동 자택으로 귀가시켰다.

이날 오후 전두환은 충북 제천시에서 도정 보고를 받는 자리에서 "사회안정과 법질서 확립이 무엇보다 중요한 시기인 만큼 법을 무시하는 비민주적 집단행동에 대해서는 지위 고하를 막론하고 철저히 다스려야 할 것"이라고 강조해 말했다.

서울형사지방법원으로부터 압수수색영장을 발부받은 검찰과 경찰은 야간에 신민당 중앙당사와 민추협 사무실을 수색했다. 제1 야당 당사에 대한 압수수색은 헌정사상 처음 있는 일이었다. 남대문 경찰서는 저녁 6시 40분부터 민추협 사무실 압수수색을 실시했다. 저녁 7시 25분경 민추협 사무실에서 압수수색 과정을 취재하던 동아일보 김상영 기자, 한국일보 정진석 기자, 경향신문 손동우 기자 등 7개 언론사 기자 7명이 전투경찰 30여 명에게 집단폭행을 당해 부상을 입었다. 정진석 기자와 손동우 기자는 전경을 폭행했다는 혐의로 남대문 경찰서로 연행되었다. 남대문 경찰서는 14일 새벽 4시 30분까지 수색을 계속했다. 동대문 경찰서는 밤 10시 45분경 신민당 중앙당사 수색에 들어가 2시간 정도 사무실을 뒤졌다.

2월 14일 아침 경찰은 3백여 전투경찰 병력과 견인차 4대를 동원해 종로 4가 로터리에서 원남동 로터리에 이르는 1km 구간을 노선버스 이외 모든 차량의 통행을 막았다. 신민당이 서울 14개 지구당사로부터 각각 50명씩 당원들을 차출해 중앙당사에 집결하도록 했다는 첩보에 따라 대응한 것이었다.

이날 저녁 7시부터 자정까지 경찰은 전국 114개 대학 129개 캠퍼스를 수색하여 유인물, 플래카드, 화염병, 등사기 등 시위도구 3만 4382점을 압수했다. 경찰이 전국의 모든 대학을 남김없이 수색한 것은 이때가 처음이었다.

2월 18일 민정당은 의원총회를 열어 개헌서명 운동에 대한 정부의 대응조치를 전폭 지지한다고 결의했다.

2월 19일 저녁부터 경찰은 신민당 중앙당사를 봉쇄했다. 20일 아침부터는 이민우 총재와 김수한·이기택·노승환·최형우·이중재 부총재 등 고위 당직자와 소속의원 등 지도급 상무위원들이 가택연금되었다. 20일 낮 신민당은 중앙당사에서 중앙상무위원회를 열어 개헌추진총본부 현판식을 열 예정이기 때문이었다.

2월 20일 서울종로경찰서는 종로구 관수동 청하빌딩에 위치한 민주헌정연구회(약칭 민헌련) 사무실을 봉쇄하고 회원들의 출입을 막았다. 민헌련은 김대중의 사조직으로 1979년 중반 재야 정치인들을 중심으로 발족한 민주헌정동지회가 그 전신이었다. 김종완(金鍾完)이 이사장이었고 박영록·송좌빈·최영근·박민기 등 구 신민당 인사와 양순직·박종태 등 구 공화당 인사, 그리고 김광일·이기홍 변호사 등 50명이 지도위원이었으며, 그 밖에 300명의 이사들이 포진하고 있었다. 이들은 민추협이나 2·12 총선에 불참하고 제도권 밖에서 김대중을 도왔다.

전두환 정권의 이 같은 과잉 조치는 국내외 여론의 거센 비난을 받았는데, 한 민정당 고위 관계자도 이 같은 조치가 역효과를 보았다고 탄식했다.

그런데 이즈음 필리핀의 대통령선거가 한국정치에 큰 영향을 미쳤다.

1986년 2월 7일 필리핀에서 대통령선거 투표가 실시되었다.

여당 후보는 20여 년 장기집권하고 있던 현역 대통령 마르코스였고, 야당 후보는 '유니도(Unido, 민주야당연합)'의 후보 코라손 아키노(Corazon Aquino)였다. 코라손 아키노 후보는 1983년 8월 미국에서 필리핀으로 귀국하다가 마닐라 국제공항에서 암살된 베니그노 아키노(Benigno Aquino) 전 상원의원의 처였다. 이 선거는 전 세계의 관심을 끌어 30여 개국 기자 1천여 명이 필리핀에 와서 취재했다.

마르코스는 개표부정을 저질렀고, 미국 선거참관인단(단장 리처드 루거 상원외교위원장)은 선거부정을 비난하고 2월 9일 미국으로 돌아갔다. 사태가 급박하게 돌아가자 레이건 행정부는 11일 현지 사정을 파악하기 위해 필립 하비브(Philip Charles Habib, 1971~74년 주한 미국 대사 역임)를 대통령 특사로 임명하여 필리핀에 파견하기로 결정했다.

필리핀 가톨릭 주교회의가 열려 부정선거를 규탄하는 성명을 발표했다. 그러나 레이건 행정부는 여야 양측이 같이 부정을 저질렀다고 말하여 사실상 마르코스를 편들었다.

2월 15일 필리핀 선거관리위원회는 마르코스를 당선자로 발표했다. 야당은 이를 인정하지 않고 불복종 운동을 전개하겠다고 선언했다. 세계 각국 정부는 필리핀 선거 결과를 주시하면서 마르코스의 당선을 인정하기를 유보했는데, 소련 정부가 유일하게 당선 축하 전보를 보냈다.

15일 밤 미국 중앙정보국(CIA) 요원 70명을 이끌고 하비브 미 대통령 특사가 마닐라에 도착했다. 하비브는 마르코스와 아키노, 하이메 신 추기경 등 필리핀의 주요 인사들을 두루 만나 현지 사정을 파악했다.

19일 미국 상원은 85 대 9로 필리핀 선거를 부정선거로 규정하고 이에 대해 규탄하는 결의안을 채택했다.

마르코스 정권이 가망 없음을 확인한 하비브는 마르코스 정권의 국방장관 엔릴레(Juan Ponce Enrile)와 육군참모차장 라모스(Fidel Valdez Ramos)에게 쿠데타를 권고했다. 이는 필리핀의 민주회복운동이 민중혁명으로 발전하는 것을 예방하기 위한 조치였다. 하비브는 엔릴레를 만나고 2월 22일 오후 필리핀을 떠났다. 엔릴레는 반란을 일으킬 것을 결심하고 이를 주필리핀 미국 대사와 일본 대사에게 알렸다.

2월 22일 저녁 6시 30분경 엔릴레 국방장관과 라모스 육군참모차장(육군참모총장 대행)이 아기날도 공군기지 안에 있는 국방부 청사에서 1백여 명의 내외신 기자들을 불러 놓고 기자회견을 열어 마르코스가 부정으로 당선되었고 아키노가 진짜 대통령이라고 선언했다. 이어 엔릴레는 국방부 청사에서, 라모스는 크라메 기지의 경찰군 청사에서 농성을 시작했다. 필리핀 정부의 통제를 받지 않는 유일한 라디오 방송국인 '라디오 베리타스(Radio Veritas)'는 되풀이하여 엔릴레와 라모스의 기자회견을 방송했다. 밤 9시 하이메 신 추기경은 라디오 베리타스를 통해 시민들에게 농성 장소로 몰려갈 것을 호소했다. 밤 11시 30분 마르코스는 관영 TV 방송에 나와 엔릴레와 라모스에게 투항을 요구했다.

23일 오전에 전 국방장관 헤수스 바르가스 등 퇴역장성 15명이 아기날도 기지를 방문하여 마르코스에 반대하는 반군을 지지한다고 밝혔다.

23일 정오 무렵 엔릴레는 군중의 환호를 받으며 크라메 기지로 이동하여 라모스와 합류했다. 오후에 필리핀 해병대가 진압하러 왔으나 수십만 군중의 위세에 눌려 철수했다.

그동안 필리핀 사태를 주요 사건으로 2~3면에 걸쳐 보도해온 한국 신문들은 이날 조간부터 4~5면 이상을 할애하여 다루기 시작했다(당시 신문은 총 12면 발행). 그러나 정권이 장악한 TV 방송국은 필리핀 정국의 격변을 거의 보도하지 않았다. 한국 국민은 필리핀 정국에 비상한 관심을 기울였다.

23일 자정이 지나자마자 마르코스는 국영 TV 방송에 나와 엔릴레와 라모스를 가리켜 "그들은 폭동의 깃발, 반역의 깃발을 내걸었다. 나는 그들을 반역자로서 처리할 것"이라고 말했다. 이어 하이메 신 추기경을 가리켜 "그는 폭동과 반란을 선동하고 있다"고 주장했다.

24일에는 크라메 기지 인근에 모인 군중이 1백만 명을 넘었고, 필리핀 군의 이탈이 시작되었다. 이날 아침 필리핀 제15 공군 타격편대 소속 헬리콥터 조종사들은 크라메 공군기지를 공격하라는 명령을 받았으나 이를 거부하고 기지에 착륙하여 군중에 합세했다. 이날 늦은 오후 헬리콥터들이 비야모르 공군기지와 말라카냥 대통령 관저를 공격했다. 이날 필리핀 육군사관학교 출신 장교들이 대부분 마르코스에게 등을 돌렸다.

이날 밤(미국 동부 시간으로는 오전) 미 백악관은 마르코스의 하야를 촉구하는 성명을 발표했다.

2월 25일 오전 코라손 아키노 후보는 50만 군중이 지켜보는 가운데 대통령 취임식을 거행했다. 이로부터 1시간 후 마르코스도 대통령 관저에서 취임식을 가졌는데, 초청받은 외교 사절들이 모두 불참했다. 이때 말라카냥 대통령 관저에서 불과 수백 미터 떨어진 멘디올라 거리에 몰려든 군중은 수십만 명에 이르렀다. 마르코스에게 충성하는 군부대가 바리케이드를 지키며 군중의 습격을 막았다.

취임식을 마친 마르코스는 1985년 레이건 미국 대통령의 특사로 마닐라를 방문했던 폴 랙설트(Paul Laxalt) 미 상원의원에게 전화를 걸었다. 지푸라기라도 잡으려는 심정으로 도움을 요청했으나 랙설트는 "깨끗하게 단념하시오(Cut and cut cleanly)!"라며 권력을 내놓고 떠나라고 몰아세웠다. 한 시간 후 랙설트는 마르코스에게 "레이건 대통령도 당신의 하야를 원한다"고 통보했다. 미국과 연결된 생명줄이 끊어진 것을 확인한 마르코스는 미국 정부와 망명 협상을 시작했다. 이날 밤 9시 마르코스와 그의 가족은 4대의 미 공군 헬리콥터를 타고 앙헬레스 시에 있는 클라크 공군기지로 이동했고, 곧 괌을 거쳐 하와이로 망명했다.

아키노 정권 아래서 엔릴레는 국방장관, 라모스는 육군참모총장이 되었다. 이들은 신정권의 좌경화를 예방하고자 했다. 필리핀의 한 저명한 정치평론가는 2월 사태를 '미제(美製) 혁명'이라고 혹평했다. 아키노 정권이 겉으로는 민간정부이나 실질적으로는 군사평의회라고 평가하는 이도 있었다. 어쨌든 필리핀 2월 사태는 1980년대에 있었던 미국의 대외개입 사례 중에서 매우 성공적인 경우였다.

마르코스 정권의 몰락은 매스컴의 위력이 정치에 미치는 영향이 얼마나 큰지를 잘 보여준 사건이었다. 그 과정은 전 세계에 TV로 생중계되었는데, 한국의 야권은 이에 크게 고무되었고 전두환 정권은 몹시 충격을 받았다.

필리핀 정국이 급박하게 돌아가자 전두환은 급히 여야 영수회담을 제안했다.

2월 24일 청와대에서 전두환과 3당 대표의 영수회담이 열렸다. 민정당 총재 전두환, 신민당 총재 이민우, 국민당 총재 이만섭, 민정당 대표 노태우 등 4인이 한 테이블에 앉았다. 전두환은 개헌 절대불가에서 88 올림픽 후 개헌 가능으로 입장을 바꿨다.

회담이 끝나갈 무렵 이만섭은 "헌법연구특별위원회라는 명칭은 여야간에 말이 많으니 연구라는 단어를 빼는 게 좋겠습니다. 또 경찰이 신민당사를 봉쇄해 회의조차 열지 못하게 하는 것은 야당 탄압이므로 이런 일은 없도록 해야 합니다"라고 말했다. 전두환은 "서명운동에 대한 경찰의 제지는 다소 지나쳤던 것 같습니다. 내가 그렇게 안 되도록 지시하겠습니다. 또 명칭이 문제라면 그냥 헌법특별위원회도 좋지 않겠습니까"라고 말했다.

신민당은 헌법개정추진위원회 서울지부 결성대회를 시작으로 전국 주요 도시에서 개헌현판식을 열기로 결정했다. 결성대회가 옥내집회라고 해도 현판식은 건물 밖에 간판을 거는 것이니 옥외집회가 될 수밖에 없었다.

2월 27일 이민우 신민당 총재는 "21개 지구당 개편대회는 오는 3월 초부터 시작해 4월 초까지 모두 마칠 예정이며 이와 함께 개헌추진 시도지부 현판식도 병행해 나갈 것"이라고 개헌서명 운동 추진 일정을 밝혔다.

신민당의 개헌운동과 더불어 재야 정치세력의 움직임도 활발해졌다.

3월 5일 민통련이 가맹 23개 단체 이름으로 '군사독재 퇴진 촉구와 민주헌법 쟁취를 위한 범국민 서명운동 선언'을 발표했다.

3월 8일 토요일 오전 11시 15분부터 12시 10분까지 전두환은 대통령 집무실에서 공보수석비서관 정구호(鄭九鎬)와 공보비서관 김성익을 불러 업무지시를 했다.

전두환: (김성익에게) 국가원수를 지낸 사람이 쓰는 회고록이 피상적인 내용이어서는 안 되겠어. 자네가 경호실장, 의전수석과 협조해서 내가 내리는 국정운영의 지침이나 대화의 기록을 유지하도록 해야 돼. 공식 행사나 비공식 행사에 배석하고 지방행사에도 수행하도록 해.
(정구호에게) 요즈음 텔레비전에 내가 악수하는 장면을 빼니 보기가 좋더군. 맨날 밥 먹는 장면 아니면 악수하는 것만 나가서 국민들이 식상했는데 패턴을 달리하는 것도 좋겠지.

정구호: 앞으로 각하의 실상을 전달하기 위해서 가끔 사전연출을 할 필요도 있을 것 같습니다.

전두환: 어색하지 않게 해야겠지. 꼭 필요하다면 몰라도. 김기도(金基道, 방송 담당 비서관)가 연구하고 있기는 하겠지. 역시 텔레비전이 제일 중요해. 텔레비전 보유율이 90%가 넘었으니까. 앞으로 정국상황이 악화된다든지 하면 특별성명을 내야 할 때가 올

지 모르겠어. 공보수석은 비상사태에 대비해서 통치권자로서 그것을 하지 않을 수 없는 입장 등을 미리 호소력이 있는 내용으로 작성해야 돼.

헌법을 개정하려면 규정된 절차에 따라야 할 것 아니냐 하는 거야. 개헌안은 대통령이나 국회 재적의원 과반수의 발의로 국민투표에 붙이게 돼 있어. 신민당 의석이 과반수가 안 되는데 합헌적으로 발의할 수 없지 않나. 선거를 통해 의석을 늘리고 국회에서 개헌을 하도록 해야지. 개헌서명을 받는다고 선동하는 것은 일종의 군중혁명을 하자는 거야. 나라가 시끄러우면 누구한테 피해가 가나. 결국 피해를 볼 사람은 국민밖에 없어.

우리가 절대적으로 당위성과 명분을 가지고 있어. 내가 대통령을 더 하기 위해서 호헌하거나 개헌을 하는 게 아니고 평화적으로 정권을 이양하는 전통을 확립하겠다는 뚜렷한 목표를 가지고 있지 않나.

미국 국무부의 대변인과 아마코스트 차관도 '전두환은 물려주겠다니 마르코스와는 다르다'라고 했다지. 한국과 필리핀이 역사와 문화가 다르고 국민성이 다른데 같이 취급하는 것은 우리 국민을 모독하는 거야. 우리는 4·19 때 이미 오늘의 필리핀 사태를 체험했고 국민소득만 해도 우리가 2천 달러인데 필리핀은 700달러밖에 안 돼. 우리나라에서 필리핀 사태를 생각한다면 환상이야. 그런 환상을 깨뜨려야 해.

(김성익, 《전두환 육성 증언》, 조선일보사, 1992)

3월 10일 윌리엄 클라크(William Clark Jr.) 미 국무부 동아시아·태평양 담당 부차관보가 전두환과 면담했다. 한국 정세를 파악하기 위해 미 국무부가 파견한 것이었다. 클라크는 1979~81년 주한 미 대사관 정치참사관, 1981~85년 주일 미 대사관 공사와 주이집트 대리공사를 지냈다. 이어 국무성 동아시아·태평양 담당 부차관보가 되었다.

이 면담에서 전두환은 대통령 직선제를 비판했다.

"이승만 대통령은 국회에서 선출됐지만 그 자신이 국회에서 다수 지지를 확보하지 못하고 있다는 사실을 알고도 대통령 선출 방법을 간접선거제에서 국민의 직접선거에 의한 선출로 바꿨다. 명백히 그것은 실책이었으며 우리는 그런 실책을 결코 되풀이하지 않을 것이다." (1948년 제헌 헌법은 국회가 대통령을 선출한다고 규정했다. 무소속으로 대통령에 선출된 이승만은 영세 소작농민이 절대 다수인 국민의 지지를 얻기 위해 일제 강점기에 항일 공산주의 활동을 했던 조봉암을 초대 농림부장관으로 임명하여 토지개혁을 실시했다. 이에 따라 이승만은 국민의 지지를 얻게 되었지만 지주 등 기득권 세력이 다수인 국회의 지지를 잃었다. 이어 이승만은 한국전쟁 와중인 1952년 직선제로 개헌했다. 이에 지주들의 정당인 한민당은 이승만에 대한 지지를 철회하여 야당이 되었다.)

전두환은 이승만의 직선제 개헌을 두고 "가두시위가 야욕에 찬 정치인들의 도구가 된 경위"라며 "정부 정통성의 근원인 헌법에 대해 직접적 공격을 가하고 그런 공격이 의회 외부 사람들에 의해 야기될 때 이를 용인할 정부는 없을 것"이라고 덧붙였다.

3월 11일 오전 신민당은 서울 동숭동 흥사단 강당에서 헌법개정추진위원회 서울지부 결성대회를 열었다. 전두환 정권은 기동대 15개 중대를 포함해 정사복 경찰 2500명을 흥사단 주변에 배치했다. 당 상임고문 김영삼은 격려사에서 "우리나라의 유일한 야당인 신민당은 개헌이 되지 않는 한 결코 다음 대통령 선거에 들러리 후보를 내지 않을 것"이라고 말했다. 오전 11시 25분 결성대회를 마친 신민당원과 시민 2천여 명은 대학로~원남동 로터리~인의동 신민당 중앙당사의 거리를 35분간 도보로 행진하며 '헌법 개정, 독재 타도' 구호를 외쳤다. 이어 인의동 중앙당사에서 헌법개정추진위원회 서울지부 현판식을 열었다.

이날 전두환은 오전 9시부터 40분간 예정에 없던 청와대 수석비서관회의를 소집하여 개헌 문제에 대해 발언했는데, 비상조치를 취할 수 있다고 언급했다.

"민정당에서도 떠드는데 89년에 가면 무조건 개헌을 하는 게 아니야. 그때 가서 헌법 개정을 하느냐 안 하느냐를 놓고 국민투표를 할 수도 있어요. 그 결과 개헌을 하라고 하면 도리 없겠지. 정부가 힘이 있고 안정되어 있으면 방법이 아주 많아요. 그렇게까지 내가 아량을 보였는데 야당인 신민당에서 일반 민생문제를 도외시하고 정치 의안을 가지고 국회를 공전시키면 내가 이번에 외국순방을 마치고 오면 대통령의 비상조치권을 천상 발동 안 할 수 없어요. 발동해서 문제 인물에 대해 힘으로 한번 정리를 해야 되지 않겠느냐는 생각도 들어요."

전두환이 이날 비상조치를 언급한 것은 신민당의 개헌 장외투쟁을 견제하기 위해서였다. 전두환은 재야세력이나 신민당이 장외투쟁을 할 때는 수석비서관회의 등 내부 회의를 열어 비상조치권 발동을 거론하는 경우가 많았다. 이는 자기가 하는 말을 암암리에 퍼져 나가게 해서 반정부 세력을 위축시키려는 심리전술의 하나였던 것으로 보인다.

3월 17일 김영삼, 김대중, 이민우, 문익환, 계훈제, 백기완, 이돈명, 박형규, 송건호 등 신민당 지도부와 재야 인사들이 '민주화를 위한 국민연락

기구(약칭 민국련)'를 구성하기로 합의했다.

3월 23일 신민당은 부산에서 '개헌추진 부산시지부 결성대회'를 열었는데 10만여 인파가 몰렸다. 이를 시발로 지방의 대도시들에서 개헌서명운동에 들어갔다. 개헌서명 운동은 광주(3월 30일), 대구(4월 5일), 대전(4월 19일)을 거쳐 뜨거운 바람을 일으키면서 북상했다. 전두환 정권은 개헌집회가 열리는 도시에는 프로야구 시범경기를 열고 관중을 무료로 입장시키는 등 여러 가지 치졸한 수법으로 개헌집회를 방해했다. 정권의 교묘한 집회 방해와 청중분산 책동에도 불구하고 집회장소 주변은 인산인해를 이루었다. 광주에서는 20만여, 대구에서는 5만여 인파가 모였다. 외신들은 5·17 쿠데타 이후 최대의 반정부 집회였다고 보도했다.

각지의 현판식은 신민당이 주도하는 행사였지만, 여기에 재야와 학생운동, 노동운동 세력이 적극 참여했다. 광주에서는 민통련의 광주전남 지역 조직인 전남민주청년운동협의회가 신민당과 별도로 대중시위를 조직했다. 이들은 신민당 측의 자제요구에도 불구하고 '광주학살 책임자 처벌' 구호를 외쳤다. 대구에서도 민통련의 독자적 플래카드가 등장했고, 신민당 주관 행사와 별도로 군중대회가 진행되었다. 이는 민주화운동 세력이 신민당과 연대는 하되 독자적으로 자신들의 입장을 관철하겠다는 의지를 드러낸 것이었다. 대전에서 열린 신민당 현판식에서도 민통련의 지역 조직이 같은 입장을 견지했다.

4월 5일 전두환은 유럽 4개국(영국, 서독, 프랑스, 벨기에) 순방을 위해 출국했다. 개헌을 무조건 거부할 수 없다고 판단한 전두환으로서는 정치 선진국들의 국가 제도와 그 운영을 살펴보자는 목적도 있었다.

전두환 일행은 영국과 서독을 방문한 다음 주말인 4월 12일과 13일을 스위스에서 보냈다.

13일 저녁 전두환은 경호실장 안현태(安賢泰, 육사 17기), 공보수석 정구호, 의전수석 김병훈, 스위스 대사 안재석 등을 불러 모았다. 이 자리에서 전두환은 대통령 중심제의 문제점에 대해 말했다.

"오늘 여러분에게 처음 말하는 거지만, 나는 솔직히 대통령직을 수행하면서 두려운 때가 많았다.

대통령의 결심을 얻어내기 위해 다들 서류를 잔뜩 챙겨들고 들어오는데, 결심을 해야 하는 사안들이 하나같이 중요하기 짝이 없는 것이었다. 그런데 정작 거기에다 결재를 해야 하는 사람인 나한테 무슨 전문지식이 있겠는가. 일에 대한 열정은 대단하지만 그저 상식적이고 평범한 능력밖에 없지 않나. 바로 얼마 전에도 미국에서 무기를 사들이겠다는 재가서류가 올라왔는데 도대체 제시된 그 가격이 비싼 것인지 싼 것인지, 속는 건지 아닌지 알 수가 없었다. 또 비싸면 비싼 만큼 국익에는 어떤 보탬이 되는 것인지 도무지 판단할 방법이 없어서 아주 고심해야 했다.

그래서 내가 느낀 것이 한국의 대통령 중심제는 작은 일에서부터 국가의 생존과 관계되는 큰 일까지 너무 모든 것이 대통령의 어깨에 짊어지워 있다는 것이다. 수많은 문제들을 대통령 한 사람이 자기 판단으로 결심하고 또 책임을 져야 하는 이런 대통령 중심제는 정말 대통령이 되는 사람에게도 두려운 일이고 문제가 있다고 생각해왔다.

(……)

대통령의 권한이 그토록 절대적이니 또 대권 싸움도 그토록 치열할 수밖에 없는 것 아니겠는가. 하지만 유럽에 와 보니 다르지 않은가. 어느 나라도 우리처럼 여야가 극한적으로 싸우지 않는다고 한다. 우리네의 싸움은 얼마나 극한에 이르고 부정적인가. 그게 다 지나치게 막강한 대통령의 권한에 그 이유가 있기 때문이 아니겠는가. 정권을 잡느냐 못 잡느냐가 우리 제도에서는 곧 이기면 전부를 차지하는 여권과 지면 다 빼앗기는 야권의 판가름을 하는 싸움이기 때문일 것이다."

유럽 순방을 마친 전두환은 4월 21일 귀국했다.

학생운동은 1986년에 들어 더욱 격화되었다.

3월 신학기가 시작되자 학생 운동권의 자민투(반미자주화 반파쇼민주화 투쟁위원회) 계열은 전두환 정권이 들어서면서 실시된 대학 2학년생의 전방입소 교육을 '미 제국주의의 용병 훈련'으로 규정하고 이를 거부하는 투쟁을 각 대학에서 벌였다. 학생운동권은 노선을 막론하고 독재정권을 지지하는 미국을 적극적으로 규탄하였다. 한국전쟁 이후 처음으로 공공연히 반미 구호가 나온 것이었으므로 한국 사회에 큰 파장을 일으켰다. 전두환 정권은 학생 운동권과 재야 세력을 좌경 용공이라며 맹비난했다.

성균관대 학생들이 전방입소 훈련을 받다가 자진 퇴소하자 전두환 정권은 징집영장을 발부했다. 이에 항의하여 성균관대생들은 4월 21일부터 중간고사를 거부하고 교내에서 시위와 농성을 벌였다. 4월 23일 밤 경찰이 학내에 진입해 머물렀고, 성균관대는 24일부터 3일간 휴교했다.

4월 21일 리처드 워커 주한 미국 대사가 김영삼을 미 대사관으로 초청해 오찬을 같이 했다. 두 사람은 2시간 정도 한국의 정치적 난국을 해소하기 위한 방법을 논의했다.

이어 워커 대사가 김대중을 점심식사에 초청했지만 김대중은 미 대사가 자신을 만나고 싶으면 집으로 찾아오라면서 거절했다. 워커 대사는 불쾌했다.

4월 22일 오후 5시 45분부터 6시 10분 사이 전두환은 공보비서관 김성익을 집무실로 불러 내각제 개헌 구상을 말했는데, 2000년대에는 공산당도 허용할 수 있다는 말도 했다.

"내가 이번에 구라파를 돌면서 좋은 힌트를 얻었어. 큰 아이 재국이도 나한테 나름대로 건의했어. 우리나라도 구라파 선진국들처럼 정부 형태를 내각제로 바꾸는 것이 민주주의 발전을 위해서 좋은 것이 아니냐 하는 거야. 지금의 제도는 나쁜 사람이 대통령으로 오면 평화적으로 정권교체가 되기 어렵고 실질적으로 민주주의가 될 수도 없겠어. 김일성식 폐쇄사회라면 몰라도 지금은 우리 국민이 배운 사람이 많고 지식층도 넓어져 정치에 관한 비판이 강해졌어. 현 체제를 유지하려면 국내적인 문제도 있고 외국의 비판 대상도 돼. 아무리 대통령이 온건해도 민주주의를 하는 언론이나 지식인들한테는 그렇게 비칠 수가 없어. 대통령 한 사람이 나라를 운영하니 정당의 활성화도 안 돼.

내가 이번에 구라파를 돌아보니 최선진국인 이들 나라가 내각책임제를 가지고 잘해나가고 있었어. 우리도 이제는 그것을 수용할 만한 수준이나 단계가 되었다고 봐요. 이번에 순방기간 중 내가 스위스에 잠시 머물렀을 때 저녁을 먹는 자리에서 의전수석, 공보수석, 총재비서실장, 대사와 얘기를 해봤는데 의원내각제가 좋다고들 하더군. 스위스는 대통령도 교대로 하고 주지사도 일 년에 한 번씩 바꾸고, 아주 이상적으로 되어 있어. 나는 우리나라도 내각책임제를 발전시켜야 한다고 생각해. 그래야 국민 의견이 의회 내에서 수렴되고 정치적 훈련이 되니까 민주의식이 뿌리내릴 수 있어.

(……)

주변 강대국의 이해가 조화를 이루어야 되기 때문에 내가 4개국 상호

수교를 하자는 거야. 문제는 우리 국력이 북한보다 월등히 강해야 한다는 것이지. 이것을 주변이나 중공이 받아들이겠는가 하는 게 있지만, 우리 국력이 워낙 우위에 있으면 민족자결 원칙에 따른 해결을 묵인하도록 유도할 수 있을 것으로 나는 봐. 언젠가는 우리나라도 일본처럼 공산당, 사회당이 나와야 해. 언제까지 반공 가지고는 안 돼. 서기 2000년대가 되면 공산당도 제한이 없는 시기가 되어야 해. 국민이 심판하면 되니까."

4월 25일 민추협 공동의장 김대중은 소수 학생들의 과격한 주장을 지지할 수 없다는 뜻을 밝혔다. 이날 워커 대사는 〈슐츠 장관 방한 직전 한국내부 정치상황 평가〉라는 제목의 보고서를 미 국무부에 보냈다. 다음은 그중 일부 내용이다.

"전두환 정권과 그 정적들이 1988년의 대통령 권력 이양을 비교적 평온히 하기 위한 합의를 할 전망은 몹시 불확실하다."

"야당(신민당)은 대결하는 노선을 추구하고 있다. 오래 이어지는 '포스트 마닐라' 희열 속에서 김대중은 전두환이 1988년 선거 이전에 헌법 개정 요구에 굴복할 수 있을 것이라고 믿고 있다. 4월 9일 미국 TV 방송과의 회견에서 주장했듯이 그는 '민중의 힘'과 미국의 지지가 이를 성취할 수 있다고 본다. 김대중과 다른 신민당 지도자들은 개헌청원 운동을 통해 정부의 탄압 조치를 촉발시킬 거대한 대중적 지지를 기대하고 있다. 이는 결과적으로 국민적 불만을 불러일으켜 '민중의 힘'이 전두환을 쓸어버릴 것이라고 그들은 계산하고 있다."

"전두환 정부의 경제적 성취는 인상적이지만 정치적 업적은 별로 없다."

"정치적 성과에 대한 정부 자체 평가에서도 통행금지 해제와 교복 자율화가 여전히 선두 자리를 지키고 있다."

"한국에서 전두환은 고립되어 있으며 황제식 스타일과 허세로 비판받고 있다."

"전두환과 청와대 참모진만이 전두환이 엄청나게 인기가 없다는 사실을 깨닫지 못하고 있다."

"전두환 가족에 대한 평판은 필리핀 마르코스 가문에 대한 악평에 비할 바는 아니지만 그들 역시 부패했다."

"전두환이 퇴임 이후 가족의 안위에 대해 걱정하고 있다."

"질서가 붕괴된 것처럼 보이면 군부가 개입할 것이다."

"군부의 개입은 전두환의 명령을 통해 이뤄질 수 있으며, 장군들이 전두환을 제거하기 위해 움직일 수도 있다."

"신민당은 계파갈등으로 국민의 기대를 충족시키지 못하고 있다."

"전두환이 대통령 자리를 고수하거나 계엄령을 선포하는 경우, 1987년 대선을 부정선거로 치르는 경우, 쿠데타의 움직임이 있는 경우, 김대중이 폭력적인 결말을 결심하는 경우 등으로 상황이 급격히 부정적으로 전환되면 우리는 보다 적극적인 스탠스를 준비해야 한다."

서울대에서는 정권에 항의하는 뜻으로 학생들의 분신자살이 잇달아 국내외에 큰 충격을 주었다. 4월 28일 관악구 신림동 사거리에서 전방입소 반대 투쟁을 주도하던 서울대생 김세진·이재호 씨가 분신하였다.

'분신자살'은 한국 민주화운동에서 나타난 매우 독특한 형태의 저항이었다. 이는 공동체 의식이 강하고 도덕을 중시하는 사회에서 나타날 수 있는 극한적 저항 형태로, 적을 향해 폭력을 행사하는 것이 아니라 자살이라는 자기부정을 통해 투쟁의 대상에 경종을 울리고 동료들을 자극하는 방법이었다.

이날 전두환은 오전 9시 30분부터 11시까지 수석비서관회의를 열었다. 참석자들의 발언은 다음과 같다.

정무1수석비서관 허문도(許文道): 이번 달에는 조기개헌 주장 분위기로 시국이 흐트러졌습니다. 정부에 대한 외포감(畏怖感)이 저하됐다고 평가됩니다. 민국련이 연합세력을 형성했습니다. 대책기조는 혼란을 지양하고 조기개헌이 불가능한 점을 제시하도록 하겠습니다. 5월 2일부터 4일까지 대처 영국 수상이 방한하며 5월 7일에 슐츠 미 국무장관이, 5월 12일부터 15일까지는 캐나다 수상이 방한할 예정입니다. KBS 시청료 거부는 각하의 임기 말 체제를 흔들려는 체제 도전의 저의로 봅니다. 일단 불합리한 점은 시정하고 반체제적 공세에는 의연하게 대응해 나가겠습니다. 공영방송의 보완 발전을 위한 종합대책을 성안하겠습니다.

정무2수석비서관 강우혁(康祐赫): 국법 질서를 흐트리는 현상에는 강온 양면으로 대처하겠습니다. 5·18 광주사태 기념일을 즈음한 혼란 기조에 효율적으로 대처하고 집단시위는 초기에 철저히 대응, 학원의 용공과격 불온분자를 색출하는 데 총력을 다하겠습니다. 임금타결 현황은 현재 100인 이상 기업은 38%가 끝났는데 이것은 예년보다 빠릅니다.

교문수석비서관 신극범(愼克範): 4월은 4·19 등으로 학원소요가 고조된 한 달이었습니다. 소요사태는 양적으로는 감소했지만 질적으로는 격화되는 양상을 나타냈습니다. 전방입소 거부, 중간고사 거부 확산 기도가 있었습니다. 교수 시국선언은 불만세력과 연계해서 23개 대학 638명의 교수가 참여했는데, 이는 전체 교수 3만 3천 명의 2% 미만으로 크게 우려될 바는 없으나 4·19와 5·18을 연결, 불순시위의 확산 기도가 우려되므로 축소 노력을 기울여나가겠습니다.

전두환: 20년 전 우리 국민소득이 100달러였을 때는 정치인이 시끄럽게 하고 언론이 받아서 치면 사회혼란으로 아무것도 되는 게 없었어요. 여러분이 문제의 핵심을 잘 보고 있다고 생각합니다. 우리 국민은 나라가 좁고 계절적으로도 날씨의 변화가 크기 때문에 부지런하고 이웃에도 관심이 많다고 할 수 있어요. 흥분도 잘 하고 감격도 잘 하는데 국민소득이 2천 달러를 넘게 되니까 오히려 국민 전체가 볼 때는 욕구가 더 많아집니다. 집 가지면 자동차 가져야 하고 상대적 빈곤감이 높아지는데 그것은 국민이 부지런하고 현명하기 때문에 더 잘 느낍니다. 우리나라에는 위화감이라는 표현이 많이 쓰이지만 외국에서는 잘 안 쓸 거야. 여자가 세단 몰고 가는 것 농사짓는 사람이 두 눈 뜨고 못 보는 것이 우리 민족이야. 이제는 대부분 직장이 있고 생활이 그런대로 안정감을 가지고 있는데 이들을 중산층으로 보면 돼요. 중산층이 두터워지고 있다는 것은 국가사회의 안정을 위해 바람직해요. (……)

우리는 모든 문제를 일사불란하게 때려잡고 해야 사회안정이 되는 것으로 알지. 누가 말을 좀 하면 위기 아니냐고 하는데 얘기할 수 있는 사람은 얘기를 하도록 놓아두면 처음에는 고개를 갸우뚱하다가도 정부나 모든 조직이 건재해서 밀고 가면 다 제 위치로 돌아가게 됩니다.

여유를 안 주고 눌러가지고만 밀고갈 수가 있나요. 88년까지는 갈 수 있을지 모르지. 그러나 그 후는 어떻게 되나. 개방이 됐기 때문에 국민이 깨는 겁니다. 그렇게 해서 국민이 근대 민주사회를 알게 되는 거요. 우리가 이것을 어떻게 소화해야 되느냐. 떠드는 사람을 힘으로만 때려잡으려고만 해서는 안 돼요. 물론 도로에 나와 떠드는 건 법질서를 어기는 거니 가만둘 수가 없지. 우리는 모조리 그러다보니 어느 걸 때려야 하고 안 때려야 하는지 기준이 애매해졌어요. 교회나 성당에서 개헌서명 운동하는 것을 순화하지 않고 경고도 안 하고 모조리 때려잡으려고 하면 우리 스스로 반대파를 만들어주는 꼴이 돼.

교수 서명한 것, 그 정도의 숫자는 무시해도 돼요. 잡아쳤다 하면 갈 곳이 없으니 반대쪽에 가버리게 돼요. 그 사람들이 특정인을 지지하는 것도 아니야. 괜히 우리가 겁을 먹고 옹졸하게 생각할 필요가 없어요.

(김성익, 《전두환 육성 증언》, 조선일보사, 1992)

이날 전두환의 발언을 보면 그는 중산층을 안정희구 세력으로 보고 있었다. 전두환 집권 시기에 중산층이 늘어난 것은 사실인데, 이들은 정치발전을 바라고 있었다. 전두환 측에서도 이런 점을 감지한 자들이 상당수였으나 그런 의견을 내놓고 말하지는 못했다.

전두환은 수석비서관회의에 이어 12시부터 오후 1시 50분까지 주요 언론사 사장들과 오찬을 같이 했다. 이 자리에서 전두환은 다음과 같은 발언을 했다.

"우리는 정치인들이 자기들 기준으로 민주주의를 해석해서 거기에 맞지 않으면 독재다 뭐다 해요. 독재 부분이 있는 것도 사실이고 그런 것은 개선이 되어야 해요. 야당은 지금 직선제를 하는 것이 민주주의를 발전시키는 거라고 주장하는데 그러면 마르코스는 간선제라서 25년을 했느냐, 직선제이니까 그랬습니다. 직선제는 민주주의이고 간선제는 비민주적이라는 논리는 말이 안 돼요. 정말 민주주의를 하려면 의회에서 해야 됩니다. 지금 야당 사람들이 길거리에 나와 현판식을 합니다. 헌법에 규정된 대통령 비상조치권을 발동할 수도 있지만 힘으로 하는 것은 바람직하지 않기 때문에 내가 관망하고 있는 중입니다."

4월 29일 민국련은 두 김 씨의 뜻을 받아들여 학생들의 반미·용공·과격 시위를 반대한다는 성명을 발표했다. 이는 민통련의 입장과 기본적으로 배치되는 것이었다.

전두환은 이날 저녁에는 윤보선·최규하 두 전직 대통령을 초대해 직선제 개헌 논란에 휩쓸린 정국을 대화로 풀겠다고 말했다.

4월 30일 전두환은 민정당 대표 노태우, 신민당 총재 이민우, 국민당 총재 이만섭 등을 청와대로 초청한 자리에서 "여야가 국회에서 헌법 개정안과 정치 일정을 합의해서 건의한다면 반대할 생각이 없다"고 말했다. 사실상 개헌에 동의한다는 발언이었다.

이민우 신민당 총재는 이 자리에서 좌익 학생들을 단호하게 다스려야 한다고 발언했다.

이러한 발언은 야당이 '급진적인' 재야·학생 운동권과 거리를 두어 정권의 좌경용공 비난에서 벗어나려는 의도에서 나온 것이었지만, 보수 야당의 한계를 잘 드러낸 것이기도 했다. 신민당의 소심한 자세에 재야와 학생 운동권은 분개했다.

5월 1일 민통련은 전두환 정권이 개헌 협상을 매개로 보수대연합을 구축하려 한다며 민국련에서 탈퇴했다.

5월 3일 토요일 신민당 개헌추진위원회 인천경기지부 결성대회가 열릴 예정이었다. 수많은 경찰과 전경이 대회가 열릴 인천시민회관 주위를 에워쌌다. 대회 시작 전부터 재야인사들과 대학생들은 격렬한 시위를 벌였고, 경찰과 전경이 진압에 나서 신민당 지도부가 대회장으로 입장하지도 못하여 대회는 무산되었다.

수만 명의 시위대가 도로를 장악하고 산발적인 시위를 하다가 오후가 되자 스크럼을 짜고 화염병과 돌을 던지며 경찰과 충돌했다. 시위대는 신민당에 각성을 요구하고 '이원집정(二元執政) 개헌 반대'를 외쳤는데, 학생 운동권 중 민민투(반제반파쇼 민족민주투쟁위원회) 계열은 제헌회의 소집을 주장했다. 민통련을 포함한 각종 재야 단체들은 각각 연설회를 열어 자신들의 주장을 폈다. 민통련은 민주헌법 쟁취 투쟁을 주장했고 민청련과 서노련은 민통련 소속 단체이면서도 별도의 집회를 열어 '직선제 개헌'을 외치거나 '삼민헌법 쟁취'를 외쳤다. 오후 5시가 넘어 시위군중 수가 현저히 줄어들자 사복경찰이 최루탄을 난사하며 시위자 체포에 나섰다.

이때 319명이 연행되어 129명이 구속되었다. 이 사건에는 학생 운동권의 과격·급진성을 선전하려는 전두환 정권의 책략이 작용한 측면이 있었다. '5·3 인천사태'로 불리는 이 사건으로 김영삼·김대중 중심의 제도권 야당과 재야 및 학생 운동권 세력의 공조가 깨졌다. 이후 전두환 정권은 민통련을 5·3 인천사태의 배후로 몰아 대대적인 탄압에 나섰다.

5월 6일 서울대에서는 학생 4천여 명이 교내 아크로폴리스 광장에 모여 분신하여 사망한 김세진 씨의 장례식을 거행했다.

5월 7일 미국의 국무장관 조지 슐츠(George Schultz)와 국무부 동아시아·태평양 담당 차관보 개스턴 시거(Gaston Joseph Sigur Jr.)가 한국의 정세를 파악하기 위하여 방한했다. 1924년생인 개스턴 시거는 1945년 일본이 미국에 항복한 뒤 공군 정보장교로 일본에서 복무했다. 1946년 제대하고 미시간 대학에서 동아시아 역사 연구로 학사·석사·박사 학위를 받았다. 이어 아시아재단(Asia Foundation)에서 일하다가 1972년 조지워싱턴 대학의 국제관계 교수 겸 중국·소련 관계 연구소 소장이 되었다. 1983년 아시아 문제 담당 대통령 특별보좌관이 되었는데, 1986년 3월 슐츠 국무장관의 권고에 따라 레이건이 시거를 동아시아·태평양 담당 차관보로 임명했다(전임인 월포위츠 차관보는 인도네시아 대사로 발령).

슐츠는 5월 7일과 8일 이틀간 전두환, 이민우 등 여야 최고위층과 회담했다.

5월 7일 슐츠는 한국 외무장관실에서 외무장관 최광수와 회담했는데, 미국 경호팀이 사전통보 없이 화약탐지용 군견 셰퍼드를 데리고 장관실에 들어갔다. 이 때문에 비난 여론이 일었다. 신민당은 "전두환 정권의 굴종적 대미 자세와 미국 정부의 오만함의 산물"이라고 비난했다. 미 대사관은 즉각 유감을 표명했지만 분노한 여론은 가라앉지 않았다.

5월 8일 슐츠는 민정당 대표 노태우, 신민당 총재 이민우, 국민당 총재 이만섭을 미국 대사관저(하비브 하우스)에 초대하여 조찬을 같이 했다. 같은 날 오전 10시 시거 차관보는 미국 부대사의 관저에서 신민당 의원 이철승·김동영, 전 의원 김상현·정대철과 한국 정세를 논의했다. 두 김 씨도 초대했으나 이들은 선약을 이유로 불참했다.

슐츠 국무장관은 조찬 모임 후 전두환과 면담했다. 슐츠 장관이 정권이양과 개헌 문제에 대한 견해를 묻자 전두환은 "지금 와서 생각하면 나는 정치인으로서 경험이 없어 실수한 것이 하나 있다. 현 헌법이 규정하고 있는 단임 약속을 하지 않았어야 하는 것이다. (단임) 공언을 안 했더라면 지금쯤 야당이 나에게 헌법을 준수하라고 요구했을 것이다"라고 대답했다. 이는 자신이 단임 약속을 하지 않았다면 야당이 직선제 개헌이 아니라 대통령 단임을 규정한 제5 공화국 헌법 준수를 요구하는 선에서 그쳤을 것이라는 의미였다.

전두환은 이어 "1988년에 (대통령직을) 그만둔다니까 통치권 누수 현상이 있는지 이것을 이용해 재야세력이 학생과 연합해 당장 직선제 개헌을 하라고 요구하고 있는데, 이것이 우리가 당면하고 있는 정국"이라고 말했다.

이에 대해 슐츠 장관은 "전혀 누수 현상이 없다", "(미국 대통령 선거가 투표인단 선거 방식이기에)레이건 대통령도 직선제 선거로 당선된 것이 아니며 많은 민주주의 국가의 지도자도 그렇다"고 대답했다.

슐츠는 출국 직전에 한국 언론과의 회견에서 "미국과 영국, 일본도 대통령 직선제를 하지 않고 있다", "직선제만이 민주화 방안이라고 보지 않는다", "한국군의 능력이 확고하고 외침 위험이 상존하는 만큼 한국과 필리핀을 동일시하는 것은 잘못된 생각이다", "미국에도 인권 문제가 있다" 등의 발언을 했다. 전두환 정권을 편드는 이런 발언에 두 김 씨와 신민당은 크게 실망했다.

서울대의 5월 축제 기간 중이던 20일 문익환 민통련 의장이 서울대에서 강연을 했는데, 강연이 시작된 지 얼마 지나지 않아 서울대 농대 학생 이동수 씨가 전두환 정권을 지지하는 미국을 규탄하며 학내에서 분신자살하여 큰 파장이 일었다.

이 사건으로 크게 충격을 받은 서울대 83학번 국문학과 박혜정 씨는 다음날인 21일 밤 한남대교에서 투신자살했다. 다음은 그의 유서다.

숱한 언어들 속에 나의 보잘것없는 한마디가 보태진다는 게 무슨 의미가 있겠니?
그러나 다른 숱한 언어가 그 각각의 것이듯, 나의 언어는 나의 것으로, 나는 나의 언어로 말할 수 있겠지.
뭘 할 수 있겠니, 내가?
지긋지긋하게 싫더라도 어쩔 수 없음을 네가 모르지 않을진대,
요구하지 마, 요구하지 마! 강요하지 말 것.
구체적인 것이다, 산다는 건. 살지 않더라도, 사는 것 같지 않더라도, 숨 쉬는 건 구체적인 것이다. 허파와 기관지와 목구멍과 코와 입으로 숨쉬고 있지 않니?
어떻게 우리가 관계를 끊고 살까? 없었던 걸로?

떠남이 아름다운 모오든 것들.
소주 몇 잔에 취한 척도 말고, 사랑하는 척, 그래, 그게 가장 위대한 기만이지.
사랑하는 척, 죽을 수 있는 척.

왜 죽을 수 없을까? 왜 죽지 않을까? 왜 자살하지 않을까?

자살하지 못하는 건, 자살할 이유가 뚜렷한데 않는 건 비겁하지만, 자살은 뭔가 파렴치하다. 함께 괴로워하다가, 함께 절망하다가 혼자 빠져버리다니, 혼자 자살로 도피해버리다니.

반성하지 않는 삶. 반성하기 두려운 삶. 반성은 무섭다. 그래서 뻔뻔스럽다. 낯짝 두꺼워지는 소리…….

아파하면서 살아갈 용기 없는 자, 부끄럽게 죽을 것.

살아감의 아픔을 함께할 자신 없는 자, 부끄러운 삶일 뿐 아니라 죄지음이다.

절망과 무기력.

이 땅의 없는 자, 억눌린 자, 부당하게 빼앗김의 방관, 덧보태어 함께 빼앗음의 죄.

더 이상 죄지음을, 빚짐을 감당할 수 없다.

아름답게 살아가는 모든 이들에게 부끄럽다.

사랑하지 못했던 빚 갚음일 뿐이다.

앞으로도 사랑할 수 없기에.

욕해주기를……모든 관계 방기의 죄를.

제발 나를 욕해주기를, 욕하고 잊기를…….

1986. 5. 박혜정

한반도에서 최상위 이데올로기는 민족주의, 사회주의, 자유민주주의,

주체사상, 그리고 그 무엇도 아닌 출세주의(careerism)다. 유교를 내세웠지만 실질적으로는 법가의 사회였던 이씨조선이 건국된 뒤로 그리 된 것이다. 그에 따른 행동양식이 기회주의다. 정치권 주변과 대학, 검찰, 언론 등 모든 분야에 우글거리는 정치지망생들의 언행을 살펴보면 이것이 참인 명제임을 확인할 수 있다. 그렇기에 그들은 사익 추구에의 유불리 판단에 따라 좌익, 우익, 자유민주주의자, 파시스트, 마르크스주의자, 볼셰비키, 사회주의자, 공산주의자, 주사파, 기독교도, 불교신자, 보수, 진보 중 어느 것도 될 수 있다. 그러니 이 나라의 모든 종교는 '구복 신앙'을 벗어나기 힘들고, 이 나라의 모든 이념은 '구복 이데올로기'의 굴레에서 자유롭지 못하다.

1968년에 제정된 '국민교육헌장'은 첫머리에서 "우리는 민족중흥의 역사적 사명을 띠고 이 땅에 태어났다"고 하며 모든 국민에게 공익 우선의 관념을 요구했지만, 어린 학생들도 몇 년 정도 학교를 다니다 보면 '나는 벼락출세의 역사적 사명을 띠고 이 땅에 태어났다'는 것을 깨닫게 된다. 그리고 그에 따라 점차 겉과 속이 다르게 되어간다.

한국사회에서 대학은 1980년대까지는 '껍데기를 벗을' 여지를 주는 공간이었다. 그러나 1980년대의 시대적 사명이 민주화였는데 민주화 투쟁은 너무나 큰 개인의 희생(사익 훼손)을 요구하는 것이었다. 민주화 운동에서 떨어져 나가거나 거리를 둔 많은 대학생들도 크나큰 정신적 고통을 받았다. 심리상태가 이러한 대학생들도 민주화 운동에 적극 가담한 대학생들과 마찬가지로 학업이나 각종 시험 공부에 전념하기 어려웠다. 그런 상황에서 정치사회적 흐름에 조금도 심리적 거리낌이 없는 대학생들은 한국에서 보편적으로 출세 루트로 간주되는 각종 고시 합격에 유리했다. 그리고 이들 고시 합격자 가운데 일부가 '보수'와 '진보'로 갈리는 양대 정파의 구성원이 된 것이 우리 사회의 현실이기도 하다.

그런가 하면, 민주화 운동과 관련된 1980년대 젊은이들의 죽음은 시대의 과제를 젊은 대학생들이 거의 전적으로 떠맡아야 했던 한국 사회의 후진성과 깊은 관계가 있었다.

5월 21일 전두환은 안기부장 장세동을 불러 자신의 내각제 구상을 설명하고는 민정당과 협의하여 법제처 등과 팀을 구성해 권력구조, 선거제도, 지방자치제 등을 면밀히 검토해 보고하라고 지시했다.

이날 민정당 대표 노태우는 외신기자클럽 회견에 참석해 "민정당은 직선제 개헌에 반대한다"고 말했다. 신민당 상임고문 김영삼과 만날 수 있다고도 했다. 기자들이 김대중과도 만날 수 있냐고 묻자 "그자 말이냐"라면서 그는 형집행정지 상태이기 때문에 만날 생각이 없다고 했다.

이날 문익환 민통련 의장이 학생들을 선동했다는 혐의로 구속되었다.

5월 22일에는 장기표 민통련 정책실장이 구속되었다. 전두환 정권은 장기표가 소지하고 있던 민통련 운동론 초안을 빌미로 민통련을 용공단체로 몰아 주요 간부 전원을 지명수배했다.

5월 23일 김대중의 초청으로 데이비드 램버트슨(David Lambertson) 미국 부대사가 김대중과 오찬을 같이 했다(램버트슨은 1986년 3월 1일 주한 미국 부대사로 부임했다. 램버트슨은 1982년 1월부터 1984년 4월까지 미 국무부 한국과장을 지냈다. 이 기간에 램버트슨은 김대중과 다섯 번 만났다). 오찬 자리에 김대중의 최측근 권노갑이 배석했다. 김대중은 민정당이 대통령 직선제를 거부하는 것을 비난했다.

"그들(여권)은 타협을 원한다고 말하고, 당신들(미국)은 그것을 받아들이라고 권한다. 만약 여권이 진실하다면 노태우 대표가 그렇게 단호하게 대통령 직선제 제안을 묵살할 수 있겠는가. 직선제를 향한 한국 국민들의 열망은 분명하다. 우리는 (대통령을 직접 뽑기 위해) 한 사람이 한 표를 행사해야 하며 표현의 자유, 언론출판의 자유를 가져야 한다. 일부 한국과 미국 관리들이 내가 직선제를 고집하는 것은 그것이 대통령이 될 수 있는 유일한 방법이기 때문이라고 추측한다. 그러나 이는 난센스다. 나는 국회의원이 되려고 출마할 수 있으며, 내가 원한다면 내각책임제 하에서도 권력을 획득할 수 있다."

개헌을 요구하는 대학교수들의 시국선언문도 연이어 발표되었다.

3월 28일 고려대 교수들이 시국선언문을 발표한 것이 시초였다. 이어 한신대, 성균관대, 서울대 등 모두 29개 대학에서 783명의 교수가 시국선언에 참여했다.

5월 28일에는 재미 한국인 대학교수 43명이 '모국 대학교수들의 시국선언을 전폭적으로 지지한다'는 내용의 성명을 발표했다. 이 성명은 "모국의 대학교수들이 지성인으로 학문과 언론의 자유, 인간의 기본권 존중, 조속한 민주개헌을 통한 민주화 정착 등을 주장하고 나선 데는 충분한 도덕적, 과학적, 시대적 이유가 있었기 때문이라고 믿는다"면서 "현 정권의 시국에 대한 올바른 인식과 국민의사에 따르는 일대 결단이 요구된다"고 했다.

시국선언문 가운데 1986년 6월 2일 발표된 '우리의 뜻을 다시 한 번 밝힌다'는 제목의 '전국 대학교수단 연합 선언문'을 전두환 정권은 크게 문제 삼았다. 23개 대학 265명의 교수들이 서명한 이 선언문을 정권은 용공이라고 매도했다. 선언문의 내용은 다음과 같다.

우리의 뜻을 다시 한 번 밝힌다

우리 사회는 지금까지 잉태되어 왔던 여러 모순과 갈등이 일시에 표출되어 점차 폭발의 방향으로 나아가고 있다. 개헌에 대한 촉구, 불공정한 언론 전체에 대한 사실상의 불신인 KBS-TV 시청료 거부 운동, 노동자와 농민들의 생존권 투쟁, 사회 일각에서 나타나고 있는 현재의 정치 및 경제 체제에 대한 근원적 회의, 반미·반일 등 반외세 운동, 교육 민주화 선언과 계속되는 시국성명 등은 대내적으로는 다수의 의견을 수렴할 수 있고 대외적으로는 민족의 이익을 수호할 수 있는 새로운 정부의 출현을 요구하고 있다. 그럼에도 불구하고 현재의 정권은 이러한 국민적 요구를 묵살한 채 이를 정쟁의 도구로 삼고 있다.

이 마당에서 우리 교수들은 다시 한 번 민주사회 건설의 정도를 천명하려고 한다. 우리가 이 몫을 자청하는 것은 우리의 용기를 과시하기 위해서도 아니고, 민중으로부터의 함성과 박수를 기대해서도 아니다. 다만 우리는 거의 매일같이 학생과 더불어 최루탄 연기에 눈물을 쏟으며, 학생과 전경의 무의미한 대결로 유혈의 상처가 늘어나는 것을 목격하며, 더욱이 젊은 우리의 후진들이 대학과 노동 현장에서 분신으로 산화하는 처절한 상황을 목도하면서 더 이상 이것을 피할 수도 없고 참을 수도 없기 때문에 우리의 입장과 신념을 재차 밝힌다.

정치

1. 우리는 이 사회가 처한 위기의 본질이 일차적으로는 현 정권이 정통성을 획득함이 없이 등장한 사실에 그 원인이 있다고 생각한다. 정

부를 지탱하는 힘이 국민 전체의 자발적인 선택에 기초하지 않고 자의적인 판단에 의거한다면, 불행하게도 우리는 그 정부를 국민적 합의에 기초한 진정한 의미의 정부라고 생각할 수 없다. 그러므로 오늘의 위기를 극복하기 위한 유일한 선택은 우선 정부의 정통성을 회복하는 일이며, 그것은 다시 본래적 의미에서 민간정부의 수립에 있다고 믿는다.

2. 이러한 맥락에서 우리는 개헌 문제의 향방에 지대한 관심을 표명하는 바이다. 동시에 그 개헌의 방향이 단순히 정권의 인계와 인수를 바라는 정치집단들 사이의 담합에 의한 권력구조의 개편이나 정부조직 형태의 수정에 그쳐서는 안 되고, 민중의 생존을 위한 권리와 요구가 완전히 반영될 수 있는 민주헌법이기를 바란다. 현행 헌법에 대한 개정의 시기는 정치경제, 교육, 언론, 문화예술 등 각계에서 주장되어 온 바대로 가능한 한 빨라야 하고, 동시에 그 방향은 우리 국민의 정치적 의식과 능력이 최고 통치자를 직접적으로 선출하는 데 충분하기 때문에 그러한 국민의 능력이 충분히 반영될 수 있는 것이 되어야 한다.

3. 자유의 신장이 인류의 보편적 발전 방향이라고 이해하는 우리는 실정법을 내세운 기본권의 제한에서부터 생명 자체를 위협하는 온갖 형태의 육체적 고문에 이르기까지 현재 이 땅에서 벌어지고 있는 수많은 인권 탄압에 심각한 우려를 표명한다. 특히 수감자들의 적법한 주장과 피의자 및 구속자 가족들의 정당한 요청이 정치적인 이유로 거부되어서는 안 된다. 생존을 위협하는 정신적, 육체적 압제에 대해 자신을 지키기 위한 저항은 정당하다고 생각되며, 그 압제에 대한 반

응이 폭력적 수단에 의거할 수밖에 없도록 사태가 악화되어서는 안 될 것이다.

4. 현재 보수 정당의 능력으로는 통제할 수 없는 진보적 세력이 사회의 일각에 현실적으로 존재한다는 사실을 인정해야 한다. 또 그들의 주장 가운데 상당 부분이 정당한 것이고 더구나 그 해결을 기존의 정당에 기대할 수 없다면 그들을 급진좌경, 용공, 불순 등의 갖가지 죄목을 붙여 배척하기보다는 오히려 그들의 주장을 흡수하고 대변하는 혁신세력이 합법화될 수 있는 여건이 명실상부하게 보장되어야 한다. 동시에 이 사회 최고의 지성을 생산하는 대학에서의 정치행위는 폭넓게 허용되어야 할 것이다.

5. 우리는 대학과 사회 일각에서 일고있는 반미 및 반일 등 반외세 주장에 주목하며 특히 그것을 반국가나 용공으로 단죄하려는 흑백논리에 반대한다. 그러한 주장이 한편으로는 외세와의 타협에 의해 한반도의 지속적인 분단을 고착시키려는 시도, 동북아시아 반공전략의 일환으로 강행되는 보수 정권의 유지 노력, 한반도에 배치된 핵무기의 위험 등 국가의 장래와 민족의 생존에 치명적 위협이 되는 여러 사실에 대한 반성의 촉구이며, 다른 한편으로는 광주항쟁의 경우에서처럼 민족의 자존을 크게 훼손한 외세의 부당한 개입에 대한 항의일 수도 있다는 점에서 우리는 학생들의 반외세 주장에 내재한 동기의 순수성을 의미 있는 것으로 평가하고자 한다.

(……)

대학

16. 사회의 각 부문이 상호 통제 기능을 상실할 때 대학이 교육과 연

구라는 그 고유의 임무에 덧붙여 대사회 발언을 하는 것은 불가피하게 된다. 대학 교수들의 시국에 대한 성명이나 학생들의 현실참여 행위는 대체로 이와 같은 시각에서 이해되어야 할 것이다. 더구나 오늘의 학생운동은 일부 정치권에서 운위하듯 한국사 인식의 오해나 2000달러 소득 수준에서 나타나는 과도기적 열병에서 비롯된 것이 아니고, 해방 이후 우리의 근대사가 배태해 온 온갖 내외 모순의 동시적 폭발에 그 원인이 있음을 알아야 한다. 그것은 다시 세계 반공전선의 첨병으로 규정된 기본구도 속에서 식민지적 속성의 기능인의 양산만을 감행해 온 대학의 자세에 대한 혹독한 반성으로 받아들여져야 할 것이다.

17. 사회의 각 부문이 담당해야 할 비판의 기능을 대학이 온통 대신하게 될 때 그 발언의 강도는 커질 수밖에 없으며, 또 이를 금지하려는 정치적 탄압이 집요할수록 운동의 정도는 격렬해질 수밖에 없다. 그러므로 학생운동의 급진적 성향을 일방적으로 매도하기 이전에 우선 사회의 각 부문에 자율적 비판 기능을 부여하고 정치적 이데올로기를 포함한 온갖 금기의 폭을 축소하는 일이 선결되어야 한다고 믿는다. 우리는 급진의 원인을 분석함이 없이, 나타난 일부의 행위에만 초점을 맞추어 확대 선전하고 또 이를 정략의 도구로 삼으려는 의도에 크게 우려를 표하며, 개혁을 허용함으로써 급진을 완화하는 길이 최선의 방안임을 확인한다.

18. 같은 맥락에서 우리는 좌경 이데올로기에 대한 최선의 처방은 그의 속성과 실체를 알리는 길임을 거듭 강조하며, 이를 위해서는 정부나 일부 권력기관만이 독점해 왔던 좌경 이데올로기에 대한 연구

와 논의가 대학에서 허용되기를 기대한다. 금단의 정원에 피어있는 미지의 꽃에 대한 단순한 호기심이나 그것이 우리의 문제에 대한 진정한 대안이 될 수 있는 것이냐는 순수한 지적 논의를 국가 변란이나 이적 행위로 몰아가려는 주장에 우리는 동의하지 않는다.

19. 병역이 국민의 기본적인 의무임을 분명히 인식하면서도 우리는 대학과 병영이 기술적으로 구별되기를 기대한다. 대학 내에서의 군사 교육이나 대학생의 전방입소는 본래 국가안보에 대한 인식을 높인다는 의도에서 시작되었지만, 이것이 학생들의 자율활동을 제약하고 감시하는 수단으로 악용될 수 있다는 점을 감안할 때 우리는 이미 천명된 군사교육 개선의 폭이 획기적이어야 하고 그 시기는 빠를수록 좋다고 생각한다.

20. 생명에 대한 외경은 우리의 도덕적 가치 중에서 최고의 것이다. 우리는 대학과 노동계에서 빈번하게 발생되고 있는 분신을 목도하며, 유명을 달리한 젊은 영령에게 정중한 조의를 표한다. 그러나 그 동기의 더할 나위 없는 고결함에 숙연하게 옷깃을 여미면서도 그러한 극한 행위의 재발이 더 이상 없도록 자제해 주기를 간곡히 요청한다. 젊은 시신에 대한 장례조차 사회불안의 조장이라는 이름 아래 억압하고 있는 현재의 정부 처사나, 학생의 분신에는 한마디 유감의 뜻조차 표명하지 않다가 한 전경의 죽음에 대해서는 대학에 그 책임을 전적으로 전가하고 있는 문교부의 사고방식에 통탄하지 않을 수 없다. 제자들의 분신이라는 비극에 충격 체감의 법칙으로 대응할 수밖에 없는 우리 교수 모두의 무능을 거듭 한탄하면서, 특히 이 학생들이 소속했던 대학의 최고 책임자가 최소한의 도덕적 책임조차 지려

하지 않고 그 자리에 집착하는 현실에 대해 우리 모두 부끄러워한다.

1986. 5. 전국 대학교수단

6월 14일 국회 본회의의 사회·문화 관련 대정부 질의에서 신민당 조순형(趙舜衡) 의원은 개헌과 민주화를 요구하다가 투옥된 학생·노동자·민주인사 등을 죄목 여하에 관계없이 석방할 것과 김대중 사면·복권, 문익환 목사 석방을 요구했다.

법무부장관 김성기(金聖基)는 "현행 법규를 위반해 구속된 사람 가운데 정치적으로 문제가 되고 있는 경우는 모두 997명으로 이중에는 국가보안법위반자 165명, 소요죄 52명, 방화·기물파손·폭력죄 등 260명, 집시법 위반자 490명, 기타 30명이 포함돼 있다"고 밝혔다. 또한 이들은 신분별로 학생 611명, 근로자 139명, 제적생 및 일반인 247명이라고 말했다.

6월 24일 여야 3당은 '개헌특별위원회' 구성에 합의했다.

6월 말 미 대사관은 미 독립기념일 리셉션 행사를 위해 약 1000명에게 초청장을 보냈다. 워커 대사는 미 국무부와 상의해 김영삼과 김대중을 포함한 한국 야당 인사들도 초청했다.

김대중은 미 대사관의 초청을 받았다고 언론에 알렸다. 전두환 정권은 즉시 강경한 반대 입장을 미 대사관에 전달했다. 김대중이 미국의 초청을 큰 정치적 이슈로 이용하고 있다면서 초청을 취소할 것을 요구했다. 미 대사관 측이 한국 정부와 먼저 상의하지 않은 데 대해 청와대 수석비서관들과 전두환이 격분했다. 워커 대사는 이원경 외무부장관, 국가안전기획부장 장세동, 노신영 국무총리에게 이는 사교 모임에 불과하다고 알렸다. 야당이 7월 4일의 사교 모임을 정치적으로 이용하지 못하도록 하고 기자들의 참석을 불허할 것이라며 한국 정부를 달랬다. 그러자 전두환이 물러섰다.

    7월 30일 국회에서 '개헌특별위원회'가 발족하여 개헌 협상이 시작되었다. 협상 과정에서 전두환 정권은 내각책임제 개헌안을 내세웠고, 신민당은 대통령 중심제로 개헌할 것을 제안했다. 이후 여야는 팽팽히 대치했다. 국회 개헌특별위원회의 활동은 예상대로 교착 상태에 빠졌다.

부천경찰서 성고문 사건

1986년 여름에는 전두환 정권의 비도덕성을 여지없이 폭로한 이른바 '부천경찰서 성고문 사건'으로 정국이 크게 흔들렸다.

경찰에서 조사를 받던 대학생 출신 여성 노동자 권인숙 씨가 경찰관 문귀동에게 성고문을 당한 사건이 터진 것이다. 부천서 성고문 사건 처리 과정은 제5 공화국이라는 체제의 최고 엘리트들이 모인 검찰과 법원에 일말의 도덕성조차 남아있지 않다는 사실을 확인하게 해주었다. 전두환 정권 아래서는 이전에도 연행된 여대생에 대한 성추문 의혹이 몇 차례 제기되었지만, 피해자의 진술로 전모가 폭로된 것은 이 사건이 처음이었다.

6월 4일 권인숙은 경찰이 위장취업자 등을 색출하는 과정에서 통장의 신고로 경찰에 의해 부천경찰서로 연행되었다.

권인숙은 그 전 해인 1985년 봄 서울대 의류학과 4학년 재학 중 경기도 부천시 소재 가스배출기 제조업체에 '허명숙'이라는 친지의 이름으로 취업했다. 이른바 위장취업이었다. 권인숙은 주민등록증을 위조한 혐의로 연행된 뒤 관련 사실을 시인했으므로 그 자체만으로는 큰 문제가 될 게 없었다. 그런데 경찰의 주된 관심은 5·3 인천사태 관련 수배자들에 관한 정보를 캐내는 데 있었다. 조사계 형사 문귀동이 6월 6일 새벽과 7일 심야의 2회에 걸쳐 권인숙의 손에 수갑을 채운 채 5·3 인천사태 관련자의 행방을 추궁하며 성고문을 했다.

권인숙은 극한적인 수치심과 절망감에 몸을 떨었다. 며칠간 고통의 나락에서 허우적거리며 자살까지 생각하던 권인숙은 다시는 이 땅에 추악한 공권력에 희생당하는 여성이 없어야 한다는 생각에 중대한 결심을 했다. 그러면서 권인숙은 젊은 미혼 여성으로서의 수치심과 앞으로 받게 될지 모를 엄청난 수난을 각오해야 했다.

권인숙은 그 끔찍한 성고문 사실을 면회객들을 통해 밖으로 알렸다. 가족들과 가족들이 선임한 변호사는 권인숙에게 조용히 있으면 기소유예나 집행유예가 될 수 있다고 만류했으나, 권인숙은 또 다른 피해자를 막기 위해서라도 뜻을 굽힐 수 없다고 했다. '민주사회를 위한 변호사 모임'의 전신인 '정법회'에서 권인숙이라는 여성이 감옥에서 변호사와의 만남을 간절히 원한다는 소문을 듣고 이상수 변호사를 보냈다. 권인숙을 면회하고 돌아온 이상수 변호사로부터 충격적인 이야기를 들은 조영래 변호사와 홍성우 변호사 등이 부천서로 달려갔다.

7월 3일 권인숙이 형사 문귀동을 강제추행 혐의로 인천지검에 정식으로 고소했다. 권인숙은 같은 날 공·사문서 위조 혐의로 구속되었다.

7월 4일 법무부 장관 김성기는 내무장관 정성모와 협의한 뒤 인천지검장 김경회에게 전화를 걸어 압력을 가했다. 김성기는 김경회에게 "왜 사건을 빨리 수사하지 않고 수수방관하느냐"고 신경질적으로 말했다. 김성기의 전화가 걸려온 지 두 시간이 지나지 않아 인천경찰국장 유길종 등이 인천지검을 찾아와 경찰에서 조사를 해보니 성고문이란 터무니없는 허위사실이라며, 경찰을 무력화하려는 권인숙을 상부의 지시에 따라 맞고소하겠다고 했다. 이들이 돌아간 후 경찰은 곧 문귀동 이름으로 권인숙에 대한 명예훼손과 무고 혐의 고소장을 접수시켰다.

7월 5일 조영래 등 변호사 9명이 문귀동과 옥봉환 부천경찰서장 등 관련 경찰관 6명을 독직, 폭행 및 가혹행위 혐의로 고발했다.

조영래 변호사 등이 작성한 고발장을 통해 사건의 진상이 삽시간에 전국에 알려졌다(사건의 진상이 널리 알려진 뒤에도 권인숙은 아주 오랫동안 이름 없이 '권 양'으로만 불렸다).

처음에는 인천지검이 나름대로 성실하게 사건을 수사했다. 경찰서 유치장과 인천교도소에서 권인숙으로부터 성고문에 관한 얘기를 들은 수감자와 경찰관 등 43명을 소환하여 진술을 받았다. 정권이 인천지검의 수사를 '사시의 눈으로' 보고 있음을 알게 된 김경회는 인천지검 특수부장 김수장과 상의했다. 김수장은 박철언과 사법고시 동기였다. 김수장은 7월 9일 안기부장 특별보좌관 박철언에게 도움을 요청했다. 박철언은 소신껏 수사하라고 격려했다. 7월 10일 박철언은 김경회에게 전화를 걸어 검찰총장에게 원칙대로 사건이 처리되어야 한다고 말했음을 전했다. 이어 법무부 검찰국장 김두희의 전화가 왔다. 아침 간부회의에서 법무장관 김성기가 "나의 직을 걸고 명령하니 원칙대로 파헤치라"고 호언했다고 전했다.

인천지검은 문귀동이 성고문을 했음을 밝혀냈다. 인천지검 검사 남충현은 변호인과 기자들에게 "나중에 결과를 보면 우리가 얼마나 공정하게 수사를 했는지를 알 것"이라고 큰소리쳤다. 권인숙의 변호인들도 혹시나 하는 일말의 기대를 걸었다.

7월 10일 안기부 인천분실장은 6월 6일과 7일에 문귀동은 집에서 쉬고 있었고 권인숙을 조사한 일이 없다는 내용의 보고서를 상부에 올렸다.

7월 11일 열린 안기부 확대부서장회의에서 안기부장 장세동은 "공권력 마비를 위한 공산세력의 조작이다. 사실대로 수사하여 진위를 가려야 한다. 수사결과에 따른 대책을 강구하라"고 지시했다.

사건의 진상을 전해들은 전두환은 7월 15일 아침 안기부, 검찰, 경찰 등 공안기관이 모두 참석한 관계기관대책회의를 열게 했다. 안기부와 검찰마저 문귀동 구속을 주장했으나 전두환은 은폐를 지시했다. 이날 오전 검찰총장 서동권은 김경회를 불렀다. 관계기관대책회의에서 돌아온 서동권은 김경회에게 "안기부에서는 발표문과 대통령에 대한 보고문서 등에 성고문의 '성'자도 나와서는 안 된다고 했다"고 말했다.

7월 16일 오후 6시 30분 인천지검 특수부장 김수장이 수사결과를 발표했다. 예정시간인 오후 4시보다 한참 늦은 시각이었다. 내용은 권인숙이 조사받은 방은 안이 들여다보이는 곳이고 다른 경찰관들이 옆방에서 날씨가 더워 모두 문을 열어놓고 왔다 갔다 하는데 성고문이 있었다는 주장을 인정할 수 없고, 단지 문귀동이 조사 중 티셔츠를 입은 가슴 부위를 몇 차례 쥐어박은 사실이 있을 뿐이라는 것이었다. 검찰은 문귀동이 조사에 집착한 나머지 우발적인 과오를 저질렀지만 "그는 이미 파면 처분을 받았고 10년 이상 경찰에 봉직하며 성실하게 근무하여왔을 뿐만 아니라 자신의 과오를 깊이 반성하고 있는 점 등을 참작하여 문귀동을 기소유예할 방침"이라고 밝혔다.

인천지검은 수사결과 발표문 말미에 '사건의 성격'이라는 제목의 보도자료를 달아 기자들에게 배포했다. 이는 검찰이 아니라 안기부와 문공부에서 작성한 것이었다. 이 보도자료는 "권인숙이 (……) 폭행 사실을 성모욕행위로 날조, 왜곡함으로써 자신의 구명과 아울러 일선 수사기관의 위신을 실추시키고 반체제 혁명투쟁을 사회 일반적으로 확산시켜 정부의 공권력을 무력화시키려는 의도로 판단됨"이라고 했다.

이날 문화공보부는 부천서 성고문 사건에 관하여 각 언론기관에 다음과 같은 보도지침을 하달했다.

○ 오늘 오후 4시 검찰이 발표한 조사결과 내용만 보도할 것.
○ 사회면에서 취급할 것(크기는 재량에 맡김).
○ 검찰 발표문 전문은 꼭 실어줄 것.
○ 자료 중 '사건의 성격'에서 제목을 뽑아줄 것.
○ 이 사건의 명칭을 성추행이라 하지 말고 성모욕행위로 할 것.
○ 발표 외에 독자적인 취재보도 불가.
○ 시중에 나도는 반체제 측의 고소장 내용이나 한국기독교교회협의회(KNCC), 여성단체 등의 사건 관계 성명은 일체 보도하지 말 것.

정권의 보도지침에 따라 각 신문은 '성적 모욕 없었고 폭언·폭행만 있었다'라는 내용으로 보도했다.

검찰의 허위 발표에 변호인단은 "권 양의 모든 주장은 단 한 치의 거짓도 없는 진실이다. 이 전대미문의 만행의 진상이 백일하에 공개되고 그 관련자들이 남김없이 의법처단되기 전까지는 이 나라의 모든 국민과 산천초목까지도 결코 잠잠하지 않을 것이다"라고 비장하게 선언했다.

7월 17일 검찰총장 서동권은 김경회에게 전화를 걸어 인천과 서울의 일부 검사들이 어제 발표에 대해 이견과 불만을 내는 소리가 공안기관에 감지되니 부하들 입단속을 하라고 지시했다.

전두환 정권의 도덕성을 잘 아는 국민들은 사건의 진상을 짐작했다. 성고문 사건은 국민적 분노를 자아냈고 야당, 재야, 여성계, 학원 등에서 주요한 이슈가 되었다.

7월 19일 토요일 오후 2시 야당과 재야가 연대해 결성한 '고문 및 용공조작 공동대책위원회'는 명동성당에서 '고문·성고문·용공조작 범국민폭로대회'를 개최했다. 명동은 경찰과 집회 참가자들 사이의 격렬한 몸싸움과 자욱한 최루탄 연기에 휩싸였다.

7월 21일 김수환 추기경은 '개헌보다 인권문제가 더 시급하다'라는 제목으로 강론을 하면서 성고문 사건의 진상을 언급했다. 김수환 추기경은 옥중의 권인숙에게 "무어라고 인사와 위로의 말을 하면 좋을지 모르겠습니다"라는 내용의 편지를 보냈다.

성고문 진상 폭로대회는 7월 27일 서울 성공회 집회를 시작으로 청주, 이리(익산), 부산, 대전, 광주로 이어졌다.

8월 25일 대한변협은 문귀동에 대한 검찰의 불기소 결정에 대해 변호사 166명으로 재정신청 대리인단을 구성하고 법원에 재정신청을 냈다.

조영래 변호사 등은 재정신청 해당 사건과는 별개로 공·사문서 위조 혐의로 기소된 권인숙을 변호하기 위해 9월 1일 199명의 변호인단을 구성하고 법정에서 진실을 가릴 준비를 했다.

전두환의 계엄령 선포 지시

1984년 가을부터 계속 학생 운동권, 재야 단체, 야당에 밀리던 전두환은 1986년 여름부터 비상조치를 포함한 대규모 탄압을 준비하기 시작했다.

9월 6일 전두환은 청와대 공보수석 이종률(李鍾律)에게 다음과 같이 지시했다.

"이 수석, 우리나라의 정치상황, 안보상황, 사회상황을 살펴볼 때 정치안정이 가장 필요한 일인데 무언가 특별조치가 필요한 것 같소. 야당이 여당의 개헌안에 동의하지 않고 당리당략에 따라 학생을 선동하여 사회혼란을 조성할 때 대통령 비상조치권을 발동 안 할 수 없어요. 내가 전에 정구호 수석에게 국민이 납득할 수 있는 담화문을 준비하라고 지시했었는데, 그것을 찾아서 다시 지금 현실에 맞게 준비해두시오. (……) 아마도 재야 과격세력이 판을 깨려고 생각하는 모양인데, 아시안게임만 끝내고 적절한 시기에 특별조치로 한번 정리할 생각이오. 내가 욕을 먹더라도 정리할 수밖에 없어요. (……) 만일 미국 사람들이 무어라고 하면 심각한 사회혼란을 방지하기 위해 어쩔 수 없는 조치였다고 설명할 사료도 아울러 준비해두시오."

이날 '보도지침, 권력과 언론의 음모'라는 표지 제목을 단 〈말〉 특집호가 발행돼 대학가와 재야, 종교 단체 등에 배포됐다.

〈한국일보〉편집부의 김주언 기자는 1985년 10월 19일부터 1986년 8월 8일까지 정부가 보낸 보도지침을 모아둔 사본 철을 발견해 복사해서 민통련의 김도연 사무국장에게 전달했다. 민통련은 민언협에 보도지침을 공동으로 폭로하자고 제의했다. 그러나 이는 언론 문제인 만큼 민언협의 책임과 주관 아래 처리하는 게 좋겠다는 김태홍 민언협 사무국장의 의견에 따라 민언협이 보도지침 사본을 넘겨받아 〈말〉 특집호를 발간해 폭로했다.

9월 9일 송건호 민언협 의장과 천주교정의구현전국사제단 소속의 김승훈 신부 등이 참석한 가운데 민언협과 사제단이 공동으로 보도지침을 공개하는 기자회견을 가졌다. 특집호 발행과 민언협·사제단의 공동기자회견으로 전두환 정권의 언론 조작·통제의 실상이 송두리째 드러났다.

9월 10일 수요일 전두환은 청와대 출입기자들과의 오찬 석상에서 보도하지 않는 조건으로 거침없이 떠들어댔다. 이날 전두환이 한 발언의 주요 내용은 다음과 같다.

[개헌에 대해]

○ 합의 개헌이 될 것 같으냐. 대처 수상은 대통령 간선제가 좋은 방안이라고 하더라. 왜 바꾸려 하느냐. 호헌(護憲)이라는 내 신념에 변화가 없다.

○ 현행 헌법을 유신헌법의 간선제처럼 오해하고 있다. 현행 헌법 내용을 확실히 이해시키지 못한 정부 여당에 책임이 있다.

○ 대통령 중심제를 한다면 현행 헌법보다 더 좋은 헌법이 없다. 대통

령 선거법만 현실에 맞게 조정하면 된다. 선거인단 수만 조정하면 된다.

○ 직선제는 우리 현실에서 도저히 받아들일 수 없다. 선진국에서는 직선제를 생각도 못 하고 있다. 치열한 경쟁으로 국력의 낭비를 가져온다. 잘못 운영하면 공산화되기 쉽다. 심지어 내란의 우려도 있다.

○ 지난번 유럽을 순방하면서 스위스에서 내각책임제 구상을 굳혔다.

○ 야당은 지난 30년간 내각제를 주장해왔다. 내각제를 하자는 것은 백보를 양보한 것이다. 야당 의원들도 개인적으로는 99%가 내각제를 지지하지만 용기가 없어 두 김 씨에게 끌려다닌다.

○ 정부 여당은 개헌 문제에서 더 벗어줄 것이 없다. 대통령 중심제를 하면 민주화투쟁 얘기가 또 나온다. 의원내각제를 하면 민주화라는 말이 더 이상 안 나올 것이다.

○ 내가 내각책임제를 너무 일찍 내놓았다. 내가 너무 순진해서다. 정치경험이 없어 술수를 쓸 줄 모른다. 내 양심을 기준으로 했다.

○ 합의가 안 되면 현행 헌법이 있다.

○ 야당이 정치를 하고 싶으면 합의를 해야 한다. 아시아경기대회도 있고 해서 많이 참았다. 합의가 안 되면 국민의 안전을 책임지고 있는 나는 헌법상의 권한을 행사할 수밖에 없다.

[야당에 대해]

○ 야당이 정권 넘어오는 것처럼 생각하는 것은 환상이다. 정치는 선동 가지고는 안 된다. 정책이 있어야 한다. 다시는 이 땅에 민주화다, 체제다 해서 생기는 시비가 없도록 해야 한다.

○ 신민당도 재야와 빨리 갈라서야 한다. 신민당은 공당(公黨) 아니냐.

○ 야당에 구시대 인물이 많다. 자꾸 떠들면 양보를 하는 줄로 잘못 알고 있다. 그러나 야당에도 모두 그런 사람들만 있지는 않다. 필요하다면 힘으로라도 정계개편을 다시 해주고 나가야지. 계엄이나 비상조치를 취할 수도 있다. 정치발전을 위해서는 불가피하지 않겠느냐. 힘으로 하는 것은 하루아침 거리도 안 된다. 힘의 원천을 알아야 한다. 대통령을 하려 해도 시운이 맞아야 한다. 국회의원이 되려고 해도 논두렁 정기를 타고 나야 한다고 하지 않느냐. 아전인수 격으로 해석하려다가는 혼난다.

[치안에 대해]
○ 이번에 혼란이 생기면 굉장히 가혹하게 다스릴 것이다. 국민이 불안을 느끼지 않도록 해야 한다.
○ 이제는 더 이상 후퇴할 수 없는 상태다. 학원도 숫자는 극소수이지만 극좌 학생이 더 이상 시끄럽게 하면 올림픽을 못 해도 그냥 두지 않겠다. 나라가 없어지는 판인데 올림픽이 무슨 소용이냐. 이판사판이다.
○ 여기서 더 밀리면 다음에 누가 나와도 다스릴 수가 없다.
○ 밀려서 정부 여당이 우습게 보이면 그때 가서는 다 잡아 넣어도 안 된다.
○ 지금은 더 이상 밀릴 수 없는 상황이다.

[김대중에 대해]
○ 김대중 씨를 미국에 보낼 때 미국에서 아무도 부탁한 바 없다. 미국의 압력으로 보냈다 하지만 내가 보냈다. 측근들도 반대했다. 보낸 이유는 병을 고치겠다고 해서 인도적 이유도 있었고, 김대중 씨의 실상을 알기 위

해서였다.

○ 김대중 씨가 정치를 안 하겠다고 친필로 편지를 써서 보내왔다. 병만 고치면 여생을 조용히 보내겠다고 했다. 부인 이희호 씨도 불러서 만났다. 치료에 필요한 돈 다 바꾸어주도록 경제장관에게 지시했다. 7만 달러를 바꾸어 갔다. 그리고 함께 데리고 갈 사람들 모두 데리고 가라고 했다. 이희호 씨는 남편의 재판이 억울하다고 했다. 이에 우리나라 사법부를 모욕하지 말라고 했다.

○ 사내새끼라면 의리를 지켜야 하고, 양심이 있어야 한다. 미국 사람들도 '부서진 레코드'라고 한다. 똑같은 말만 되풀이한다는 뜻이다. 그런 사람과 내가 대화를 해? 양심이 썩어서 탈이다.

1981년 한국의 올림픽 유치가 결정됨으로써 이후 1988년에 개최되기까지 올림픽은 한국 정치에 큰 영향을 끼쳤다. 인권탄압국이 올림픽을 개최한다는 비난에 따라 1984년부터 유화국면이 전개되었고, 개최 1년 전까지는 개최국 변경이 가능하다는 국제올림픽위원회 규정 때문에 전두환 정권이 비상조치 선포로 야권을 탄압하기가 어려웠다. 올림픽을 못 해도 비상조치를 취할 수 있다는 전두환의 발언은 오히려 올림픽으로 행동에 제약을 받고 있음을 토로한 것이다.

기자들은 전두환의 이날 발언을 보도하지 못했다. 그러나 이 내용은 '최근 전두환 대통령의 어록'이란 제목의 유인물로 세상에 널리 알려졌다. 이 유인물은 재야인사와 신민당 의원들을 포함하여 많은 사람의 간담을 서늘하게 만들었다.

9월 14일 오후 3시 12분경 김포공항의 철제 쓰레기통에서 고성능 폭발물이 터져 전송객 부부 등 일가족 4명과 공항관리공단의 전공 등 5명이 숨지고 30여 명이 중경상을 입는 사고가 일어났다. 9월 20일 개막되는 서울 아시안게임을 불과 6일 앞두고 일어난 일이었다. 이날 밤 치안본부장 강민창은 사건의 개요를 발표하면서 "북괴의 소행이거나 북괴의 사주를 받은 불순분자들의 소행으로 본다"고 말했다.

9월 15일 서울대와 한양대가 임시 휴교에 들어갔다. 학생시위가 아시안게임에 지장을 줄 우려가 크다는 이유에서였지만 전두환 정권의 지시에 따른 것이었다. 이후 수도권 대학 대부분이 휴교했다.

이즈음 아시안게임이 끝나면 김영삼과 김대중을 구속시키겠다는 정부 고위층의 공공연한 발언도 흘러 나왔다.

9월 20일 서울 아시안 게임이 16일 간의 일정으로 개막되었다.

9월 24일 국회 본회의에서 신민당 유성환(兪成煥) 의원(대구중·서구)이 신상발언을 통해 안기부의 정치개입 문제를 지적했다.

"지난 17일 저는 안기부 수사국 제6과장이라는 분한테서 전화를 받았습니다. 장세동 부장의 중요한 말씀을 전하려고 하는데 퍼시픽 호텔로 나와주셨으면 좋겠다고 해서 갔습니다. 커피숍이 아니라 602호실로 안내됐습니다. 6과장이라는 분과 낯선 두 사람이 있었습니다.

과장이라는 분이 유언비어적 발언에 대해서 설명을 해달라고 요구했습니다. 내가 지구당대회에서 서진 룸살롱 사건의 비호세력에 대해서 한 이야기, 전두환 대통령이 독립기념관 화재 사건에 책임을 지고 국민 앞에 무릎을 꿇고 사죄해야 한다고 발언한 것 등등에 대해서 질문을 했고, 저는 의자에 앉은 채 양손으로 그 탁자를 굳게 악지를 하고 의원의 품위를 손상시키지 않기 위해 일개 수사과장 앞에서 안간힘을 썼습니다.

현행범도 아니고 국사범도 아닌 의원의 발언을 가지고 장 부장을 팔아서 국민대표인 헌법기관을 불러가지고 이렇게 하는 것은 의회를 경시하고 야당을 사갈시하는 그런 짓이 아닌가 합니다. 그 수사관은 저의 일거수일투족을 예의주시하고 있었다고 말했습니다. 저는 안기부가 예의주시하고 있는 것은 평양과 38선인 줄 알았습니다. 어떻게 국회의원의 뒤를 예의주시합니까? 저는 이 나라의 민주주의를 위해서 안기부가 전면 개편돼야 한다는 소신을 밝힙니다.

안기부는 특수공작을 하는 특수기관입니다. 대공, 대간첩 등 이 세상의 극한문제를 다루는 기관이에요. 그런 기관이 어떻게 정도(正道)를 다루는 이 정치에 관여하느냐 말입니다. 안전기획부법 제8조에는 안기부가 정치에 관여하지 못하게 규정돼 있어요. 1980년 4월 29일 전두환 보안사령관은 중앙정보부장서리를 겸직할 때 기자회견에서 이러한 말을 했습니다.

'중앙정보부의 월권적인 사무처리는 국민의 분노를 사고 국민이 용납하지 않을 것이다. 이란의 사바크는 인심을 잃어 망했고, 이스라엘의 모사드는 국민의 사랑을 받아 성공하였다.'"

이때 발언 제한시간 경과로 마이크가 꺼졌고 속기도 중단되었다.

이 발언 이후 유성환 의원은 더욱 감시를 당했다. 안기부 소속 승용차가 늘 미행했다. 전두환 정권 아래서는 안기부, 보안사, 경찰이 국회의사당 6층에 각각 사무실을 두고 요원들을 파견해 놓고 있었다. 안기부 조정관들은 마치 언론사 정치부 기자가 정치권을 취재하듯이 국회와 정당을 출입하며 활동했다.

9월 26일 금요일 전두환은 국가안전기획부장 장세동, 육군참모총장 박희도, 보안사령관 고명승, 경호실장 안현태, 안기부장 특별보좌관 박철언을 오후 6시까지 청와대 별관으로 오게 했다. 모두 모인 자리에서 전두환은 다음과 같이 지시했다.

"국회에서 여야가 합의하여 개헌하는 것이 가장 바람직하다. 그러나 학원 데모 현상이 점차 좌경화되고 있다. 이러한 상황에서 국가원수직을 물러난다면 민주주의가 정착되는 것이 아니라 국민이 도탄에 빠지게 되는 것이다. 유신헌법은 집권 연장을 위한 것이므로 내외의 비판을 받았다. 계엄이라는 것은 초헌법적이므로 국회 권한을 비상국무회의에서 대행하는 것은 후세 학자들이 크게 비판하는 것이 당연하다. 1988년에 임기를 끝내고 올림픽을 해야 하는데, 지금 아시안게임 하는 것을 보니 나라의 장래를 위해 누군가가 정리하여 안정을 이룩한 후에 인계해야 할 것 같다.

헌법을 위반하는 것이 아니라 헌법 하에 단시간에 처리할 수 있는 것은 계엄령에 의한 것이다. 전국적 사태가 시끄러우면 국방부가 안기부에 제출한 북한의 군사 상황 등에서 명분을 찾아라. 사회혼란 극복을 위해, 88올림픽 성공을 위해 계엄조치를 한다는 것과 또 2·12 총선 이후 정치인의 추태를 요약·정리하여 그 담화문에 포함시켜 내외에 납득이 가도록 작성해야 한다. 학생이 점차로 도시 게릴라화되고 있다. 모든 것이 야당과 무능한 정치인의 책임이다.

유명한 헌법학자의 자문을 받아라. 국회를 해산하고 정치활동을 중단시켜라. 현재의 헌법은 개헌에 3분의 2가 필요하니 국회를 해산하고 입법회의를 신설하여 처리하라. 국회법, 선거법도 개정하라. 군법회의에서 문제 학생을 구속해 3개월 정도 교육시켜라. 장기집권을 위한 것이 아니라 국가 안정, 평화적 정권교체를 위한 것이다. 교수가 학생들 앞에서 공산주의를 비판할 수 없는 분위기가 문제다. 공산주의를 비판하고 대결하는 데 이론가가 부족하다. 대학을 너무 풀어놓았다. 너무 풀어놓았으니 때릴 때는 때려야 한다.

내가 이 시기에 무엇을 해주고 물러나야 하는가? 88 서울올림픽을 앞두고는 임기가 얼마 남지 않아 강경 조치를 하기 어렵다. 분위기를 일대 쇄신하여 새로운 헌법, 선거법에 의해 국회를 구성하여 새 정부를 수립해 주고 나가야 4~5년간은 나라가 안정될 것 같다.

야당은 직선제를 양보하지 않을 것이다. 나라 망하게 넘겨줄 수는 없다. 내 책임이 아주 크다. 비상조치 실시의 타이밍을 금년 중에 하느냐 내년까지 끌고 갈 수 있는가를 잘 판단하라. 민정당이 쓸데없이 돌아다녀 야당에도 거리로 나설 명분을 준 것이다. 당이 정치를 몰라서 골치다. 걷잡을 수 없는 상태면 시기가 늦으니 잘 판단하라.

비상조치, 계엄령은 국회의 동의가 필요하니 헌법과 국회를 살려두고 할 것인가를 결정하라. 불순한 국회의원을 검거하여 군법회의에 회부하도록 서울, 수원 등 지역별로 군법회의 설치를 준비하라. 군법무관의 자질이 미흡하니 판사, 검사들이 지원할 수 있도록 하라. 해군·공군 법무관도 육군을 지원하도록 조치하라.

계엄분소 설치는 인천에는 17사단에 계엄지부를 설치하라. 일선에서의 활동은 경찰이 하도록 하고, 군인은 시설을 점령하고 위엄을 보이면 된다. 전국적으로 위력시위를 하라. 계엄군은 학교에 들어앉아 출동대기만 하라. 중앙청 앞에 탱크를 배치해서는 안 된다. 하루만 보이고 그 다음 날부터는 은폐하도록 하라. 군은 방송국, 신문사, 국제전신전화국, 발전소 등을 보호하라.

육군참모총장은 병력배치 계획에 철저를 기하라. 부산은 군수기지사령관이 계엄분소장을 담당하면 어떨까. (……) 해병대가 지원하도록 하라. 20사단이 서울로 들어올 필요는 없고 태릉의 육군사관학교에서 대기하도록 하라. 유사시 9사단, 26사단, 33사단을 뽑는 것은 유엔사와 협조하라.

(박철언을 바라보며) 새 헌법에 포함시킬 사항에 5공 헌법보다 약화시키는 것은 안 된다. 원내에서 발언하는 것은 면책특권을 인정하되 국가보안

계엄령(戒嚴令, martial law)

계엄선포권은 전시·사변 또는 이에 준하는 국가비상사태에서 국가 안녕과 공공질서 유지를 목적으로 법률이 정하는 바에 따라 헌법 일부의 효력을 일시 중지하고 군 병력을 동원하여 치안을 유지할 수 있게 하는 국가긴급권의 하나이다. 국가원수인 대통령이 행사할 수 있다. 계엄이 선포되면 그 지역 내의 행정권 또는 사법권을 군의 권력 하로 이관하고 헌법에 보장된 국민의 기본권을 제한할 수 있다. 이에 관한 법률로 계엄법이 있다. 우리나라 헌법상의 계엄선포권은 제정 헌법에서부터 인정되었다.

계엄에는 비상계엄과 경비계엄이 있고, 계엄을 선포할 때는 그 종류를 공고하여야 한다. 비상계엄이 선포되었을 때는 계엄법이 정하는 대로 영장제도, 언론·출판·집회·결사의 자유, 정부나 법원의 권한 등에 대해 특별조치를 할 수 있다.

비상계엄이 선포되면 계엄사령관이 계엄지역 안의 모든 행정사무와 사법행정사무를 담당한다. 군사상 필요할 때는 미리 그 내용을 공고하여 체포·구금·압수·수색·거주·이전·언론·출판·집회·결사 또는 단체행동에 관하여 평상시의 일반적 원칙과는 다른 특별조치를 할 수 있고, 일정한 절차에 따라 물품의 징발·조사·반출금지를 할 수 있으며, 보상을 지급함을 조건으로 하여 국민의 재산을 파괴 또는 소훼할 수 있다.

비상계엄지역 안에서는 일정한 범죄에 대해 군법회의가 재판함이 원칙이다. 또 그 지역 안에 법원이 없거나 또는 관할법원과 교통이 끊긴 경우 모든 형사재판을 군법회의가 행하지만, 이들에 대해서는 재심이 허용된다. 다만 비상계엄 하에서는 일정한 범죄로서 계엄법이 정하는 것에 대한 군법회의는 단심으로 할 수 있다.

법 위반 등의 경우에는 제한 사항을 두라. 군에 대한 모욕 발언이나 군의 사기 저하로 전투력 약화를 초래하는 발언, 그리고 군화(軍靴)를 던지고 불 사르는 폭력 행위도 처벌해야 한다. 의사진행 방해, 상임위 의장석에 앉아 직무를 방해하는 행위는 국정집행방해죄로 처벌해야 한다.

'민주발전위원회'가 국회를 대행하는 방안도 검토해봐라. 국회의원 자격에 '군복무 필'을 포함시키도록 하라. 비상국무회의에서 국회대행 기관

경비계엄이 선포되면 계엄사령관은 계엄지역 안의 군사에 관한 행정사무와 사법행정사무를 관장한다.

대통령은 계엄을 선포하면 지체 없이 국회에 통고하여야 한다.

그런데 만일 국회가 폐회 중인 때는 대통령이 지체 없이 국회의 임시회의 집회를 요구하여야 한다. 계엄의 필요가 없게 된 때는 계엄을 해제해야 하는데, 국회가 재적의원 과반수의 찬성으로 계엄해제를 요구할 때는 대통령이 이를 해제해야 한다.

이는 대통령의 계엄선포권 남용을 방지하려는 것이다. 계엄이 해제되면 그날부터 모든 행정사무와 사법사무는 평상상태로 복귀되며, 비상계엄선포 중에 군법회의에서 계속 중인 재판사건의 관할은 계엄해제와 동시에 일반법원에 귀속한다. 계엄시행은 국방부장관이 지휘, 감독하지만 전국을 계엄지역으로 할 때는 대통령이 지휘, 감독한다.

최초의 계엄선포는 1948년 11월 17일 제주도에 내려졌다. 그 뒤 여순사건, 6·25 전쟁, 4·19 의거, 5·16 쿠데타, 6·3 사태, 10월 유신, 부마사태, 10·26 사태 등 건국 후 10차례 계엄이 선포되었다.

우리나라에서 계엄령은 1960년대 이후에는 국가적 환란 때문이 아니라 국민의 저항을 제압하기 위한 비상수단으로 발동되었다.

4·19 의거(1960. 4. 19)
1960년 3월 부통령 선거에서 극심한 부정이 일어나자 1960년 4월 19일 학생들의 항의 시위가 전국적으로 확산되었다. 서울의 치안이 통제불능 상태에 이르자 이승만 대통령은 오후 3시를 기해 계엄령을 선포하고 계엄군을 출동시키도록 했다. 그러나 계엄군은 학생에게 발포하지 않았고, 나중에는 학생과 시민들이 계엄군의 탱크에 올라타는 일까지 있었

을 만들도록 하는 방안을 검토하라. 입법회의와 유사한 기관을 창설하여 이 기관에서 개혁 입법을 하자. 계엄령은 6개월 정도는 해야 한다."

　전두환의 서슬 퍼런 지시를 장세동, 안현태, 박희도, 고명승 등은 받아쓰기 바빴다. 전두환의 지시는 한마디로 '친위 쿠데타'를 일으키겠다는 것이었다. 이때는 1986년 10월에 개회되는 제131회 정기국회에서 내각책임제 개헌안과 대통령 직선제 개헌안의 대회전이 예상되는 시기였다.

다. 그 결과 계엄령은 효력을 잃었다.

5·16 쿠데타 (1961. 5. 16)
1960년 4·19 의거 이후 장면 정권이 들어섰으나 혼란과 무기력이 사회 전반을 휩쓰는 가운데 1961년 5월 16일 박정희 소장이 주도하는 군사 쿠데타가 발생했다. 당일 새벽 '혁명군'은 서울과 언론기관을 장악하고 '군사혁명위원회'를 구성했고, 아침 9시를 기하여 비상계엄령을 선포했다. 장면 총리는 수녀원으로 숨었고, 작전지휘권을 가지고 있는 매그루더 유엔군 사령관은 윤보선 대통령에게 '혁명군'을 진압할 것을 요구했다. 그러나 당시 내각책임제 하의 윤보선 대통령은 내전을 막는다는 이유로 군사 쿠데타를 인정했다. 결국 군사 쿠데타는 성공하고 국내 치안이 계엄군에 의해 유지되었다.

6·3사태 (1964. 6. 3)
박정희 정권 초기인 1964년 한일 국교정상화 회담에 반대하여 학생과 시민들이 시위를 계속하였다. 6월 3일 대규모 학생시위가 이어지자 박정희 정권은 오후 8시를 기해 서울 전역에 비상계엄령을 선포했다. 이에 따라 4개 사단 병력이 투입되어 학생시위를 진압했다. 대학에 휴교령이 내려지고 언론 검열, 집회 금지, 영장 없는 체포·구금 등이 이루어졌다.

10월 유신 (1972. 10. 17)
박정희 대통령은 장기집권을 획책하여 1972년 10월 17일 오후 7시를 기해 전국에 계엄령을 선포했다. 박정희 정권은 4개항의 비상조치를 포함한 특별선언을 발표하여 국회 해산, 정당 및 정치활동 중지, 헌법 일부 정지, 비상국무회의 가동을 선포했다.

9월 30일 김영삼·김대중은 "실세 대화가 이루어질 때까지 개헌특위 활동을 중단한다"고 선언했다. 이는 김대중이 김영삼에게 강력히 주문하여 이루어진 일이었다.

10월 2일 안기부가 애용하는 플라자 호텔 2172호에서 노태우와 가까운 안기부장 특별보좌관 박철언이 사무총장 이춘구(李春九, 육사 14기), 사무차장 김태호, 국회의원 고건(高建) 등 민정당 고위층과 모임을 가졌다.

부마사태 (1979. 10. 17)
부마사태는 1979년 10월 부산과 마산에서 대학생과 시민들이 공화당의 유신독재에 반대하여 일으킨 시위 사건이다. 야당인 신민당의 전당대회에서 김영삼이 총재에 선출된 뒤 국회에서 김영삼의 총재직 정지와 의원직 박탈, 신민당 소속 국회의원 66명 전원 사퇴 등이 이어졌다. 이에 따라 10월 15일 부산대학교에서 민주 선언문이 배포되고 반정부 시위가 전개됐다. 대학생과 시민들이 유신정권 타도를 외치며 방송국을 점령하고 세무서를 파괴하는 등 강력한 시위를 벌이자 박정희 정권이 10월 17일 밤 부산에 계엄령을 선포했다.

10·26사태 (1979. 10. 26)
유신독재에 대한 국민의 불만이 고조되면서 부마사태가 일어난 지 얼마 안 되어 중앙정보부장 김재규(金載圭)가 박정희 대통령을 살해했다. 국가원수인 대통령은 국군통수권을 가지고 있으므로 대통령의 부재는 국가에 환란이나 혼란을 초래할 수 있다는 이유로 비상계엄령이 제주도를 제외한 전국에 선포되고 모든 대학에 휴교령이 내려졌다. 계엄사령관은 참모총장 정승화(鄭昇和) 대장이었다.

1980년 5월 17일 계엄 확대
1980년에 개헌논의가 시작되었으나 진전이 없자 5월 들어 대학생 시위가 이어졌다. 1980년 5월 3일부터 15일까지 계속하여 서울역 등지에서 대규모 집회와 시위가 일어나자 신군부는 5월 17일 자정을 기해 제주도까지 비상계엄을 확대하여 전국에 계엄령을 선포했다. 그리고 각 대학에 휴교령을 내리고 계엄군을 주둔시켰다.

이들은 10일까지 새로운 선거법안을 준비하기로 결론을 내고 선거법 연구반을 구성하기로 했다.

10월 4일 토요일 전두환은 장세동에게 청와대의 벙커에 계엄 상황실을 설치하고 관계 부처의 차관과 차장급을 파견해 근무하도록 하라고 지시했다. 상황 유지와 통제는 안기부가 담당하게 했다.

이즈음 전두환은 공보수석 이종률에게 다음과 같이 지시했다.

"야당이 헌특(개헌특위)을 깨자고 나오는데 그냥 두기 어려워요. 형집행 정지 중으로 정치 활동할 신분이 아닌 사람들이 노골적으로 정치를 하고 있으니 전혀 개전의 정이 없어요. 곧 계엄령을 선포할 수밖에 없으니 그것을 설득력 있게 준비해주시오. 장기집권하자는 뜻은 절대 아니고, 불안한 상황을 더 허용하지 않겠다는 뜻이오. 그간 6년 동안 비상대권을 행사하지 않고 풀어줬더니 재야세력, 극좌세력이 너무 커졌어요. 더 커지기 전에 손대지 않으면 나중에는 걷잡을 수 없게 될 거요."

이러한 전두환의 발언과 지시는 여러 경로를 통해 야권에 전달되었다.

10월 8일 김수환 추기경은 명동성당에서 이민우 신민당 총재, 박찬종 의원과 회담했다. 이 모임은 10월 10일로 예정된 이민우 총재의 국회 대표연설에서 대통령 직선제와 내각제를 놓고 국민의 의견을 물어보는 선택적 국민투표를 제안하기에 앞서 추기경의 이해를 구하기 위해 이 총재 측에서 제의한 것이었다.

이날 모임은 3시간이나 계속됐다. 먼저 이 총재가 선택적 국민투표의 제안 이유를 설명했다. 김수환 추기경이 입을 열었다.

김 추기경: 선택적 국민투표안은 매우 좋은 안입니다. 그러나 저쪽에

서 받아들이면 몰라도 안 받아주지 않습니까? 안 받을 때 신민당의 대응책은 무엇입니까?

이민우 총재: 그 당위성을 설득하는 수밖에 없지요.

김 추기경: 제가 신민당을 위해 도와드릴 게 있습니까?

이 총재: 정부 고위층을 설득해 주십시오.

김 추기경: (허탈하게 웃으면서) 그거야 기회 있으면 말하지요. 그러나 들어주지 않으니 어떻게 합니까. 저들이 못 들어주는 이유가 탐심 때문이 아니요. 그 이유가 분명하지 않습니까. 그들의 탐심을 해소하여 이쪽의 주장을 들어줄 수 있도록 환경 조성이 선행돼야 합니다.

이 총재: …….

김 추기경: (말을 꺼내기 곤혹스러운 표정으로 한참 있다가) 결국 두 김 씨가 대통령에 대한 집착을 버리는 것이 그 방법이 아니겠습니까? 두 김 씨가 직선제를 계속 주장하는 것은 그들이 대통령을 하겠다는 야심의 발로가 아니냐는 주장에 반박하기 어려워집니다. 정말로 마음을 비운다면 도덕적 자유의 바탕 위에서 행동의 폭이 넓어지고 민주화 운동도 더 큰 설득력을 발휘하게 될 것입니다. 두 사람이 동시에 버려야 합니다. 경쟁하면서 협력한다는 말이 국민을 불안하게 만듭니다. 완전히 버리면 완전히 하나가 됩니다. 그 다음 어떻게 하느냐는 걱정은 하지 않아도 됩니다. 이런 일은 은밀하게 추진해야 합니다. 공개적으로 하면 그들 자신의 결단이라는 의미는 감소됩니다. 당내에서 그렇게 해주시지 않겠습니까?

이 총재: (얼굴을 붉히며) 나는 하기 어렵습니다.

박찬종 의원: 제가 지난 4월 16일 마닐라에서 신 추기경을 만났을 때 들은 얘기가 생각납니다. 마르코스가 국내외 압력으로 대통령 선거를 발표했는데 야당은 아키노의 부인 코라손 여사와 야당 연합 '유니도(Unido)' 의장 라우렐로 갈라져 마르코스의 재선이 땅 짚고 헤엄치기였습니다. 그때 신 추기경이 두 사람을 함께 불러 이렇게 말했답니다. "내가 하느님의 뜻을 말하겠다. 아키노의 순교로 코리(Cory, 코라손 아키노)가 국민적 동정을 받고 있고 또 여성이니 매력이 있다. 그녀를 내세우면 승리할 것이다." 그러자 라우렐이 일어나 신 추기경에게 절하며 하느님의 뜻을 따르겠다고 했답니다. 그것이 마닐라의 봄을 가져온 것입니다. 추기경께서 두 분을 함께 불러 직접 설득해 보시는 게 어떻습니까. 인석(仁石, 이 총재의 아호)께서도 별도로 그렇게 하셔야 합니다.

김 추기경: …….

명동성당을 물러나온 이 총재는 사석에서나 공석에서나 이날 회담의 내용을 일체 입에 올리지 않았다. 그러나 김수환 추기경은 10여 일 뒤 로마에서 자신의 견해를 공식화한다.

10월 10일 금요일 이민우 신민당 총재는 국회 본회의 대표연설을 통해 "내각책임제와 대통령 중심 직선제를 국민투표에 부쳐 국민들이 양자택일하도록 하자"고 제안했다.

이날 서울대 인문사회관 5동 건물 입구 벽에 이른바 '적색 대자보'가 붙었다. 대자보에는 북한의 〈민주조선〉 10월 5일자 사설 '미국과 남조선

측은 우리의 평화 발기에 하루 빨리 응해 나와야 한다'를 반 정도 인용한 내용이 있었다. 서울대 본부는 이를 당일로 철거했는데, 전두환 정권은 이를 탄압의 구실로 삼았다. 서울시경은 벽보사건 수사본부를 설치했다. 수사본부장은 경무관 김종일(金鐘一)이었다.

이날 장세동은 박철언에게 전두환의 극비 지시라며 비상조치를 위한 구체적인 시간표를 작성하라고 했다. 장세동이 박철언에게 전한 전두환의 지시는 다음과 같았다.

"이제는 정상적으로 새 정권을 창출하는 것은 불가능하다. 혁명적 방법으로 정권을 재창출하는 것이 불가피하다. 진정한 의미의 민주주의를 확실히 하려면 정치지도자가 자질이 우수해야 하고, 한계가 있어야 한다. 비서 출신이 정치지도자가 되어서는 안 된다. 헌법, 국회법을 개정해서 국회의원과 대통령 후보의 자격을 법적으로 규정하라.

헌정 중단에 대비해 비상조치, 비상계엄의 담화문을 준비하라. 대화와 타협을 기대하기가 불가능하고, 정치 현안 또한 협상에 의한 타결이 불가능하기 때문에 부득이 비상조치를 취할 수밖에 없다는 취지로 초안을 작성하라. 계엄포고령으로 헌정을 중단시킨 뒤 비상국무회의에서 과거 '입법회의' 형식의 '민주정치발전위원회' 구성을 의결하고, 국정자문회의의 인준을 받아 입법 기능을 부여하면 된다.

국회의원의 자격을 제한해야 한다. 국민의 3대 의무, 특히 납세의 의무를 다했는지에 대해 중점을 둬야 한다. 부인은 우유 장사를 시키면서 정작 본인은 다방에서 어슬렁거리는 룸펜, 소득이 있으면서도 세금을 안 내는 사람은 국회의원이 될 자격이 없다. 또 국회의원 후보 등록 전 5년 이내에 최소한 3년 이상은 개인소득세를 납부한 사람에게만 출마 자격을 주어야 한다."

이에 따라 박철언이 주도하는 대책반이 '비상선진계획'(비상조치로 구태의연한 야당을 개편하여 정치를 선진화한다는 발상에서 붙여진 이름)을 준비하였다. 이는 헌법 개정, 국회의원 선거 등 정치일정을 마련하는 것이었다.

10월 13일 존 스타인(John Stein)이 CIA의 13대 한국 지부장으로 부임했다. 존 스타인은 1981년 7월부터 1984년 6월까지 CIA 공작담당 차장(DDO: Deputy Director of Operation)을 지냈다. DDO는 CIA에서 서열 4위의 자리였다. 이러한 경력의 거물급 인사가 한국에 부임한 것은 미국 정부가 정권교체와 올림픽을 앞둔 한국의 정치상황을 얼마나 중시했는지 잘 보여주는 예였다.

이날 오전 10시 인천지법 101 법정에서 권인숙 씨에 대한 공문서 변조 및 사문서 위조 사건의 첫 공판이 열렸다. 심리는 인천지법 형사합의 2부(재판장 윤규한 부장판사)가 맡았다. 이날 변론에 나선 이태영(李兌榮) 변호사는 "선배인 내가 권 양 같은 젊은이들이 투쟁을 하지 않아도 되는 세상을 만들지 못한 데 대해 권 양 못지않은 아픔을 느낀다"고 말했다.

공판 개시 6시간 40분 만인 오후 4시 40분 변호인단은 재판부 기피 신청을 냈다. 변호인단이 문귀동에 대한 검찰 수사기록 및 문의 동료 경찰관인 이 모 형사, 김 모 형사 등 3인에 대한 증거·증인 신청을 했으나 재판부가 이를 기각했다. 이에 변호인단이 재판부 기피 신청을 낸 것이다.

10월 14일 신민당 유성환 의원의 이른바 '국시 발언'으로 개헌 논의는 뒷전으로 밀려났다. 이날 유성환 의원은 국회 본회의 대정부 질문에서 다음과 같이 말했다.

"우리나라의 국시(國是)를 반공으로 해두면 올림픽 때 동구 공산권이 참가하겠나. 나는 반공 정책을 발전시켜야 된다고 보지만 이 나라의 국시는 반공보다 통일이어야 한다. (……) 통일이나 민족이라는 용어는 그 소중함을 생각하면 공산주의나 자본주의라는 용어보다 위에 있어야 한다. (……)"

이때 마이크가 꺼지고 소란이 일어났다. 유성환 의원은 귀가 후 가택에 연금되었다. 전두환은 유성환 의원의 발언이 대한민국 국시인 '반공'을 부인한 것이므로 국가보안법 위반으로 유성환을 구속하라고 검찰에 지시했다.

이것은 억지였다. 게다가 국회의원의 국회 발언은 면책 대상이므로 문제가 될 수 없었다. 그러나 검찰은 유 의원이 자신의 연설 복사본을 사전에 기자들에게 배포했으므로 그의 발언은 국회의원의 면책특권에 의해 보호되지 않는다는 억지 주장을 했다.

사전에 국회 출입 안기부 담당자가 본회의 질의 연설문을 미리 보여달라고 했으나 유성환 의원은 거절했다. 발언 하루 전날 안기부 구 과장이란 자가 의원 보좌관 양순석(梁淳錫) 씨에게 전화를 걸어 "원고를 다 읽어보았다"면서 주의를 주었다. 인천사태, 삼민이념, 통일국시에 대한 발언은 국가보안법에 위반된다는 것이었다.

이날 밤 강원도 원주 상지대 교정에 북한을 찬양하는 유인물이 뿌려졌다. 이 유인물에는 '현 정권은 김일성 수령님과 타협하여 통일하라', '가자, 가자, 북의 낙원으로' 등의 구호가 적혀 있었다(누가 이 대자보를 붙였는지는 끝내 밝혀지지 않았다).

이날 늦은 밤 관악경찰서는 사복경찰 150명을 동원해 서울대의 학생회관과 각 학과 사무실 등을 대대적으로 수색했다.

10월 15일 민정당은 전두환의 명령에 따라 유성환 의원 체포에 대한

동의서를 국회에 제출했다. 적용된 혐의는 국가보안법 제7조 1항(반국가단체 찬양고무) 위반이었다.

이날 전두환은 미·소 포괄군축협상 결과를 설명하러 방한한 에드워드 라우니 미국 대통령 특사와 면담했다.

전두환은 "우리는 핵무기를 갖고 있지 않아 깊은 지식이 없다"며 "레이건 대통령은 취임 초 '힘의 우위에 의한 평화'를 천명한 바 있는데, 그런 정책이 적중해 소련이 군축협상에 응해오지 않았나 생각한다. 공산주의자는 약점이 없으면 절대로 협상에 응해오지 않는다"고 말했다.

전두환은 이어 "미국이 전략방위구상(SDI)을 개발하면 미·소 협상이 잘 된다. 한국에 핵무기 3개만 있으면 북한이 남북대화에 응해 오리라는 것도 같은 원리다. 물론 (우리가 핵을) 절대 사용하지는 않겠지만······"이라고 말했다. 한국이 군사력으로 북한을 압도하지 못해서 남북협상이 어렵다는 주장을 한 것이다.

10월 16일 낮 12시에서 오후 1시 15분까지 전두환은 점심을 들며 수석비서관회의를 진행했다. 다음은 참석자들의 발언이다.

전두환: 오늘 국회는 강행해야지.

정무1수석 김윤환(金潤煥): 유성환 의원 제명 동의안은 본회의장 통과가 어려운 상황입니다. 국회 경위가 47명뿐입니다. 경위를 늘려야 하지만 경관은 본회의장에 못 들어오게 되어 있습니다. 136호 회의실로 옮겨서 처리할 생각입니다.

전두환: 어떤 식이 되든지 간에 처리가 되어야 해요.

김윤환: 이 총재가 신민당 당론이 유의 발언 내용과는 다르다고 분

명히 하면 구속하지 않고 제명만 하는 방법도 있습니다.

전두환: 사표를 낼 테니 처벌하지 말라는 건 안 되지. 이번에 신민당이 잘 걸려들었어요.

김성익, 《전두환 육성 증언》, 조선일보사, 1992

이날 밤 신민당의 농성으로 경호권이 발동된 가운데 민정당 의원 146명과 무소속 의원 이용택이 참가하여 만장일치로 체포 동의안이 국회에서 승인되었다. 신민당은 이에 항의하여 이날 철야농성을 했다. 김영삼은 "유 의원에 대한 구속은 의회 민주주의를 부정하는 폭거로서 충격과 분노를 금치 못한다"며 "이번의 불법 폭력적 사태는 우리의 민주화 투쟁을 봉쇄하고 폭력으로 정권을 연장하려는 계획된 음모"라고 규탄했다.

이날 경찰은 '서울대 벽보사건'과 관련하여 3인을 국가보안법 위반 혐의로 체포했다.

17일 금요일 새벽 유 의원이 구속, 수감되었다. 국회에서 직무상 행한 발언의 내용과 관련하여 회기 중 국회의원이 구속된 것은 이것이 처음이었다.

유성환 의원 구속 이후 여름부터 은근히 나돌던 비상조치설이 본격적으로 부상했다. 1980년 5·17과 같은 일이 일어날 것이라는 소문이었다. 비상조치가 선포될 경우 체포될 신민당 의원들의 명단도 시중에 나돌았다.

이 무렵 여권에서 흘러나온 말들은 다음과 같다.

"운동권 학생들을 조사하는 과정에서 국민들이 알면 깜짝 놀랄 만한 증거가 발견되었다."

"극렬좌경 학생들을 조사하는 과정에서 배후세력으로 드러나는 조직과 인물에 대해서는 지위 고하를 막론하고 단호한 응징을 하게 될 것이다."

"국회의원도 구속했는데, 누군들 구속하지 못하겠느냐. 민주화추진협의회와 민추협을 움직이는 사람들이라고 예외가 될 수는 없을 것이다."

김대중은 형집행정지로 석방된 상태였으므로 전두환은 언제든 형집행정지를 중지시키고 그를 수감시킬 수 있었다. 김대중을 시국사건에 연계하여 가혹하게 처벌할 것이라는 루머가 나돌았다.

임기를 마치고 떠나는 워커 주한 미국대사와 새로 부임하는 제임즈 릴리(James R. Lilley) 대사의 교체와 미국의 중간선거가 겹치는 11월 초순에 계엄령이 선포될 것이라는 소문이 돌았다. 10월 9일 새로 주한 미국대사로 임명된 제임스 릴리는 존 스타인 CIA 한국지부장과 예일대학 동창이었다.

릴리 대사는 1951~78년 CIA에 근무하면서 CIA 북경지부장 등을 역임했다. 1978~85년에는 백악관 국가안보회의(NSC)에 근무했고, 1985년부터 1986년 10월까지는 국무부 동아시아태평양 담당 부차관보로 일했다.

릴리는 한국에 부임하기 전 워싱턴의 한국 특파원들과 회견하는 자리에서 "지금은 무엇을 하고 지내느냐"는 질문에 "10월 유신의 기록을 검토하고 있다"고 대답했다. 이는 예사로이 넘길 수 있는 발언이 아니었다.

미국에서는 과거에 외국 주재 CIA 책임자와 대사 사이에 갈등이 자주 빚어지곤 했다. 1963년 베트남에서 응오딘지엠(고딘디엠) 정권을 처리하는 문제를 놓고 미국대사 로지(Henry Cabot Lodge Jr.)와 CIA 지부장 리처드슨이 의견을 달리해 미국의 대베트남 정책에 혼선이 생겼다. 결국 대사가 격분하여 CIA 지부장을 송환시켰다(리처드슨은 이후 6대 CIA 한국 지부장으로 근무). 나중에 미국 정부는 해외의 CIA 지부장은 대사 특별보좌관(Special Assistant to Ambassador)을 겸임하고 현지 대사의 감독을 받도록 했다. 이에 비추어 미국 정부가 대학 동창인 동시에 CIA 출신인 것도 같은 릴리와 스타인을 각각 주한 미국대사와 한국 CIA 지부장에 임명한 것은 업무의 효율성을 고려한 것이 분명했다.

10월 18일 토요일 미국의 국가안보 담당 대통령 특별보좌관 겸 국가안보위원회 아시아 담당 국장인 제임스 켈리(James Andrew Kelly)가 한국의 정치위기와 관련해 내한했다.

이날 청운동 안가에서 공안관계장관회의가 열렸다. 참석자는 장세동과 안기부 1차장·2차장, 안기부 1국장·2국장, 박철언, 이경식 안기부장 3특별보좌관, 외무부장관 최광수, 법무부장관 김성기, 내무부장관 김종호, 국방부장관 이기백, 문교부장관 손제석, 검찰총장 서동권, 치안본부장 강민창, 민정당 사무총장 이춘구, 보안사령관 고명승, 총리 비서실장 윤석순, 청와대 정무1수석 김윤환 등이었다. 먼저 장세동이 '비상선진계획'을 설명했다. 이 자리에서 다음과 같은 발언이 있었다.

장세동: 이번에 손을 대면 시대를 정리하는 정도의 초강경 조치를 취할 것입니다. 앞으로 복권(復權)이란 있을 수 없습니다.
김종호: 조치 후에 정계개편까지 되어야 합니다.
최광수: 강경 조치를 취할 경우 국민적 지지를 받을 수 있도록 사전 분위기 조성이 필요합니다. 주요 우방국에 미리 설명하는 것도 필요합니다.
장세동: 현재는 아직 조치를 취할 상황이 아닙니다. 비상조치는 최후의 단계이고, 안 할수록 바람직한 것이 사실입니다. 비상조치 없

이도 갈 수 있도록 우리가 지혜를 모아 최선을 다해야 합니다.

장세동의 말과 달리 계엄 선포를 향한 구체적인 작업은 착착 진행되었다.

10월 20일 로마를 방문 중이던 김수환 추기경이 AP통신 특파원과의 회견에서 다음과 같은 중대 발언을 했다.

"나는 정치지도자들이 개인적인 정치 야망을 버리고 우리나라가 진정한 민주주의로 순조롭게 이전할 수 있도록 조력할 것을 촉구한다. 나는 정치지도자들의 이 같은 처신만이 국가적 비극을 피할 수 있는 유일한 길이라고 믿는다. 특히 전두환 대통령과 그의 측근들이 1988년 초 전 대통령 퇴임 이후 어떤 형태로든지 권력에 집착하려는 마음을 버려야 하며, 아울러 두 야당 지도자인 김대중 씨와 김영삼 씨는 대통령이 되겠다는 야심을 버려야 한다. 두 김 씨가 개인적인 정치 야망을 버림으로써 그들의 투쟁이 개인적인 목적이 아니라 새로운 진정한 민주적인 정치제도의 채택에 있음을 입증할 수 있을 것이다.

나는 야당이 주장하고 있는 대통령 직선제가 감성적으로나 현실적인 이유에서 국민이 받아들이는 유일한 제도이기 때문에 지지한다.

나는 전 대통령이 김대중 씨를 복권시키고 이 나라의 정치적 미래를 설정하기 위해 두 김 씨와 대화할 것을 권고한다. 전 대통령은 북한의 김일성을 언제 어디서라도 만나 평화 회담을 할 용의가 있다고 말한 마당에 그가 같은 나라의 중요 정치지도자를 만나지 못할 이유가 없다.

김대중 씨는 대단히 넓은 정치적 지지 세력을 갖고 있으며, 특히 그의 출신지역인 전라도에서는 더욱 광범한 지지를 받고 있는 것이 사실이다.

만일 나와 같은 지역인 경상도 출신의 전 대통령이 전라도 출신의 가장 인기 있는 사람을 무시한다면 이 나라의 통일을 말할 자격이 없다."

김수환 추기경의 이 발언은 정국에 상당한 파장을 일으켰다.

이날 한 정부 관계자는 좌경용공 혐의자 수사 대상자가 1만 명에 가깝다고 말해 국민들에게 충격을 주었다. 그는 "수사대상 30여 개 단체 중에는 민통련·민헌련을 비롯한 재야단체와 종교단체, 대학생조직 등이 포함되어 있다"고 말하고 민헌련에 대해서는 김종완 이사장 등 관계자들을 전주에 경찰이 연행해 조사를 벌였다고 밝혔다(김종완은 16일 연행되어 이틀간 조사받고 18일 석방됨). 자신의 사조직인 민헌련이 집중 조사를 받자 김대중은 더욱 긴장했다.

이날 동교동 소식지인 〈우리 소식〉 6호가 나왔다. 여기에서 김대중은 "우선 제3 공화국 헌법으로 환원하는 것이 가장 정당하고 효과적인 조처라고 생각한다"고 밝히고 6가지 이유를 들었다.

첫째, 1972년의 소위 '10월 유신'으로 인하여 불법적으로 중단된 헌법을 다시 소생시킴으로써 우리 헌정의 정통성을 회복하자는 것이다.

둘째, 제3 공화국 헌법을 회복함으로써 독재자에 의해 말살된 국민의 권리는 어느 땐가 반드시 국민의 손에 의해서 소생하고야 만다는 역사의 교훈을 남기자는 것이다.

셋째, 제3 공화국 헌법은 비록 5·16 군사쿠데타 후에 군정에 의해서 제정되었지만 이 헌법 제정 당시 군정 당국자들은 군에의 원대복귀를 생각하고 있었기 때문에 헌법 내용에 대한 간섭이 적었고, 따라서 민주적인 헌법을 만드는 데 큰 방해를 받지 않았다. (나머지 이유는 생략)

10월 22일 전두환은 장세동을 통해 박철언이 이끄는 대책반에 구체적

지침을 내렸다.

"관계부처가 모여서 준비에 만전을 기하라. 비상조치를 해나가면 법은 어떤 것을 어떻게 고치는가, 비상조치 포고령은 종합적이니 각 부처마다 해당 사항이 있을 것이다. 이러한 사항을 관계부처와 협의하라.

'민주정치발전국민회의'는 200명 정도로 구성하고 민정당 지역구 의원 전원, 전국구 의원 중에서 일부, 국민당의 지역구 의원 전원, 그리고 민주당, 민한당의 지역구 의원도 포함시켜라. 신민당도 30~40명 정도를 포함시켜 명단을 만들어 가지고 들어와 보고하라.

그동안 각 부처에서 통과시키고 싶어 했던 법률들을 이번 기회에 해결하라. 금주나 내주 중에 국회 운영 상황을 보고 11월 4일 미국의 중간선거 결과를 보고 난 후에 11월 7일쯤이 좋겠다. 내년 2월까지 끌고 가서 2월 중에 국민투표를 실시하고, 그때 계엄을 해제하면 된다."

비상조치를 내린 직후 김대중에게는 '군에서 죽이기로 했으니 정계에서 은퇴하지 않으면 수감하겠다'고 경고하도록 보안사령관에게 지시했다.

10월 23일 민통련 사무처장 이부영이 김정남(金正男)을 만나러 외출했다가 검거되었다. 이부영은 5·3 인천사태로 수배 중이었는데 5월 23일부터 고영구 변호사의 자택에 은신하고 있었다.

유성환 의원을 체포한 후 전두환 정권은 고삐를 늦추지 않고 재야단체를 탄압하고 각종 조직사건을 발표했다.

10월 24일 검찰은 이른바 'ML주의 당 사건'을 발표했다. 서울지검 공안부는 민족해방인민민주주의 혁명 노선에 따라 '지역노동자동맹'을 만든 뒤 이 조직을 모체로 북한 노동당과 비슷한 '마르크스레닌주의 당' 결성을 기도한 대학생, 교사, 근로자 등 관련자 101명을 적발했다면서 이중 13명을 국가보안법 위반(이적단체 구성) 등의 혐의로 구속했다고 발표했다. '관련자'는 대학생(제적·졸업자 포함)이 89명(서울대 64, 성신여대 7, 중앙대 6, 이화여대 4, 경희대 3, 연세대 2, 숭전대 1, 경기여대 1, 숭의여전 1)으로 가장 많고 초등학교 교사 3명, 노동자 8명, 구두닦이 1명이었다.

서울지검 공안2부장 최환은 수사 내용 발표를 마치고 기자들과 일문일답했다.

— 이번 사건의 가장 큰 특징은 무엇인가?
= 종래의 투쟁 양상과 구별되는 점은 체제를 전복하고 정권을 장악할 정당을 조직하려 했다는 것이다.
— 다른 사건과 비교한다면.
= 일반 학생들은 용공, 좌경 소리만 나와도 기피하는 경향이 있으나 이들은 이 같은 용어에 전혀 거부감을 보이지 않았다. 심지어 'people'을 통상 '민중'으로 번역해왔던 것을 이번 관련자들은 '인민'으로 했을 정도다.
— 마르크스레닌주의 당 결성을 기도했다는 증거는?
= 지도총책 김선태(金善泰) 씨의 진술과 김 씨가 직접 작성한 '역량 편성에 관한 기본적 방침'이라는 유인물을 들 수 있다. 특히 이 유인물에는 이 당의 결성 및 조직 방법 등에 관해 상세한 내용이 기술되어 있다.
— 조직총책 김 씨의 3단계 혁명 구상을 알고 있었던 사람은 관련자 101명 가운데 몇 명이나 되나?
= 6월 14일 지역노동자동맹 결성 때 모였던 14명과 8월에 지역협의

체를 만들었던 5명 등 최소한 19명이 이러한 구상을 알고 있었다.

10월 29일 검찰은 가톨릭 정의평화위원회 위원장인 이돈명 변호사를 국가보안법 위반죄(편의제공)로 전격 구속했다. 수배 중인 이부영을 은닉시켜 주었다는 혐의였다. 이부영은 고영구 변호사의 자택에 은신하고 있었으나, 검거될 경우 이돈명 변호사의 자택에 은신했다고 자백하기로 되어 있었다.

국민들에게 가장 큰 충격을 준 시국사건은 건국대에서 일어난 '애학투(전국 반외세 반독재 애국학생 투쟁연합)' 사건이었다.

10월 28일 화요일 오전 서울의 건국대에서 전국 26대학 학생들이 모여 애학투 결성식을 거행하려 했다. 사전에 연합집회가 있다는 정보를 입수한 전두환 정권은 집회에 참석하는 학생들을 모두 구속하는 계획을 세웠다. 경찰은 대학생들이 모이는 것을 방치했다가 포위해 집회가 농성 사건이 되도록 유도했다.

배치된 경찰은 정문 통제도, 학생증 검사도 하지 않았다. 그러다가 정오가 되자 정문과 후문, 그리고 민중병원 쪽 출입구를 중무장한 닭장차로 에워싸기 시작했다.

오후 1시 집회가 시작되자마자 전투경찰이 최루탄을 쏘며 학내로 진입했다. 영문을 모르는 대학생들이 전경에 쫓겨 본관, 중앙도서관, 학생회관, 사회과학관 등 여러 건물로 흩어져 들어갔다. 전경이 학생들이 피신한 건물들을 포위하고 봉쇄했다. 경찰은 건물 안을 향해 최루탄을 대거 발사했다. 실내는 최루가스로 가득 찼다. 학생들은 환기를 위해 궁여지책으로 유리창을 모두 부수었다. 교정은 삽시간에 아수라 지옥으로 변했다.

해가 지면서 찬바람이 엄습해서 기온이 뚝 떨어졌다. 대학 측은 경찰에 병력철수를, 학생들에게는 안전귀가를 전제로 한 자진해산을 제의했다. 그러나 경찰은 학교 측의 제의를 묵살했다. 오히려 오후 7시가 지나자 전경차는 70대로, 경찰병력은 2천여 명으로 불어나 건국대를 물샐틈없이 포위했다.

집회 참가자뿐 아니라 도서관에 있었던 건국대생도, 친구를 만나러 온 타교생도 건물 안에 갇히는 신세가 되었다. 본의 아니게 학생들은 점거농성에 들어갈 수밖에 없었다. 아무런 준비 없이 건물 안에 갇힌 이들은 첫날 밤을 극도의 공포 속에서 지샜다.

10월 29일 휴교에 들어간 건국대는 총장을 비롯한 학교 간부 교직원들이 나서서 경찰을 상대로 학생들의 안전귀가를 위한 협상을 시도했으나 허사였다. 정권의 지시를 받은 경찰은 오전에 단수를 한 데 이어 오후에는 전기까지 끊었다. 학생들은 물 한 모금도 마시지 못했다. 밤에는 극심한 갈증과 추위에 떨어야 했다. 뉴스를 보고 달려온 학부모들이 건물 밖에서 외투를 전달하려고 경찰에 애원하는 모습이 곳곳에서 보였다. 학교 근방 화양리 일대에는 성능 좋은 마이크를 장착한 정체불명의 차량들이 "공산당은 반드시 망한다"고 방송하면서 거리를 휘젓고 다녔다. 서울의 여러 대학에 애학투의 건국대 농성을 지지하는 내용의 대자보가 붙었지만 행동으로 이어지지는 못했다.

전두환 정권은 애학투 집회에 대해 '공산혁명 분자'들이 모인 것이라고 선전했다. 전두환 정권은 그동안 대학생들의 연합집회가 열릴 것이라는 정보를 입수하면 그 장소를 사전에 봉쇄하여 집회가 열리는 것을 막는 데 그쳤는데, 이때는 비상조치 선포를 계획하고 있었기 때문에 참가자 전원 체포를 구상한 것이었다. 유성환 의원 구속에 이은 애학투 사건으로 정국은 초긴장 상태가 되었다.

10월 30일 윌리엄 클라크 미 국무부 동아시아태평양 담당 부차관보가 급히 내한했다. 그는 개스턴 시거 미 국무부 동아시아태평양 담당 차관보와 더불어 중국과 일본 방문 일정을 진행하고 있었다. 한국의 정치상황이 급박하게 돌아가자 미국 정부가 모종의 대응 방안을 세우고 그를 서울로 파견한 것이었다(클라크는 전두환·김대중 등 여야 주요 정치인과 언론계·학계 인사를 광범위하게 접촉했다).

이날 전두환의 지시가 장세동을 통해 박철언에게 전해졌다.

"김영삼, 김종필은 갑근세(갑종근로소득세)도 안 내고 있는데 탈세 혐의로 입건하는 게 가능한지를 검토하라. 계엄령이 해제되어도 비상조치상의 비상군법회의는 유효하도록 조치하라. 김대중과 김영삼의 연행은 보안사에서, 수사는 안기부에서 하도록 하라. 공항과 항만을 폐쇄할 필요까지는 없으나 출입국 관리를 철저히 하여 외국으로 도망가는 것을 우선적으로 막아라.

사법처리 대상자를 축소 재조정하라. 또 '민주정치발전국민회의'의 구성 인원도 재조정하라. 나웅배, 임두빈, 유제연은 제외하고 문홍주 정신문화연구원장을 포함시켜라."

또한 이날 전두환 정권은 '북한의 금강산댐 건설'을 발표하였다. 북한이 만성적인 전력난을 해소하기 위해 금강산댐을 건설하겠다고 발표한 것은 4월이었다. 그때는 아무런 말도 하지 않았던 정부가 갑자기 이를 '발표'하면서 북한 당국이 댐을 만든 다음 터트려 서울을 물에 잠기게 하여 88 서울올림픽을 망치려고 한다고 단언했다. 북한이 올림픽을 방해하기 위해 금강산댐 물을 방류하면 여의도 63빌딩의 절반 높이까지 서울이 물에 잠기는 등 원폭 투하 이상으로 남한에 피해를 입힌다고 하여 국민들을 공포에 몰아넣었다.

그러나 이는 터무니없는 주장이었다. 북한의 김일성 정권이 금강산댐을 건설한 다음 물을 저장하고 폭파시켜 남한을 수공(水攻)하려는 의도가 있다고 단정할 수 없었고, 그런 의도가 있다고 하더라도 실제로 남한이 어느 정도의 피해를 입게 될지 알 수 없는 일이었다. 토목 분야 전문가들은 금강산의 지형으로 보아 오히려 북한이 더 큰 피해를 입을 수도 있다고 보았다. 더구나 댐을 건설하는 기간과 완공 이후 댐에 물을 채우는 기간을 고려하면 수공이 설령 가능하다고 하더라도 그것을 이행할 수 있는 시점은 2년 후인 1988년이 아니라 20년 이후였다. 그러나 이런 식의 여론조작은 잘 먹히는 법이다. TV 방송들은 서울이 물에 잠기는 모습까지 보여주며 공포 분위기를 더욱 고조시켰다.

김대중의 대통령 불출마 선언

10월 31일 금요일 아침 오전 8시 30분 건국대에서 8500여 명의 경찰병력이 진압 작전에 돌입했다. 무장 헬리콥터가 굉음과 함께 건국대 상공을 선회하면서 적을 공격하듯 최루탄을 퍼부은 것을 신호로 경찰 병력이 일제히 다섯 개 건물 안으로 돌격해 들어갔다. 투신에 대비해 건물 주변에 깔아놓은 매트리스에 불이 붙으면서 검은 연기가 불길과 함께 치솟았다. 건물 안은 거친 비명으로 가득했다. 고가사다리에서 소방호스로 퍼부어댄 최루액을 잔뜩 뒤집어쓴 학생들이 거의 실신한 상태로 끌려나왔다. 전경들은 지칠 대로 지친 학생들을 끌고나오면서 잔혹하게 구타했다.

경찰은 도서관, 학생관, 교양학관, 본관, 사회과학관에 차례로 진압했다. 주동자급 체포에는 100만 원의 상금과 포상휴가까지 걸려 있었다. 모두 1525명이 연행되었다. 부상자가 85명 발생하였고, 재산피해는 23억여 원이었다. 전두환은 검찰에 전원 구속을 명령했다. 검찰은 법원에 구속영장을 신청했다.

이날 정오 무렵 클라크 부차관보는 몇 시간 후면 서독으로 떠날 김영삼과 오찬을 같이 했다. 이어 김영삼은 예정된 유럽 순방 길에 나섰다. 김대중은 한사코 떠나지 말 것을 사정했으나 김영삼은 결코 비상조치는 없다면서 유럽 순방을 강행했다.

이날 '부천서 성고문 사건' 재정신청 사건을 심리를 담당한 서울고법 형사3부(재판장 이철환)는 "이유 없다"며 기각했다.

기각 결정문은 스스로 모순되는 내용을 담고 있었다. 고발장에 적힌 범죄 내용의 대부분을 인정했지만 성고문의 구체적 행위에 관한 권인숙의 진술은 목격한 증인이 없으므로 인정할 수 없고, 피의자 문귀동은 직무에 집착한 나머지 무리한 수사를 하다가 우발적으로 저지른 범행으로 이미 파면되었고 비등한 여론으로 인하여 정신적 고통을 받았기 때문에 검찰의 기소유예 처분이 정당하다는 것이었다.

조영래 변호사는 이 결정에 대해 다음과 같이 개탄했다.

"우리는 오늘 우리 사법부의 몰락을 봅니다. 아무리 뼈아프더라도 이 말을 들어주십시오. 사법부는 그 사명을 스스로 포기한 것입니다. 한 그릇의 죽을 얻는 대가로 장자상속권을 팔아넘긴 것처럼, 사법부는 한갓 구구한 안일을 구하기 위하여 국민으로부터 위탁받은 막중한 사법권의 존엄을 스스로 저버린 것입니다. 우리는 이 사태에 대하여 사법부에 몸담고 있는 법관 개개인들만을 비난할 생각은 추호도 없습니다. (……)

그러나 적어도 사법부로서는 이 사태의 책임을 다른 누구에게도 전가하려 들어서는 안 된다는 것을 강조해 두고자 합니다. 용기가 없는 사법부, 스스로의 사명을 스스로 저버린 사법부는 국민의 신뢰와 지지를 기대할 자격이 없습니다. 우리는 비통한 심정으로 말하거니와 이 재정신청 기각 결정으로 인하여 이제 더 이상 사법부의 독립성을 믿는 사람은 거의 없게 되었다고 하여도 과언이 아닐 것입니다. 사법부의 존립 근거 자체에 대하여 의문을 제기하지 않을 수 없게 하는 이 사태의 위험성에 대하여 사법부에 몸담고 있는 모든 법관들이 깊이 통찰하고 사법권의 존엄을 스스로 지키기 위한 건곤일척의 몸부림을 시작하지 않으면 아니 될, 더 이상 늦출 수 없는 역사적 순간이 도래하였다고 우리는 믿습니다."

이날 저녁 김대중의 개인비서 10인 가운데 한 사람인 이태호는 난국 타개책으로 대통령 불출마 건의를 담은 2개의 보고서를 김대중에게 제출했다. 다음은 그 내용의 일부다.

보고서

난국을 풀어나갈 동교동의 결단
-김 추기경의 로마 회견을 계기로 선생님께 올리는 고언

[머리말]
선생님을 모시는 한 무능하고 미숙한 비서가 선생님께 난국 타개 방안을 건곤일척의 심경으로 말씀드리고자 하오니 짧은 소견이지만 너그럽게 헤아려 주시기를 앙망합니다.

[정세 분석]
(1) 전두환의 재집권 음모
　(ㄱ) 9월 10일 한강변에서 청와대 출입 기자들과의 간담회 석상에서의 야욕 표명.
　(ㄴ) 9월 하순 청와대에서의 민정당 중집위원(中執委員) 일부에게 밝힌 전두환의 총재 유임 및 국정 자문회의 의장으로서의 국정

컨트롤 방침.

(ㄷ) 고문 및 용공조작적 차원에서의 대학생 도발 유도, 유성환 의원 구속, 이돈명 변호사 구속, 건대 데모의 잔학한 탄압, 군의 계속되는 비상 등의 강압조치 사용.

(ㄹ) 재야에 대한 억압책, 신민당에 대한 분열책을 병행하여 재야와 신민당을 차단시킨 상태에서 내각책임제 개헌안 통과 계획 수립.

(2) 신민당의 노선과 한계

(ㄱ) 헌특 참여 이후 사실상 투쟁을 방기한 상태임.

(ㄴ) 이민우 체제가 결정적인 시점마다 유연 노선으로 후퇴함.

(ㄷ) 어둡고 살벌한 정국에 임한 신민당 의원들의 자세가 갈수록 위축되고, 차기 선거나 무난히 치르려는 안일한 분위기에 몰입되어 있음.

(ㄹ) 2·12 총선 때의 참신한 이미지는 이미 퇴색한 채 국민에게 계속 실망을 안겨주고 있음.

(ㅁ) 신민당에 대한 선생님의 영향은 아직 건재하나 그 위력은 축소되고 있는 감이 있음.

(3) 미국의 대한(對韓) 정책

(ㄱ) 미국의 주된 관심사는 대소(對蘇) 작전의 일환으로서 한반도 안보 고려, 대중공(對中共) 무역 확대의 전진 기지로서 남한 활용에 있다고 생각됨.

(ㄴ) 미국은 한국의 인권 문제에 관심을 표명하고 있으나, 군사정권을 붕괴시키고 당장 민간정부를 수립하려는 안은 가지고 있지 않은 것으로 전문(傳聞)됨.

(ㄷ) 미국이 선생님을 빠른 시일 안에 차기 집권자로 상정하고 있다는 어떤 징후도 보이지 않고 있음. 아마도 미국은 선생님에 대해 주목하고 있으나 나중에 활용이 가능한 '감춰둔 카드'로 보고 있는 것 같음.

(ㄹ) 우리나라에서 금후 1년 동안 벌어지는 상황에 따라 미국의 정책은 얼마든지 바뀔 수 있다는 것은 상식임.

(4) 동교동의 불리한 요소

(ㄱ) 사면·복권이 안 돼 대신민당, 대국민 접촉에 큰 지장.

(ㄴ) 제도 언론의 악의적인 보도에 따른 이미지 손상.

(ㄷ) 정부의 모든 강경책의 과녁으로 요격의 대상이 됨.

(ㄹ) 대통령 직선제로의 개헌이 불투명한 상황에서 대권에만 욕심이 있는 사람으로 인식되는 경향.

[국면 반전의 논리]

(1) 획기적 결단: 정국이 반동(反動)의 방향으로 치닫고 있을 때는 종래 답습해온 대응 방법으로 국면 반전이 어려움. 따라서 어려운 국면을 타개하기 위해서는 희생적 또는 과감한 결단이 요청됨.

(2) 장기적 포석: 역풍이 불어올 때는 목전의 이해를 초월하여 멀리 바라보는 계획을 수립, 인고를 통한 최후 승리를 도모해야 함.

(3) 민중적 기반: 지도자는 최종적으로 국민 특히 민중 속으로 완전히 들어가 민중과 울고 웃으며, 민중의 필요와 요청에 따라 존재하고, 마침내는 민중에 의해 복권·입지되는 과정을 밟을 때 역사적 인물로 평가받을 것임.

[난국 돌파의 구도]

(1) 기본 골격: 단기·중기·장기적 처방으로 나눌 수 있음.

(ㄱ) 단기적 처방은 양김 선생님과 이민우 총재로 엮어지는 지도체제를 그대로 유지하면서 신민당을 잔존시켜 투쟁의 발판으로 삼는 것. 종래의 한계를 감수하게 됨.

(ㄴ) 중기적 처방은 선생님이 난국을 수습할 독자적 방안을 성명서로 발표하고, 신민당 지도부를 개편, 임시 전당대회를 통해 김영삼 총재 체제로 맡기고 당 문제에는 초연한 입장에서 원리적 독려만을 하는 것.

(ㄷ) 장기적 처방은 선생님이 김수환 추기경의 권고를 감안, 살신성인의 정신으로 대통령 불출마 선언을 단행, 민주화 운동에 전념함으로써 장기 연금 내지는 투옥될 각오로 나서시되, 대권에의 집착 인상을 버린 이상 일파만파의 영향을 주어 민주화를 달성한 뒤 국민의 소리를 기다리는 것.

이상의 방안 중 난마처럼 얽힌 국면을 깨기 위해서는 (ㄴ) 또는 (ㄷ)을 선택해야 한다고 생각됨. (ㄴ)은 중기적 처방, (ㄷ)은 장기적 처방이지만 그것을 결행할 경우 (ㄷ)은 빠를수록 좋고, (ㄴ)은 김영삼 고문의 귀국 후 연말연초경이 할 수 있는 시점이라고 보이며, (ㄴ) 과 (ㄷ)은 동시에 추진할 수 없는 양자택일의 문제임.

(2) 중기적 처방의 내용과 그 이유

1) 내용

(ㄱ) 신민당의 역사적 소임을 냉정하게 평가, 금후 독재 타도의

주역이 되기 어렵다는 전제 하에 당의 주도권을 김영삼 고문에게 맡겨 심기일전하여 반독재 투쟁에 앞장서게 하든가, 타협이란 이름의 야합으로 전락하여 국민의 심판을 받게 하든가 하는 분수령 위에 올려놓는다는 발상임.

(ㄴ) 그 대신 선생님은 재야와 신중하게 연대하며 구국의 차원에서 발언하고 때로는 강한 행동을 수반하여 민주화 운동의 대부 역할을 할 수 있음.

(ㄷ) 이러한 선택을 할 경우 민주화 운동의 지침이 될 만한 성명서를 발표하시되 그 문안은 역사적이고도 각계각층의 잠재 역량을 포괄하는 내용을 담아야 할 것임.

2) 이유

(ㄱ) 이 안은 김영삼 공동의장과의 협력은 유지하되 그를 당료로 상대하며, 당과 재야를 아울러 원격조정하는 효과를 기대할 수 있음.

(ㄴ) 뿐만 아니라 신민당이 국민으로부터 외면당하고 제3의 참신한 정당의 출현을 국민이 요청할 때 선생님이 그 대임을 맡을 수 있는 여건 조성을 위해서도 필요함.

(3) 장기적 처방의 내용과 그 이유

1) 내용

(ㄱ) 신민당의 한계, 미국의 단계론 설정, 권력의 야수적 발악이 한꺼번에 소용돌이쳐 오는 시점에 '태풍의 눈'에 해당하는 선생님은 태풍에 휩쓸려서는 안 되고 태풍을 불러 일으켜야 하는데, 그것은 배수의 진 속에서만 나올 수 있음.

(ㄴ) 대권에 연연하지 않고 민주화 투쟁에 전념하겠다는 신앙 고백적 선언은 정부 쪽에는 폭탄이 되고, 안일한 신민당 지도부에는 채찍이 되고, 미국에는 각성제가 되고, 국민에게는 위안이 되고, 교회에는 예수의 참 제자가 되고, 전 세계 매스컴에는 거목이 되고, 통일을 갈망하는 남북한 민족에게는 민족적 지도자가 되며, 마지막으로 선생님 자신에게는 '쓴 약'이 될 것임.

(ㄷ) 성명서 내용

① 나의 궁극적 목표는 민주화와 조국의 평화적 통일에 있지 대통령이 되는 데 있지 않다. 나는 이러한 뜻을 여러 차례 밝혀왔지만 수양이 부족한 탓인지 아직도 오해하는 분들이 있어 이 기회에 나의 의지를 다시 천명한다.

② 나는 국민과 더불어 목숨을 아끼지 않고 민주화를 위한 투쟁의 대열에 나서겠으며, 민족의 염원인 평화적 통일을 위해 모든 지혜와 정열을 바쳐 노력하겠다.

③ 전두환 정권은 변칙적인 집권 연장 음모를 포기하고 국민의 희망인 대통령 중심 직선제를 받아들이고, 신민당은 대통령 중심 직선제 개헌의 관철을 위해 일면 대화, 일면 투쟁의 방법으로 당운을 걸고 싸우라.

④ 나는 숱한 외세의 침탈과 독재자들의 학정에도 불구하고 자랑스런 역사를 이끌어 온 우리 민족에 대한 한없는 경애와 신뢰를 바탕으로 순국선열과 무명용사, 그리고 민주 제단에 목숨을 바친 젊은이들의 고귀한 넋 앞에 머리 숙여 감사하며, 고난의 시대를 살아가는 모든 분들에게 '행동하는 양심'

이 되어 새로운 역사를 창출하자고 호소하는 바이다.

(ㄹ) 발표 시기

① 11월 3일을 고려할 경우

이날은 광주학생 사건 발발일이며 학생의 날이므로 광주 지역의 본거지 확인, 학생의 저항정신에 대한 고려 등 이유 외에 군부의 심상치 않은 동향에 대한 쐐기 설정, 추기경과의 만남 이전에 충고를 받아들이는 예의, 난국에서의 도피로 해석되는 김영삼 고문에 대한 비상 걸기 등 여러 가지 의미를 지니고 있어서 택일에 참고가 되실 수 있겠음.

② 1월 1일을 고려할 경우

신년을 새로운 전기(轉機)의 장으로 활용하기 위해 새해 첫날 선언하는 의미가 있음. 그러나 국내 신문이 연휴이기 때문에 불리한 점이 있음.

2) 이유

(ㄱ) 스승 예수 그리스도처럼 한 번 죽어 영원히 사는 '밀알 정신'의 구현.

(ㄴ) 전략론: 대통령 중심 직선제를 관철시키면서 차기(此期)의 난관을 피해 차차기(此此期)에 대권을 확실하게 장악하는 대범한 자세의 견지.

(ㄷ) 효과론: 야당을 먼저 살리고, 선생님도 살고, 궁극적으로 국민도 사는 상생철학(相生哲學)의 실천.

(ㄹ) 보론: 작금 위기 상황에서 옥체를 보존하는 부수적 효과를 발휘.

[맺는 말]

(1) 외람된 제언을 드려 대단히 죄송합니다.

(2) 취재 중 솔직한 충고를 주신 선생님 지지자들과 중도적 인사들로부터 많은 교훈을 얻었습니다.

(3) 최근 선생님의 고뇌의 모습은 비서진의 한 사람으로서 가슴 아픈 일이 되고 있습니다. 모름지기 대업을 성취함에 있어서 건강하셔야 합니다. 가까운 주말에 휴양하시며 민족에게 희망을 줄 카드를 구상하시기 바랍니다.

(4) 잘못 판단한 부분에 대해서는 가르치심 있으시기를 앙청합니다.

김대중은 이 제안을 진지하게 받아들이지 않을 수 없었다. 김대중은 위기 타개책으로 대통령 불출마 선언뿐 아니라 정계은퇴 선언마저 생각했다.

11월 1일 토요일 저녁 전두환은 국회의장 이재형, 대법원장 김용철, 국무총리 노신영 등 3부 요인 부부를 초대하여 만찬을 가졌다. 이 자리에서 전두환은 군 통제에 대한 불안감을 토로했다.

"군대라는 데가 이상한 뎁니다. 내가 대통령이 되고 난 지금도 솔직히 무서운 단체가 군입니다. 장군들은 내가 잘 아니까 그렇지만 젊은 간부들은 패기가 대단해요. 그래야 전투를 하거든요. 저 사람들이 꿈틀하면 막을 길이 없어요."

11월 2일 일요일 전두환은 장세동에게 비상계엄 선포 일자를 비롯하여 구체적인 일정을 지시했다. 11월 8일 토요일 오후 11시에 비상국무회의를 소집하고 자정에 비상계엄령을 선포하고 국회를 해산하며 비상조치도 실시하라고 하였다. 11월 16일 '민주정치발전국민회의'를 발족시키고,

1987년 1월에는 국민투표를 통해 새 헌법을 통과시킨 후 1987년 2월경 계엄은 해제하되 비상조치는 계속한다는 것이었다. 김대중에 대한 조치는 정계에서 은퇴시킨 후 재수감, 외국행 둘 중 하나를 선택하는 것이었다.

11월 3일 월요일 오전 10시부터 11시까지 열린 월례 청와대 수석비서관 회의에서 전두환은 다음과 같이 말했다.

"지금 종교단체, 학생 등이 시끄럽지 않나. 그래서 사회 일각이 어수선한데 그것을 끌고 가는 게 국가 이익을 위해 좋으냐 한번 정리하는 게 국가 이익이냐 하는 것을 생각해야겠어요. 헌법에 보장된 대통령의 권한 행사를 언젠가 해야 할 것 같아. 그냥 넘어가는 게 민주주의가 아니야…….

외국 언론에는 필요하면 문공부나 청와대 비서실이 나설 수도 있어요. 비상조치를 하더라도 다른 것은 걱정이 없는데 지금 한창 상승세에 있는 경제에 제동이 오면 곤란하다는 것을 내가 걱정하고 있어. 지금 이 분위기를 청와대 보좌관들이 잘 들여다보고 분석해야 됩니다. 그렇다고 너무 부정적으로 봐도 안 되고……. 사태가 확대되고 난 다음에 조치를 취하면 그만큼 부담이 크기 때문에 어느 정도 기미가 보이고 확산이 됐을 때 비상조치를 하는 게 수습도 빠르고 피해도 적은데……. 여러 가지 상황을 눈여겨보고 검토를 해보도록 하시오."

이날 법원이 영장을 발부하여 애학투 사건 관련자 845명이 구속 수감되었다.

이날 오후 6시경 청와대 부근에 있는 안기부장의 별도 집무실에서 안현태 대통령 경호실장, 장세동 안기부장, 이해구 안기부 차장, 김윤환 정무1수석, 강우혁 정무2수석, 사공일 경제수석, 이종률 공보수석 등이 참석한 가운데 비밀회의가 열렸다. 의제는 비상조치 선포였다. 먼저 경호실장 안현태가 입을 열었다.

"각하께서 비상조치 또는 비상조치와 계엄령을 포함해서 개헌 정국에 따르는 생각을 가지시고 안기부장과 관계기관의 연구검토 보고를 받으신 일이 있습니다. 지난 일주일 동안 내내 생각하시다가 아무래도 국가원수로서 결단을 내리는 데 갈등을 느껴 조치 내용과 타이밍 등의 문제를 여기 모이신 여러분의 의견을 듣고 최종적인 판단을 내리시겠답니다."

이어 보충설명이 있었다. 전두환은 비상조치 선포 시기는 11월 8일 밤 12시가 좋다고 생각하고 있으며, 비상조치 선포와 동시에 국회를 해산하고 계엄령을 선포하며, 입법 기능을 대행할 기구로 가칭 '민주발전국민회의' 또는 '정치발전국민회의'를 구성하라고 했다. 1987년 1월 국민투표로 새 헌법을 통과시키고 2월에 비상계엄을 해제하되 비상조치는 유지하려고 한다는 등의 내용이었다.

사공일 경제수석은 국제수지가 흑자로 돌아서고 있는 상황에서 계엄령을 선포하면 경제에 큰 타격이 올 것이라며 반대 의사를 표명했다. 이종률은 국회를 해산하더라도 헌법에 따라 2개월 이내에 다시 선거를 치러야 하기 때문에 인위적 정계개편은 불가능하다는 의견을 내놓았다. 대체로 비상조치에 반대하는 분위기인 가운데 안기부장 장세동이 다음과 같은 결론을 내렸다.

"비상조치로 노리는 것은 좌경용공 세력 척결과 정치풍토 개선, 그리고 내각제 개헌 문제 해결인데, 좌경용공 세력 척결은 현행법으로 할 수 있고, 개헌 문제는 국회에서 3분의 2 이상의 의석을 확보하도록 노력하면 될 겁니다. 정치풍토 개선이나 정계 개편은 아직 명분이 없는 것 같으니 일단 모든 조치를 12월이나 내년 2~3월로 미루는 것을 의견으로 올립시다."

전두환 정권의 비상대책회의가 열리고 있었던 바로 그 시각인 11월 3일 오후 6시 김대중은 대통령 불출마 선언을 하기로 결정했음을 이태호 비서에게 통보했다. 이 장면을 이태호는 다음과 같이 묘사했다.

김대중은 두문불출했다. 그는 한동안 아무 말도 없었다. 그와 나는 동교동 집에서 얼굴을 마주친 일이 없었다. 다른 비서들, 그리고 이른바 측근이라는 동교동계 중진 정치인들은 정확한 영문을 알 리 없었다. 나는 겉으론 태연하고 속으로는 초조했다.
사마천의 불후의 명저 《사기(史記)》를 통독하는 것이 이 무렵 나의 일과였다. 11월 3일 오후 6시. 전화벨이 울렸다. 김대중의 목소리였다.
"이 동지, 응접실로 올라오시오."
보고서를 올린 지 꼭 사흘 만이었다. 나는 지하실에 있는 전문위원실 문을 열고 계단을 하나하나 밟아 오르며 '결과는 무엇일까?' 하고 속으로 물었다. '모르겠다'는 것이 나의 대답이었다.
응접실엔 김대중과 이희호 두 사람뿐이었다. 두 줄로 도열한 안락의자의 맨 앞 가운데에 있는, 다른 의자보다 약간 높은 의자에 김대중이, 그 바로 앞 안쪽 안락의자에 이희호가 담담한 표정으로 앉아 있었다. 김대중은 짙은 밤색 양복, 이희호는 엷은 베이지색 바탕에 잔 꽃무늬가 박힌 투피스 차림이었다.
"앉으세요."
김대중은 이희호와 마주보는 자리를 가리키며 말했다.
"네!"
나는 조심스럽게 앉으며 떨어질 말을 기다렸다.

"이 동지, 고맙소! 앞으로도 나에 대해 기탄없이 좋은 말 해주기 바라오."
그는 엷은 미소를 지으며 나에게 악수를 청했다. 이희호도 활짝 웃으며 나의 손을 잡았다."

(이태호, 《영웅의 최후》, 서울, 한뜻, 1992, 341~342쪽)

작가이자 언론인인 강준식은 김대중이 이태호의 제안을 받아들인 것은 미 국무부 동아시아태평양 담당 부차관보 윌리엄 클라크가 김대중을 만나 "미국 정부는 당신을 한국 대통령으로 지지하지 않는다"는 내용의 말을 했기 때문이라고 주장했다. 강준식에 따르면 김대중은 클라크의 말에 눈물을 흘렸다고 한다.

11월 4일 오전 김대중은 신민당사를 방문해 이민우 총재와 주요 당직자들에게 다음날 자신이 발표할 내용을 미리 알려주었다.

이어 김대중은 12시 30분부터 미 대사관의 해리 던롭(Harry Dunlop) 정무참사관 자택에서 클라크 부차관보와 오찬을 겸하여 2시간 가까이 비밀회담을 가졌다. 김대중과 요담을 마친 클라크는 일본 도쿄로 떠났다(클라크는 도쿄에서 개스턴 시거 차관보를 만났고 그와 함께 11월 6일 서울로 다시 왔다). 김대중은 기자들의 재촉에도 불구하고 이 요담의 내용이 무엇이었는지를 말하지 않았다. 이날 검찰은 애학투 사건 수사 결과를 발표했다. 검찰 발표문은 제목이 '공산 혁명분자 건국대 점거 난동 사건'이었다. 이날 법원이 영장을 추가로 발부하여 420명이 더 구속 수감되었다.

법원은 단 한 건의 영장도 기각하지 않았다. 애학투 관련 최종 구속자 수는 연행자 1525명 가운데 부상자 등을 제외한 1290명이었다. 이는 일본 최대의 학원사건으로 꼽히는 1969년 동경대 사건의 구속학생 616명의 두 배가 넘는 것이었는데, 단일 사건으로는 세계 사법사상 최다 구속자였다. 이 사건으로 학생운동권은 심대한 타격을 받았다.

경찰은 주동학생 29명에게 국가보안법을 적용했다. 사실 건국대에 붙은 대자보에는 과격한 주장이 들어 있어 사람들을 놀라게 했다. "도대체 남녘땅 민중에게 반공 이데올로기는 무엇입니까. (……) 쪽발이, 양키놈을 더 좋아하고"라든가 "까부수자", "진달래꽃 머리에 꽂고", "민족의 원쑤 미제국주의자" 등 북한의 용어가 그대로 사용되기도 했다. 누가 이 대자보를 붙였는지는 수수께끼로 남아있다.

11월 5일 수요일 오전 9시 김대중은 서울시 중구 다동에 있는 민추협 사무실에 도착했다. 신민당 국회의원 및 주요 당직자, 김대중 비서진 등 150여 명이 김대중을 맞았다. 김대중은 이들과 50여 명의 내외신 기자들이 지켜보는 가운데 성명서를 읽기 시작했다.

대통령 불출마 성명서

우리 민족은 숱한 외세의 침탈과 독재자들의 학정에도 불구하고 잘 나고 똑똑한 6천만의 세계 열두 번째로 큰 민족이 이 땅에서 활기차게 살아가는 자랑스러운 역사를 창조해왔다. 억압과 착취는 민중의 힘 앞에 조만간 쓰러지고 만다. 그동안 나는 우리 민족에 대한 한없는 경애와 신뢰를 바탕으로 어떠한 어려움도 국민과 더불어 극복할 수 있다는 확신을 가지고 국민을 위해 봉사하려고 힘써왔다.

그러나 최근 광란의 권력이 휘몰아친 한파는 온 국민을 극도의 긴장과 불안 속에 떨게 하고 있다. 이것이 민주화로 가는 마지막 시련이라 할지라도 내가 처해 있는 여러 모로 제한된 상황 아래서 난국 타개를 위한 뚜렷한 역할을 할 수 없는 나는 안타깝고 초조한 심정으로 요즘의 정국을 바라보고 있었다.

특히 최근에 일어난 건국대학교에서의 사태에서 오늘의 현실을 가져오는 데 아무 책임도 잘못도 없는 우리 젊은 자식들이 무더기로 희생되는 것을 볼 때, 그리고 또 앞으로 이러한 사태가 다시 일어날 수도 있는 현실을 감안할 때 나의 마음은 천 갈래 만 갈래로 찢어지는 심정이다.

이러한 미증유의 중대 국면에 처하여 나는 스스로를 희생하는 한이 있더라도 무언가 해결에의 돌파구를 찾아보려고 애써 모색해 왔다. 이러한 나의 노력에 있어서 지난 10월 20일 로마에서 행한 김수환 추기경의 발언은 나에게 결단을 위한 귀중한 시사를 제공해 주었다. 나는 김 추기경의 나 개인의 권리 회복에 대한 특별한 관심과 나의 거취를 위한 충언에 감사해 마지않는다. 나는 이제 결심을 가다듬고 국민 여러분과 전두환 정권에게 나의 소신을 피력하는 바이다.

현 난국을 수습하는 길은 국민의 절대 다수가 원하는 대통령 중심 직선제로의 개헌에 의한 조속한 민주화의 실현밖에 없다. 그러나 전두환 정권은 이러한 국민적 열망에 귀를 기울일 생각이 없는 것이다. 그들은 국민의 지지 여하를 막론하고 1988년 이후에도 계속 권력을 장악하겠다는 집념에 사로잡혀 있다.

이러한 목적을 달성하기 위해 전두환 정권은 지금 권력과 금력, 그리고 모든 홍보매체와 공작정치의 기능을 총동원하여 학생·노동자·농민·지식인 등 모든 민주세력에게 1980년과 같은 처절한 집중공격을 가하고 있다. 그들이 지금 동원하는 수법도 그때와 같은 용공세력 일소라는 구실을 앞세우고 있다.

나는 전두환 정권이 민주세력에 대한 적대적 탄압과 파렴치한 재집권 음모를 즉각 중단할 것을 촉구한다. 아울러 전두환 정권은 전 국민의 엄숙한 명령인 민주화에 성의 있는 대응의 자세로 일대 전환을 단행해야 한다.

민주화만이 구국의 길이요 무엇보다도 안정과 안보에의 유일한 길이다. 전두환 정권은 스스로의 불행을 막기 위해서도 이 길을 따라야 한다. 전 정권이 이 길을 가는 데 있어서 나의 존재가 장해가 된다면 나는 나를 기꺼이 희생의 제단에 바치겠다.

이제 나는 여기서 대통령 중심 직선제 개헌을 전두환 정권이 수락한다면 비록 사면·복권이 되더라도 대통령 선거에 출마하지 않겠다는 나의 결심을 천명한다.

언제나 강조해온 바와 같이 나의 삶의 목적은 무엇이 되는 것이 아니라 하느님과 국민과 나의 양심 앞에 바르게 사는 것이다. 대통령이 되는 것이 나의 목적이 아니고, 국민이 오늘의 암흑과 착취로부터 벗어나 자유와 정의와 인간의 존엄성을 회복하는 데 있어서 총력을 기울여 돕는 것이 나의 목적이다. 그리고 한반도에서 항구적인 평화와 조국의 완전한 통일에의 대로를 여는 민족적 대역사에 성실하고 헌신적인 봉사자가 되는 것이 또한 나의 삶의 목적이다.

나는 자유와 정의, 그리고 평화와 통일의 결의에 차 있으며 또한 이를 향유할 역량을 이미 충분히 갖추고 있는 우리 국민이 이러한 목표를 달성하기 위한 유일한 길인 민주 회복을 어떠한 난관도 극복하면서 머지않아 성취할 것을 확신한다.

 마지막으로 나는 다시 한 번 대통령 중심 직선제를 위한 전두환 정권의 결단을 바라며 현재의 급박한 사태에 처하여 돌연한 결정을 하게 된 나의 고충에 대해서 지금까지 나를 지지, 편달해주신 선배, 동지들과 국민 여러분의 이해와 성원을 바라는 바이다. 나의 오늘의 결단이 지역과 지역, 부자와 가난한 자, 그리고 민과 군의 대립과 갈등을 해소하고 민주화라는 공동의 기반 위에 전 국민이 화해와 단결을 이룩하는 계기가 되기를 충심으로 바라는 바이다.

1986. 11. 5

김대중

김대중은 성명을 발표한 뒤 한두 마디 첨가하겠다면서 말했다.

"성명서에도 나와 있지만 나의 이런 결심은 무엇보다도 이번 건국대 사태가 가져다준 나 개인뿐 아니라 전 국민적인 충격, 그리고 휩쓸아치는 독재권력의 국민에 대한 마지막 공격 준비를 보고 내가 여기서 몸을 던져 정국 해결의 어떤 실마리를 풀어야겠다고 하는 위기의식과 절박한 심정에서 하게 된 것입니다.

지금까지 이 정권과 민정당은 입만 열면 대통령 직선제는 신민당이 바라는 것이 아니라 어느 특정인이 대통령이 되기 위해서 강압하는 것이라고 하고, 심지어 문서에 내 이름까지 언급하면서 대통령 직선제는 김 모가 대통령 되기 위해 주장하는 것이라고 선전해 왔습니다. 여러 차례 외국 기자들로부터 "한국 정부 당국자들을 만났더니 만일 당신이 대통령에 출마하지 않으면 정부가 직선제를 수락할 용의가 있다고 한다. 이에 대해 어떻게 생각하는가"라는 질문을 받았습니다.

어쨌든 나는 오늘 내가 취한 이 태도가 민정당이 어떤 명분을 가지고 대통령 중심 직선제를 채택해서 이 나라의 국난을 타개하는 데 이제나마 이바지할 수 있도록 전두환 대통령과 민정당 여러분에게 바라 마지않습니다.

다음으로 내가 말하고 싶은 것은 우리 국군에 관한 것입니다. 뭐라 해도 국군은 우리나라 국방의 간성이요 가장 중요한 세력입니다. 우리에게 최대의 불행이 있다면 그것은 나라를 지켜야 할 군인들이, 비록 참으로 일부지만, 그 본연의 임무를 포기하고 정치에 개입하여 심지어는 수많은 국민의 목숨을 앗아가면서까지 자기들의 정권 야욕을 채우고 국민을 억압하면서 통치하고 있다는 오늘의 현실입니다.

군사통치가 계속된다면 국민은 자유도 없고 경제건설이 아무리 이루어져도 정의가 없습니다. 군사통치가 계속되는 한 그들이 그토록 주장하던 안정도 없고 안보도 없고 반공도 없습니다. 민주주의를 할 때만이 이러한 문제들이 해결됩니다. 따라서 오늘 나의 이러한 발표를 계기로 우리의 사랑하는 국군이 다시 국민의 존경과 신뢰를 회복할 수 있도록 앞으로 어떠한 경우에도 정치에 개입하지 말고 국민에게 총을 겨누지 않는, 그리고 국방에만 전념하는, 그러한 국군이 되어주기를 진심으로 바라는 것입니다.

내가 이 문제를 결정하는 데 있어서 하나의 큰 고충은 1971년 이래 15년 동안 내가 어떠한 역경과 어떠한 누명을 쓸 때도 나를 버리지 않고 혹은 산에서 기도를 하고 혹은 절에서 불공을 드리면서 나를 지원해준 그 수많은 국민들, 그리고 오늘의 내가 있도록 도와주고 협력해주신 선배, 동지 여러분들에게 충분한 협의를 드리지 못하고 결정한 것이라는 점을 진심으로 사과드립니다. 그러나 이 문제는 우리가 처해 있는 급박한 오늘의 시국 현실 또는 그 성질상 그렇게 일일이 협의하기도 어려운 처지, 물론 상당수에 대해서는 협의도 하고 연락도 했습니다만, 그러한 사정 때문에 그렇게 된 것을 여러분께 이해해 주시기를 바라는 것입니다.

이 문제에 관해서 이민우 총재께는 어제 밤에 말씀드리기도 했고, 또 김영삼 의장은 해외에 나가 있기 때문에 그 측근 분들에게 연락해서 말씀드리도록 했습니다. 김수환 추기경은, 그분의 많은 조언을 받았지만, 그분이 성직자라는 성격에 비추어 내가 그분의 충고를 받아들인 이상 만나서 이야기하는 것이 오히려 그분에게 누가 될까 싶어 앞으로 기회 있을 때 찾아뵙기로 하고 미리 만나지 않았습니다.

대체로 이러한 경위와 나의 충정을 말씀드리고 오늘 여러분들에게 드릴 말씀을 마치겠습니다. 대단히 고맙습니다."

사회를 맡은 민추협 대변인 한광옥은 김대중이 부연설명을 마치자 "혹시 질문이 있으면 간략하게 해달라"고 기자들에게 주문했다.

— 김 의장은 앞으로 민주화 투쟁을 어떻게 해나가고, 또 신민당과의 관계는 어떻게 유지해 나갈 것인가요?
= 이제 참으로 홀가분한 마음으로 앞으로는 지금보다 한층 더 모든 것을 바쳐서, 필요하다면 내 생명까지도 바쳐서 민주화를 위해 헌신 노력하겠습니다. 민추협 의장으로서는 계속 김영삼 의장과 강력히 협력해 나갈 것이고, 신민당에 대해서는 하나의 협력자로서 충실하게 민주화 투쟁을 도울 것입니다.

김대중은 서둘러 기자회견을 마치고 민추협 정례 상임운영위원회를 1

시간가량 주재했다. 소문을 듣고 사람들이 몰려들어 3백 명이 넘는 인파가 사무실에 가득 찼다. 회의를 끝낸 김대중은 미국 CNN 방송과 즉석 인터뷰를 한 다음 공동의장실로 들어갔다.

다음은 이날 김대중이 내외신 기자들과 주고받은 일문일답이다.

— 이미 제의해 놓은 여야 지도자간 회담에 대한 입장은 변경된 것이 있습니까?

= 진작 제의해 놓았으므로 저쪽에서 만나자고 하면 만나겠습니다. 그러나 다시 의사 표시를 하고 싶지는 않고, 저쪽 태도를 지켜보겠습니다. 문제는 이 나라 운명에 책임이 있는 사람들조차 만나지 않고 있다는 것입니다. 이것은 정치 이전에 민족의 수치입니다. 어떻게 그것이 책임 있는 사람으로서 취할 태도인가. 만나서 문제가 꼭 해결된다기보다는 만나는 것 자체가 중요합니다. 김일성과도 만난다고 하지 않습니까. 솔직히 말해 나 개인으로는 만나고 싶은 생각이 없습니다. 다만 난국의 해결을 위해 만나자는 것이지요. 대화 제의를 끝까지 외면하지는 못할 것입니다.

— 김영삼 씨와는 어떤 협력 관계를 유지할 것인가요? 대통령 직선제 하에서 김영삼 씨가 출마하면 어떻게 하겠습니까?

= 지금 이상으로 협력해 나가겠습니다. 김영삼 씨와 당이 그렇게 정하면 그에 따라 적극 지지할 것입니다.

— 개헌에 관한 선택적 국민투표 등을 위한 거국관리내각 주장에는 변함이 없나요?

= 우리 현실을 해결하기 위해서는 민주화와 화해가 병행돼야 합니다.

이를 위해 중립 인사들로 거국내각을 구성하여 전 국민적 화해와 신뢰를 심는 것이 필요하다고 생각합니다. 이것은 내 개인적 의견이고 지금도 변함이 없습니다. 과거 허정 과도내각은 각료의 어느 누구도 국회의원에 출마하지 않은 중립내각으로서 4·19 후의 시국을 훌륭히 수습했습니다. 내 제안은 전 대통령이 그 자리를 유지해도 좋으나, 다만 총리 이하 내각을 중립 인사로 구성하여 전권을 갖고 민주화와 화해를 성취하자는 것입니다.

— 대통령 직선제는 여권이 결단코 반대하고 있는데 "직선제를 수락하면"이라고 했습니다. 여권이 이를 수락하지 않으면 어떻게 할 것인지요.

＝ 내가 결심을 밝혔으니 여당이 다시 생각하고 국민 여론도 일어날 테니 좀 두고 봅시다. 미리 안 된다고 얘기할 필요는 없습니다. 정부 여당이 항상 직선제는 김 모가 대통령 되기 위해 억지로 밀고 나가는 것이라 했으니, 내가 대통령이 목적이 아니고 직선제가 목적이라고 했으므로 정부 여당이 이제 충분히 재고할 단계라고 생각합니다.

— 이민우 총재와 김영삼 고문 등 3자 단합을 강조해 오다가 김 고문이 외국에 있는데 혼자 결정하고 발표했습니다. 왜 그렇게 급박하게 처리했습니까?

＝ 성명서 작성을 어제 밤(4일) 자정이 넘도록 했습니다. 이런 문제는 먼저 해놓고 나중에 알리는 것이 좋을 수도 있습니다. 무엇보다 절박하게 생각한 것은 건대 사건을 전후한 일련의 사태를 보고 몸을 던져 시국의 돌파구를 마련하여 국민들에게 짐을 주지 않고 자유로운 몸으로 봉사하고 싶었지요.

— 이번 결정 과정에서 측근들과는 얼마나 협의했나요?

= 급박한 시국의 현실이었고, 또 사안의 성질상 일일이 협의하기 어려운 처지였습니다. 이 총재와 김 의장께는 말씀을 전해 드리도록 했습니다.

— 김수환 추기경과의 사전 협의는?

= 추기경은 성직자라는 성격에 비추어 그분의 충고를 받아들인 이상 미리 만나 협의하면 그분께 누가 될 것 같아 미리 만나지 않았습니다.

"대통령 직선제 개헌을 전두환 정권이 수락한다면 비록 사면·복권이 되더라도 대통령에 출마하지 않겠다"는 김대중의 선언은 정국을 개헌 쪽으로 돌려보려는 희생적 결단으로 평가되기도 했지만, 전두환의 비상조치를 피해 보려는 시도로 해석하는 이들도 많았다.

이날 저녁 정주영 등 재벌 16명을 청와대로 초청한 자리에서도 전두환은 비상조치를 암시했다.

"내가 지금 가만히 보고만 있습니다. 내가 더 하려는 욕심이 없으니 욕 먹고 악인이 되더라도 확실히 나라를 올바로 잡아놓고 나가야 될 것 같아요. 내가 대통령이 되기 전에는 누구를 어떻게 정리할지 몰라서 못했는데 6년을 해보니 문제가 많아요. 정치하는 사람의 자질도 문제가 많고 법적으로도 문제가 있어요. 내가 국회에서 합의 개헌을 하라고 했는데 그걸 못 하고 세금도 안 낸 사람들이 자꾸 시끄럽게 하는데 내가 그런 걸 보고 자리를 내놓고 그냥 나갈 수 있겠어요? 나라를 바로잡기 위해서는 내가 어떠한 조치를 취해야 할 것 같아요."

불출마 선언에 대한 각계의 반응

김대중의 불출마 선언이 보도되자 동교동에 많은 전화가 왔다. 다음은 그 가운데 일부다.

서울 동대문구의 40대 남성: 참으로 위대한 구국의 결단이다. 우리 민족과 역사의 흐름을 직시한 용단이고, 작게는 독재정권의 장기집권 음모에 쐐기를 박는 쾌거다. 비록 충격은 컸지만 선생님의 정신력에 감복했으며, 그와 같은 민족 지도자가 있는 한 우리나라의 민주화는 반드시 올 것으로 확신한다.

전북의 모 신부: 일부 국민들의 마음 한 곳에 남아 있던 꺼림칙한 부분을 일소시킨 용단에 감명 깊었습니다. 감사하는 마음으로 선생 내외분의 건강을 위해서 기도하겠습니다.

경남 거제도의 나이를 밝히지 않는 남성: 과연 김대중 선생만이 내릴 수 있는 어려운 결단이오. 김 추기경의 발언이 나온 이후라서 더욱 순수하게 받아들여집니다. 이곳 여론은 대체로 김영삼 선생을 지지하지만 오늘 김대중 선생의 용단에는 큰 호감을 보이고 있습니다.

서울 마포구의 20대 남성: 순수하고 무고한 학생들이 더 이상 독재

권력에 희생되지 않도록 결단을 내리신 선생님의 충정을 이해하며 한없는 존경을 보냅니다. 이제 김대중 선생님은 정치인이라기보다는 민족 지도자로서의 길을 택하신 것이며, 우리 민족의 장래에 서광이 비치는 것 같습니다.

경남 울산의 40대 남성: 말문이 막힐 정도로 훌륭하고 어려운, 국민을 위한 결단이오. 제도적 폭력과 누명에 의해 박탈된 선생의 공민권을 복권시키는 것은 현 정권이 아니라 바로 국민들이란 점을 강조하고 싶소.

제주도의 40대 남성: 최근의 위기설 등 불안감을 해소시키고 답답한 정국의 돌파구를 마련한 청량제입니다. 우리 국민들은 선생의 그 위대한 뜻이 헛되지 않도록 더욱 분발 노력할 것입니다.

서울의 남성: 감격과 불안이 교차합니다. 왜 한 사람의 지도자만이 희생되어야 합니까? 지금 우리 심정은 마치 주인 잃은 초상집과도 같습니다. 신민당도 이 기회에 획기적인 반성을 하고 국민에 대한 도리를 다하도록 노력해야 합니다.

서울 성북구이 30대 남성: 믿었던 분이 그런 발표를 하시니 우리나라는 앞으로 어떻게 되란 말이오? 민중은 개인별로는 우매하게 보일지 모르지만 전체적으로는 참으로 현명합니다. 전 국민의 최소한 50% 이상이 선생님을 지지하고 있는데 이를 저버리시니 참으로 원통하고 비통합니다. 이것이 민정당의 말처럼 차라리 전략·전술이라면 오죽이나 좋겠습니까.

서울의 20대 남성: 많은 국민들이 진정으로 감사하고 있어요. 선생님의 결단은 이 땅의 반독재 민주화 투쟁을 위해 많은 동지들이 끝까지 목숨 걸고 싸울 수 있는 계기를 마련해 주었습니다. 비서님들, 용기를 잃지 말고 건투하십시오.

서울의 50대 남성: 선생의 숭고한 뜻을 어찌 민정당 사람들이 알겠는가. 그야말로 돼지에게 진주를 주는 격이다.

광주의 40대 변호사: 장기간의 군사독재 하에서도 우리 국민들은 희망과 기대를 가지고 살아 왔다. 누구를 믿고 그랬겠는가? 선생님은 약속을 지키시는 분이기 때문에 더욱 더 좌절감과 억울함을 느낀다.

서울 강남구의 30대 주부: 너무 분하고 억울해서 밤새 울었습니다. 그분의 조국과 민족을 사랑하는 마음을 우리 주부들도 잘 알고 있습니다. 이번 결단이 용공으로 몰리는 어린 학생들과 국가를 구하기 위한 자기희생이라고 생각하니 더욱 측은하고 슬픈 감정이 복받칩니다. 같이 있는 다섯 명의 동네 주부들도 함께 성명서를 읽으며 울었습니다.

(이태호, 《영웅의 최후》, 서울, 한뜻, 1992, 357~359쪽)

민정당은 김대중의 불출마 선언이 의미가 없다는 논평을 내놓았다.

"불출마 공표가 정계 은퇴나 정치 포기를 의미하는 것이 아니라면 아무런 의미가 없다. (……) 직선제는 국론의 분열, 지역감정의 심화, 막대한 국력의 낭비 등 장해가 많아 실시가 불가능한 것으로 판단된 지 오래다. 이를 알면서도 불가능한 전제조건을 내걸어 불출마를 공표한 것은 당초부터 불출마 의사가 없다는 것을 스스로 반증한 것이다." (민정당 대변인 심명보의 비공식 논평)

"며칠 전 신민당의 한 의원으로부터 김대중 씨가 정치 2선으로 물러설 것이라는 얘기를 들었다. 김 씨는 지난 10월 28일 명동성당의 어느 신부에게 김수환 추기경이 귀국하면 면담할 수 있도록 주선해 달라고 부탁하고, 추기경을 만난 후 정치 2선으로 물러나는 선언을 하겠다고 했다더라. (……) 그런데 정작 나온 선언으로 달라진 게 무엇이 있느냐. 김 씨가 완전히 정계에서 은퇴한다면 몰라도, 지금처럼 되지도 않을 대통령 직선제의 수용을 전제로 불출마를 선언한 것은 한 차원 높은 욕심을 드러낸 것에 불과하다. (……) 결국 그는 국민의 동정심을 유도해서 모종의 돌파구를 찾고 사면·복권이나 얻어내겠다는 심산일 것이다." (민정당 사무총장 이춘구의 논평)

〈한국일보〉 해설(11월 8일자)이 "오랫동안 정치활동의 발이 묶여 있다가 모처럼 자신의 장래 거취 문제를 밝히는 선언으로 정계에 완전 복귀한 것 같은 착각마저 들 정도로 큰 파문을 던진 김 씨"라고 언급했듯이 1985년 귀국 후 언론과의 회견에서 김대중은 전두환과의 약속을 지켜 대통령 선거에 출마하는 등 협의의 정치 활동은 하지 않고 오직 민주 회복을 위한 광의의 정치 활동만 하겠다고 공언해 왔다. 김대중의 그 말을 믿는다면 이미 불출마 선언을 했는데 다시 불출마 선언을 한 셈이었다.

11월 6일 한국에 온 시거 차관보는 전두환, 국무총리 노신영, 외무장관 최광수(崔侊洙) 등 정부 최고위 인사들과 연속적으로 만났다.

11월 8일 오전 시거 차관보는 국회를 방문하여 이민우 신민당 총재, 이재형 국회의장, 노태우 민정당 대표와 연이어 회담했다.

이민우 총재와의 회담은 김현규 원내총무가 배석했는데 예정시간을

30분 이상 넘겨 1시간 5분 동안 계속되었다. 다음은 회담 내용의 일부다.

이민우: 2·12 총선 민의는 바로 국민이 스스로 정부선택권을 갖겠다는 의사의 표출이었고, 대통령 중심제 직선제가 민의였다. 그동안 민정당은 호헌 논리로 정통성을 커버해오다가 느닷없이 내각책임제를 들고 나왔다. 내각책임제라는 것은 정당제도의 확립이 전제되어야 한다. 과거 자유당과 공화당을 보면 국민을 위한 정당이 아니라 독재자 개인을 위한 정당이었기 때문에 그 지도자가 권좌에서 물러나면 그 정당은 물거품처럼 사라졌다. 지금의 민정당도 똑같다. 이러한 우리나라의 정당 체질을 가지고 내각책임제가 될 수 있다고 보는가.

이제 와서 마치 내각책임제가 국민으로부터 더 많은 지지를 받고 있는 것처럼 민정당 측은 주장하고 있다. 한국의 개헌 정국은 여당의 내각책임제와 야당의 대통령 직선제가 극한 상황으로 대치되어 있는 상태다. 따라서 정치권에서 해결이 불가능하다면 바로 국민선택에 맡겨보자는 것이 우리 당이 주장하는 선택적 국민투표 방식이다. 이것만이 현재 시비의 초점이 되고 있는 정통성 문제를 해결할 수 있는 유일한 방법이라고 생각한다. 우리 당은 지난 40년 동안 자유민주주의를 추구해온 반공 정당으로서 유일하게 국민에게 뿌리를 내리고 있는 정당이다.

시거: 잘 알겠다. 우리는 어느 쪽의 안도 지지할 입장이 아니다. 서로가 대화와 타협에 의해 위기를 극복했으면 한다.

이민우: 6·25 사변을 통해 미국은 우리 조국을 지켜주기 위해 많은 희생을 했다. 그렇기 때문에 양국은 혈맹국으로서 우리 국민은 미국에 대해 언제나 감사하게 생각하고 있다. 그러나 요즘에 와서 학생권과 진보적 세

력 속에서 반미 구호들이 나오고 있다. 이것은 미국을 싫어하기 때문이기보다는 미국이 현 정권과 유착해서 지원을 해주고 있다는 인식에서 나온 결과다. 진실로 정부를 믿고 국민이 자유스러우면서 좌절감이 없이 희망을 가질 때 이 나라 안보는 튼튼해질 것이다.

우리나라는 다른 나라와 달리 남북 대결에서 사상전의 전초기지에 서있는 국가로서 GNP의 6%를 국방력에 충당하고 있다. 미국의 대한 무역개방 압력 등은 반미 계층의 감정을 더욱 격화시키고 있다.

시거: 왜 한국 국민들의 반미 감정이 노골화되고 있는지를 잘 이해하지 못하겠다. 무역 관계만 하더라도 미국은 어느 나라에 대해서나 개방정책을 쓰고 있고, 우리 물건을 팔 수 있어야 남의 물건도 살 수 있다고 생각하고 있다. 무역개방 압력은 이러한 미국 국민들의 생각과 압력 때문에 그렇게 되는 것이다.

김현규: 미국은 남미 일부 국가와 필리핀, 한국 등 일부 동남아 국가의 민주화에 많은 관심을 갖고 있는 것으로 알고 있다. 최근 한국을 방문한 클라크 미 국무부 부차관보나 시거 차관보가 전두환 대통령과 노신영 국무총리 등 정부 요로의 많은 사람들을 만나지 않았는가. 한국 정부의 민주화에 대한 기본 구상이 미국이 바라는 것과 일치한다고 생각하는가. 또 요즘 항간의 위기설에 대해서는 어떤 인식을 갖고 있는가.

시거: 위기설에 대해서는 내가 아는 것이 없고, 어떤 경우에도 쌍방간 물리적 힘으로 문제를 해결할 생각은 버려야 한다.

이민우: 우리가 앞으로 집권한다 해도 미국과의 기본 우호노선에는 변함이 없을 것이다. 오늘날 운동권 학생들의 주장이나 움직임은 우리가 요구하는 민주화가 이루어질 때 해소될 것이라 생각한다. 진정한 민의에 의

한 정부가 들어설 때 우려하는 혼란은 모두 없어질 것으로 확신한다.

시거: 오늘의 만남이 매우 유익했다고 생각한다.

이어 시거 차관보는 이재형과 25분간 면담했다.

이재형: 이번 미국 중간선거 결과를 보고 상하 양원은 민주당이 다수 의석을 차지했는데 주지사는 반대로 공화당이 많이 차지한 것이 한국인으로서는 조금 이해하기 어려운 면도 있더라.

시거: 미국의 큰 주 주지사는 대부분 공화당이 차지했다. 1988년 대통령 선거에서 공화당이 승리할 수 있는 발판이 될 것이다.

이재형: 지난 40년간 한미 우호관계는 바람직한 방면에서 이룩됐다고 본다. 그러나 앞으로의 한미 관계는 더욱 중요하다고 본다. 한미 양국이 노력하여 지난 40년간의 관계보다 더욱 공고하게 돼야 한다. 그 이유는 한국이 그동안 정치·경제적으로 많은 발전이 있었기 때문이다. 한미 관계는 두 나라에 국한된 것이 아니라 전 세계에 깊이 공헌할 것으로 알고 있다.

시거: 이 의장의 고무적인 말씀이 고맙다. 한미 관계는 세계적으로 큰 역할을 해주고 있다고 본다. 그것은 한국이 그만큼 국제적으로 성장했기 때문이다. IMF 총회, 아시안게임 등을 치른 성과는 한국이 이제 세계적으로 인정받을 수 있는 나라가 되었음을 보여주었다. 88 서울올림픽은 86 아시안게임 이상으로 훌륭하게 치를 수 있으리라고 확신한다. 이 의장의 말씀에 전적으로 동감한다.

이재형: 일부 의식화된 학생과 근로자 사이에 반미 구호가 나타나고 있

는 사실을 깊이 우려하고 있다. 본인은 의장으로서 대통령에게 그 같은 문제와 관련하여 건의를 한 바도 있다. 대통령께 임기 중에 다음 정권이 안심하고 들어설 수 있도록 공산 의식화된 세력은 정리해야 한다는 뜻을 말씀드렸다. 현재 정부는 어떤 희생을 무릅쓰더라도 그 같은 공산 세력 정리를 추진하고 있는 것으로 알고 있다. 이 과정에서 겪는 다소의 아픔은 우리 모두가 각오해야 할 것이다.

시거: 잘 이해한다. 의장 말씀에 동감한다. 여야간 대화는 현재도 잘 진행되고 있지만 계속 추진하는 것이 바람직하다고 생각하며, 그 같은 과정이 민주적으로 정권 이양을 이룩하는 데 기여하리라고 생각한다. 한 가지 덧붙이고 싶은 이야기는 그러한 과정이 특히 인권보호라는 울타리 안에서 잘 이룩되기를 희망한다는 점이다.

이어 노태우하고는 28분간 면담했다.

시거: 중국 방문에서는 미·중간 쌍무 일반관계를 협의했으며 일본에서는 나카소네 수상을 예방하여 세계정세 전반에 관해 협의했다. 한국의 정치상황이 겪고 있는 어려움 또는 해결방안 등에 관해 의견을 듣고 싶다.

노태우: 모든 것은 종합적인 상황에서 판단해야 할 것이다. 아시아경기대회를 성공적으로 완수하여 우리 위치를 과시했고 모든 분야가 하나로 될 수 있는 계기가 되었다. 그런데도 불구하고 우리가 정치적 발전을 해나가는 데 있어 어려움이 없는 것은 아니다.

과거의 정치상황이 그런대로 다행스러웠던 것은 보수반공이라는 공동인식이 있었다는 점이다. 여측은 우리의 안보경제 면에서의 특수성을 고려하여 권력집중 경향을 보였고 야측은 이를 분산하려는 정치적 투쟁을 했던 것이 과거의 상황이었다. 이제 야측이 주장하던 그 같은 이슈는 없어지고 여측이 더욱 발전지향적인 자세를 보이고 있는 형편이다. 그러나 최근 건대 시위에서 보았듯이 급진 좌경화된 세력을 분리해야 할 시기에 와 있다. 그런 방향으로 앞으로 민주화 발전을 위해 노력할 방침이다.

그렇더라도 폭력으로 질서를 혼란시키거나 국가를 전복시키려는 기도에 대해서는 대화만으로 대할 수는 없다. 따라서 불가피하게 힘을 사용할 필요가 있을 수도 있다. 그러나 이 힘의 사용 목적은 우리나라에서 민주정치를 가능하게 하고 민주적 정치발전을 위해 불가피한 수술 조치로 취하는 것임을 분명히 인식해야 할 것이다.

앞으로 산적한 정치일정에 어려움도 많으나 우리가 꾸준히 노력하면 예정된 정치일정을 큰 문제 없이 추진할 수 있을 것으로 확신한다.

시거: 한국 측이 밝힌 입장을 충분히 이해하고 있다. 한미 관계에 관한 미국 국민의 이해는 일치된 것이다. 우리는 한국 국민에 대한 기대가 크다. 상하원이 민주당으로 가긴 했으나 한미 관계에 아무런 영향이 없을 것이다. 미 의회와 행정부가 한국 국민을 존중하는 마음은 변하지 않을 것이다. 정치적으로도 여야간 대화 노력을 역력히 보고 있다. 그 과정에서 한미 관계가 잘 유지되기를 바란다.

이날 오후 시거는 48시간의 짧은 한국 체류를 마치고 떠났다. 다음은 떠나기 직전 가진 기자회견 내용이다. 시거는 우선 한국 방문이 유익했다고 말했다.

"한국, 일본, 중국 지도자들과의 회담은 유익하고 생산적이었다. 이 지역의 상황을 이해하는 데 도움이 되었다. 나는 내 견해와 미국 정부의 입장을 설명했다."

이어 시거는 기자들과 일문일답을 가졌다.

— 한국의 민주화에 대해서는 낙관적인가? 그 이유는 무엇인가?

＝ 내 성격이 항상 낙관적이다. 한국에 대해서는 한국인들이 과거에 이룩한 업적을 보면 낙관적인 견해를 갖지 않을 수 없다. 한국은 놀라운 경제성장을 이룩했고, IMF 회의를 서울에서 성공적으로 개최했으며, 아시안게임도 성공적으로 끝냈다. 앞으로 88 올림픽도 준비 중에 있는 등 한국의 국제적인 역할이 증대됐고, 국제사회에 기여하고 있다. 나는 한국인들이 당면하고 있는 정치적 문제도 협의와 토론, 협상을 통해 해결하려고 노력하고 있다고 믿지 않을 수 없다. 그리고 과거에 한국인들이 기타 다른 일들도 성공적으로 결말지은 것을 보아 그 같은 노력은 성공하는 결과를 가져올 것으로 믿는다.

— 국내 보도에는 귀하가 반체제 인사에 대한 한국 정부의 강경조치를 이해하고 정치적 안정이 한국의 안보에 중요하다고 말한 것으로 되어 있는데.

＝ 내가 한 얘기를 정확히 되풀이할 수는 없지만 민주주의를 성공적으로 이룩하는 길은 토론과 협상, 그리고 타협을 통해야 한다는 점을 다시 말하고 싶다. 한국인들은 지금 토론과 협상, 그리고 타협의 길을 걷고 있으며, 또한 이것이 한국인들이 가야 할 길이기도 하다. 나는 어떤 형태든 폭력 사용은 반대한다. 폭력 사용은 타협과 협상 분위기를 어렵게 하고, 나아가서는 민주주의를 고양시키지 못한다. 이것이 본인의 견해이며, 한

국 정부 지도자들과 야당 지도자들에게 이를 밝혔다.

― 노태우 민정당 대표위원이 귀하와의 회담 중 질서를 파괴할 때에는 불가피하게 힘을 사용할 필요가 있을 수도 있다고 말했다는데.

＝ 노 대표가 한 발언에 대해서는 그만이 책임을 질 일이다. 나는 그가 한 말에 대해 논평을 하고 싶지 않다. 그것은 그가 할 일이며 내 견해는 앞서 얘기한 대로다.

― 사태가 악화될 경우 정부는 비상조치를 취할지도 모른다는 소문이 있다. 이런 소문을 들어보았는지.

＝ 그 같은 소문에 대해서는 아는 바 없다. 내가 만난 한국 사람 중 아무도 그 같은 소문에 대해서는 얘기해주지 않았다.

― 한국 내에서 증가되고 있는 반미 감정에 대해 어떻게 보고 있는가.

＝ 내가 만난 한국인 중 여러 사람들이 반미 감정에 대해 얘기했다. 반미 감정이 증대되고 있다는 데 유감이다. 그것이 사실이라면 미국의 입장을 잘못 이해한 데서 비롯된 것이다. 미국은 한국이 지금까지 성취한 것을 높이 평가하고 한국의 민주주의를 위해 모든 지원을 해주고 있다. 지난 1983년 레이건 대통령도 한국 국회에서의 연설을 통해 미국은 한국의 민주 제도와 과정을 강력히 지원하겠다고 밝혔다. 미국의 대한 무역정책이 반미 감정을 자극시킨다는 얘기를 들었으나 이는 공정하지 못한 판단이다. 미국은 현재의 국제경제 체제를 보호하려 노력하고 있고 모든 국가에 유익한 자유무역 체제를 지지하고 있다. 한국경제가 강력해지는 것은 한미 양국이 모두 바라는 바다. 한국은 미국의 동맹국이며 우방이라는 미국의 입장은 분명하다.

― 민주당이 미 상원의 다수당이 되어 한미 양국 무역에 어떤 영향을

미칠 가능성은 없는가.

＝특별한 영향을 미칠 것으로는 생각하지 않는다. 보호주의 입법에 반대한다는 레이건 행정부의 입장은 변함없다. 의회와 행정부 간의 마찰은 예상되지만 의회 인사들도 레이건 대통령의 입장을 지지하고 있다. 보호주의는 장기적으로 이롭지 못하다.

─ 한국에 전달할 어떤 메시지를 휴대하고 한국을 방문했는가.

＝없었다. 미국은 한국이 토의와 협상을 통해 1988년에 평화적 정권교체를 하기를 희망하고 있다.

─ 한국 측이 미국 측에 전달한 메시지는 없는가.

＝없다.

─ 김대중 씨의 대통령 출마 포기 발표와 개헌에 대한 견해는.

＝한국 국내 문제에 대해서는 논평하지 않겠다. 한국 국민들이 판단하고 결정할 일이다. 개별적인 문제에 대한 일은 논평하지 않겠다.

─ 귀하가 워싱턴에서 가졌던 한국 정세에 대한 인식과 지금의 인식에 차이가 있는가.

＝달라진 것은 없다. 한국의 각계 인사들과 만나 현안에 대한 의견을 교환했을 뿐이다.

─ 북한의 금강산댐 건설에 대한 특별한 정보를 갖고 있는가.

＝전문가들이 판단할 문제이지만 좀 더 자세한 정보를 수집하고 있는 중이다.

전두환 정권은 이날 오전 민통련 등 재야 14개 노동단체에 대해 해산명령을 내렸고, 14일에는 민통련 사무실 문을 용접기로 땜질하여 강제로 폐쇄했다. 민통련의 주요 간부들은 도피 생활을 하면서 자신의 역할을 수행했다. 민통련 인사들은 사무실이 폐쇄되자 남영동 대공분실 바로 건너편에 비밀 연락장소를 마련해 사용하다가 공간이 너무 협소하자 을지로 5가 냉면집 골목으로 옮겼다.

미국 레이건 행정부는 알게 모르게 전두환의 친위 쿠데타를 막으려 애썼다. 이는 퀠리, 시거, 클라크를 한국에 보낸 것으로도 알 수 있었다. 당시 한국을 들썩이게 한 '김일성 사망설'도 미국의 기획이었을 가능성이 크다는 주장도 나중에 나왔다(작가이자 언론인인 강준식의 견해).

11월 16일 일요일 12시경 윌리엄 리브시(William J. Livesey) 주한미군사령관이 한국군 합참의장 오자복(吳滋福)에게 김일성의 사망이 확실하다고 알린 것이 사건의 발단이었다. 오자복은 즉시 청와대에 들어가 이를 보고했는데, 전두환은 이미 장세동에게서 보고를 받은 뒤였다. 미국 측으로부터 나온 김일성 사망설이 복잡한 과정을 거치면서 증폭되어 한국에서는 언론은 물론 정부마저 '사실'이라고 했다.

11월 17일 〈동아일보〉와 〈중앙일보〉 등 석간신문들은 일제히 1면 머리기사로 '김일성 사망'을 기정사실로 대서특필했다. TV와 라디오 방송도 긴급 뉴스로 보도했다.

이날 오전 10시부터 11시 37분까지 전두환은 청와대에서 김일성 사망설에 따른 대응책을 점검하기 위한 비상국무회의를 주재했다.

전두환: 오늘 갑자기 회의를 소집한 것은 이북의 김일성이 죽었다는 미국 측으로부터의 통보가 있기 때문입니다. 군과 관계기관에서는 어제와 오늘 만반의 대비를 하고 있습니다. 분석해보니 심상치 않은 판단이 나오

기 때문에 여기에 대한 상황을 국무위원들이 이해할 필요도 있고 보고를 통해 잘 듣고 각자가 의견을 개진해서 관계된 대비, 대책을 강구하는 것이 필요하기 때문에 회의를 소집하게 된 것입니다.

오늘 회의는 국내에선 알려져도 좋지만 대외적으로는 자극을 줄 수가 있으므로 알리지 않는 게 좋을 것 같아요. (……) 리브시 사령관이 우리 합참의장에게 정식으로 직접 전화연락해온 겁니다.

장세동 안기부장: 김일성이 살아있을 가능성이 큽니다. 그 근거는 첫째, 북한의 중앙방송이 한 번도 김일성 사망설을 뒷받침할 동향을 보여주지 않았고 둘째, 몽고 수상의 평양 방문 스케줄이 변경되지 않았다는 것입니다.

오자복 합참의장: 김일성 사망설은 권력암투의 대외 돌파용이거나 허위일 경우에는 모종의 음모가 농후합니다. 북한은 1984년 이후 전투력의 65% 전진 배치와 미그23기, 화학탄 확보로 언제든지 선제 기습공격을 할 수 있는 태세를 갖추고 있습니다. 10만 특공대, AN2기 500대로 특수부대 동시다발 침투가 가능합니다. 신예 항공기를 이용하여 통치기구 등의 마비를 시도할 수 있습니다. 공격의 경우에는 땅굴을 이용한 침투로 테러활동과 납치 도발로 혼란을 극대화할 것입니다.

군의 대비 개념은 김일성 사망이 사실이든 아니든 한미 연합으로 전면전과 비정규전에 동시 대비하여 민관군 총력전 태세를 갖추는 것입니다. 최고의 경계태세 유지를 조치 중입니다.

최광수 외무장관: 미국 측으로부터 김일성 사망설을 뒷받침할 정보는 아직 입수되지 않고 있습니다. 던롭 참사관이 미주국장에게 여러 정황을 종합한 결과 사망 가능성이 높다고 전화로 알려왔습니다. 외무부는 재외

공관에 이를 염두에 두고 정보수집에 나서도록 했습니다. 결정적 징후는 나오지 않고 있습니다. 오늘 아침 릴리 주한 대사에게 심리전 수단인 확성기로만 나오는 것이 수상쩍다, 어떤 음모의 징후로 보인다는 분석을 제시하고 가장 위험한 시기라는 판단과 최고도 경계태세의 필요성을 역설했습니다.

김종호 내무장관: 16일 오후 2시부터 검문검색 강화와 주요 시설 보호 경비, 해안 경비 강화를 지시하였습니다.

이웅희 문공부장관: 〈조선일보〉가 김일성 사망설을 보도하였습니다.

전두환: 확인은 안 되었지만 일단 사실 보도는 필요하다고 봐요. 김일성이가 죽으면 그 이상 좋은 일은 없지. 김일성이가 죽었다면 다음이 누구든 북한에는 상당한 변화가 올 것이고 권력투쟁이 심각하게 전개될 겁니다.

어느 국가든지 그 나라의 국방안보 면에서는 위험한 요소가 1만 분의 1이라고 해도 나머지 긍정적인 요소들은 제쳐두고 1의 위험 요소에 중점을 두어야 합니다. 내가 국방장관, 3군 총장, 청와대 수석비서관들과 어제 저녁부터 오늘 새벽 2시 20분까지 청와대에서 진지하게 토의도 하고 합참의장이 보고한 내용의 조치도 취했습니다.

내가 사실은 주요 군 지휘관과 참모들을 지난 토요일 오전 10시에 청와대로 불렀습니다. 내가 그 자리에서 군이 형식적으로 이북의 도발 가능성에 대비할 것이 아니라 완전히 일전을 각오할 대비를 하라고 지시했어요. 왜냐하면 외국 신문에 이북이 작년에 남침할 계획을 했었다고 하고 최근에 김일성이가 소련을 방문한 것, 그리고 금강산댐 공사에 착수한 사실 등을 종합할 때 금년 겨울이 아주 중요하다고 내가 판단했기 때문입니다. 이북에서는 우리 군이 동계 작전과 야간 작전에 약하다고 평가하고 있어요.

겨울이 되어야 도하(渡河), 전차 기동이 용이한데 이북은 자동화된 무기를 갖고 있어 동계가 유리할 거다, 금년 겨울과 내년 겨울이 특히 중요하다고 내가 군에 지시했습니다.

일요일 낮에 처음 보고를 받고 김일성이가 죽었다니 얼마나 신이 났겠어요. 오후에 보고를 다시 받아보니 신빙성이 50 대 50이라고 해요. 문제는 정보의 출처입니다. 이게 중요해요. 미국 정보를 권위 있게 생각했는데 신빙성이 없어. 그네들 출처가 방송이야. 미국 사람들은 방송을 듣고 문제의식을 가진 거요. 미국 측은 이북의 방송이 시를 낭독하는데 무거운 음악이 나온다는 점을 관찰했어요.

평양에 뭔가 문제는 있는 것 같아. 김일성이가 죽었건 살았건 우리 입장에선 대비를 철저히 해야 합니다. 각 부처는 지금부터 전시 체제로 근무해야 됩니다. 지금 이 시간에도 이북이 기어드는지 몰라요. 이번 일요일까지 사무실에서 자면서 교대로 대기하도록 해요. 전 정부가 전시 체제에 대비해서 근무하는 겁니다. 언제든지 벙커에서 근무할 준비를 하도록 하세요.

상식적으로 보면 공산국가는 국가원수가 계획된 임기를 마치지 않고 도중에 병사를 했을 경우에는 다음 체제를 유지하기 위해서도 그 사실을 보안에 부치는 것이 관례입니다. 자유민주주의 체제에서는 언론이 특종을 찾아서 죽기 살기로 취재 경쟁을 하다 보니까 보안 사항도 캐내고 말지만 공산주의 체제에서는 그렇지 않아요.

설사 김일성이가 죽었다고 칩시다. 40년간 절대권력을 쥐어온 김일성이가 죽었다면 내부에서 난리가 나지 않았겠습니까. 초상을 치르기 위해서라도 정신없이 사람들이 왔다갔다할 것 아닙니까. 내가 지시하려고 했는데 외무장관이 보고를 아주 잘했어요. 어제 하루 종일 북경이나 모스크

바에서 무슨 움직임이 있었다면 서방 언론이 제일 먼저 취재해서 보도가 됐을 겁니다.

내가 대통령으로 재임하는 기간에 모스크바에서 지도자 두 명이 죽었어요. 브레즈네프가 죽은 지 3~4일 후에 보도가 나왔습니다. 그때에도 사망설은 바로 보도가 됐어요. 당시 모스크바에서는 답변을 하지 않다가 방송에 장송곡부터 나왔어요. 그 다음 안드로포프가 권력을 잡았는데 이틀 후에 발표가 났어요.

그러니 김일성이 죽었다면 공식 발표는 하지 않더라도 북경이나 모스크바의 외신이 그걸 모르겠습니까. 누구를 후계자로 시키기 위해서라도 소련과 협조를 할 것이므로 알려지게 돼 있어요. 그런데 아무데도 잡히는 데가 없어요. 이상하게도 전방의 심리전 확성기에 나왔습니다. 국가원수가 죽었다면 군의 경계 강화부터 조치해야 할 겁니다. 그런데 아무 움직임이 없지 않습니까. 좋은 일도 아닌데 그들의 군인들이 보안을 하면 몰라도 왜 우리한테 확성기로 알려주느냐 이거요. 상식적으로 이해가 안 가요. 새벽 1시, 새벽 3시에 확성기 방송을 한다니……. 방송을 하더라도 경건한 마음으로 해야지 밤중이나 새벽에 왜 그런 방송을 하나, 이상하지 않느냐 하는 겁니다.

우리한테 알려주어서는 안 될 일이지 않습니까. 그런데 우리한테 먼저 가르쳐주고 있다 이거예요. 그러면서 평양은 조용하고 정상적이에요. 그러므로 이것은 사전 계획에 의한, 어떤 음모에 의한 심리전이라고 봐도 무리한 판단은 아니라고 나는 봅니다. 김일성이 죽었으니 쳐 올라오라고 하는 것인지. 조기(弔旗)도 그래요. 우리 모든 군이나 국가 지도부에서 축하주나 마시고 방심하도록 긴장을 이완시켜 경계심을 없애고 뭔가를 하려는 심리전을 하고 나서 기습적으로 칠 가능성이 있습니다. 정상적으로 따져보면 그렇게 밖에 생각 안 돼요. 죽었다면 권력싸움과 내부 취약점을 가리기 위해 외부에서 단서를 찾을 가능성이 있습니다. 이란이 전쟁을 하는 것도 호메이니의 집권을 위해서가 아닙니까. 김일성이가 죽었든 살았든 우리로서는 중요한 시기를 맞이했다고 나는 봅니다.

전두환은 김일성 사망설에 회의적인 반응을 보였으나 저녁에 국방장관 이기백은 기자회견을 갖고 "김일성 사망이 거의 확실하다"고 단언했다. 11월 18일 조간신문들도 '정변에 의한 김일성 사망' 기사를 사실로 보도했다. 그러나 해외 언론은 단지 '사망설'이라고만 했다. 그런데 이날 오전에 김일성이 몽골 인민혁명당 서기장을 마중하러 평양의 순안공항에 모습을 드러냄으로써 엄청난 오보 소동은 끝이 났다.

이 사건의 결과로 중요한 것은 △ 이기백 국방부장관이 사실과 다르게 김일성 사망을 공식 확인한 여파로 전두환 정권이 국제사회에서 불신을 받게 된 것과 △ 휴전선에 비상경계령이 내려져 후방으로 병력을 이동시키기가 어려워진 것을 꼽을 수 있다. 특히 주한미군 사령관이 사령관을 겸하는 한미 연합사령부 휘하의 한국군 병력은 이동하는 것이 불가능해졌다.

1986년 11월에 전두환이 정말로 '비상조치'를 내리려고 했는가? 아니면 김대중의 후퇴를 노리고 전두환이 협박 수단으로 비상조치 설을 흘린 것이었는가?

전두환은 심리전에 익숙한 군 출신, 특히 정보를 다루고 활용하는 보안사령관 출신이었다. '비상조치설' 유포가 김대중에 대한 심리전 수단으로 활용된 것은 분명하다. 그러나 이것이 전부는 아니었다. 전체적으로 보아 전두환은 계엄 선포를 심각하게 고려한 것 같다. 그런데 미국이 강력하게 반대 입장을 보인데다가 김대중이 불출마를 선언하자 전두환이 심리전 쪽으로 무게중심을 옮겼다. 이후에도 전두환은 여당 정치인뿐 아니라 정보 확산의 통로가 되기 쉬운 언론인과 기업인에게까지 '비상조치'의 가능성을 반복해서 강조했다.

"올림픽을 눈앞에 놓아두고 시끄러운데도 그냥 나가버리면 좋은 지도자, 헌법을 잘 지킨 지도자라는 말을 들을 수 있겠지요. 그러나 내가 물러나고 난 다음 올림픽은커녕 사회가 혼란하고 신변에 위협까지 느끼게 될 때는……." (11월 27일 중앙 언론사 사장들에게)

"사실은 내가 11월 7일에 비상조치와 계엄령을 선포하려고 했습니다. 국회를 해산하고 정당 활동을 정지시키려 했는데 경제가 잘되기 때문에, 한 달에 9억 달러의 흑자가 나는데……, 그래서 놓아두었습니다. 12월 초에 예산이 국회에서 통과되든 안 되든 하려고 했는데 노 대표위원이 12월 8일까지 시간 여유를 달라고 건의를 했어요. 시간 여유를 줄 테니 여러분이 협조해서 국민 합의를 바탕으로 개헌이 되었다는 평가를 받을 수 있도록 노력하기 바랍니다. 여러분의 정치 노력으로 안 될 때는 부득이 강경 조치를 하지 않을 수 없다는 내 소신을 여러분에게 확실히 전해주는 것이 좋을 것 같아서 말해두는 겁니다." (11월 29일 민정당 중앙집행위원 및 상임위원장들과의 만찬 석상에서)

"내년 2월 연설에서는 단안을 내려야 합니다. 방법이란 뻔해요. 국회에서 안 된다면 다른 방법으로 개헌을 해야 되지 않겠어요? 그러면 국회가 없어져야 돼요. 초강경 대처를 강구할 수밖에……. 부득이한 거야. 그런 걸 전제로 내가 당에서도, 기관으로부터도 보고받는데 보면 3분의 2 확보에 자신이 있다고 하더군." (12월 1일 민정당 고위 당료와 청와대 수석들로부터 국회법 개정안을 보고받는 자리에서)

"전쟁에서는 주도권을 잡아나가야 이기는 겁니다. 나라를 통치하는 데에도 마찬가지입니다. 민정당에서는 언론의 관심을 돌릴 수 있는 공세적 방어를 연구해야 돼요. 항상 막기만 하고 사정만 해선 안 돼요. 역공격을 해서 상대가 정신을 못 차리게 하는 것도 필요해." (1987년 2월 2일 청와대 수석비서관 회의에서)

대통령 불출마 선언으로 국제사회에서 호의적 반응을 얻은 김대중은 1987년에 유력한 노벨평화상 후보로 떠올랐다. 1987년 1월 26일 독일 사회민주당 의원 73명은 노르웨이의 노벨상위원회에 김대중을 노벨평화상 후보로 추천했다.

"우리는 독일 연방의회 의원으로서 한국의 야당 지도자 김대중 씨를 노벨평화상 후보로 지명합니다.

김대중 씨는 남북한 독재정치에 대한 반대자로서, 그리고 희생자로서 지난 수십 년간 인권과 시민권은 물론 민주적 자결에 의한 평화적 조국통일을 위해 진력해 왔습니다.

김대중 씨가 얼마나 책임감 있게 정치적 화해를 이끌어왔느냐 하는 것은 그가 대통령 직선제 하에서 당선 가능성이 큼에도 불구하고 1986년 11월 초에 민주주의와 평화적 화해를 위해서 한국의 대통령 출마 의사를 공식적으로 포기한 사실로부터 판단할 수 있을 것입니다."

2부
1987년 6월 민주항쟁

미국의 한국 정계 개편 전략

1987년 1월 12일 전두환은 대통령 연두 기자회견에서 여야 합의에 의한 개헌이 실패할 경우 '중대 결단'을 내릴 것이라고 위협했다. 전두환은 '여야 합의 개헌'에 찬성한다는 입장을 밝혔으나 실제로는 실권 없는 후계자를 내세워 퇴임 후에도 권력을 휘두를 생각이었다. 연두 기자회견은 그런 그의 본심을 어느 정도 드러내는 것이었다. 이에 미국 정부는 입장을 좀 더 분명히 밝힐 필요가 있었다.

레이건 행정부는 1986년 2월 필리핀 사태를 보고 한국 정계 개편 작업에 보다 능동적으로 개입해야 할 필요성을 느끼기 시작했다. 레이건 행정부는 마르코스에게 지나치게 의존하다가 필리핀 민중운동 세력에게 주도권을 잃을 뻔했다. 한국 문제에 관한 최고위 실무자라 할 수 있는 개스턴 시거 미 국무부 동아시아태평양 담당 차관보는 1986년 11월 한국 방문 이래 나름대로의 구상을 정리해 세상에 알렸다.

1987년 2월 6일 한미협회가 뉴욕 아스토리아 호텔(Waldorf Astoria New York)에서 주최한 모임에서 시거 차관보는 '과도기의 한국 정치'라는 제목으로 연설을 했다. 다음은 그 일부다.

나는 몇 달 전부터 한미협회의 모임에 참석할 기회가 주어지기를 바라고 있었습니다. 내가 하는 일의 성격상 뉴욕으로 오기보다는 서울로 가기가 더 쉬운 것이 보통입니다. 지난 몇 년 동안 나는 한국을 방문할 기회가 많았습니다. 가장 최근에 간 것은 작년 11월인데, 그때 나는 전두환 대통령, 노신영 국무총리, 최광수 외무부장관, 노태우 민정당 대표, 그리고 이민우 신민당 총재와 다른 야당 지도자들을 만났습니다. 나는 몇 차례의 한국 방문을 통해 한국에서 전개되고 있는 복잡한 정치 과정, 다시 말해서 앞으로 수 세대 동안 한국 국민들의 안정과 복지에 영향을 미칠 그러한 정치 과정을 어느 정도 이해할 수 있게 되었습니다.

다음 달에 나는 국무장관과 함께 중국을 방문한 직후 서울에 잠깐 들를 예정입니다. 이번 서울 방문은 우선 정치와 안보 상황에 관한 최신 정보를 얻을 수 있는 좋은 기회가 될 것입니다. 그후 적당한 때에 나는 서울에서 진행되고 있는 한국 정치과정에 대한 우리 정부의 견해를 여러 분들에게 알릴 오늘과 같은 기회를 갖게 되기를 바랍니다. (……)

현재 한국에서는 지금까지의 한국 정치 관행이 단순하고 변화의 속도가 느린 과거에는 적합했을지 모르지만 복잡한 한국의 현재와 미래에 대응하는 데는 분명히 부적합하다는 국민적인 합의가 다양한 정치적인 견해를 가진 국민들 사이에 형성되고 있습니다. 우선 한 지도자로부터 다음 지도자에게로 권력을 평화적으로 이양하는 문제가 있습니다. 전두환 대통령도 한국이 폭력과 대립 속에 막을 내린 1인 지배체제를 오랫동안 가지고 있을 형편이 아니라고 지적하고 있습니다. 한국인들은 그들의 정치를 영구히 '문민화(文民化, civilianization)'해야 한다는 도전, 다시 말해서 보다 복잡한 경제와 사회를 이끌기 위해 그들의 다양한 재능을 결집해야 한다는 도전에 직면해 있습니다.

한국군은 한국이 최근의 발전을 이룩하는 데 여러 측면에서 중요한 역할을 해왔습니다. 그러나 한국은 지금 새 시대로 움직여가고 있습니다. 한국전으로 민간 분야의 많은 부분이 파괴된 이후 한국의 군인들은 보다 규모가 크고 현대적인 조직을 관리할 만한 경험을 가진 소수 중에서도 중요한 그룹을 이루고 있었습니다. 그러나 현재는 많은 한국인들이 풍부한 경험을 갖고 있고, 또 광범하고 다양한 분야가 있는 현대 사회에서 발전을 성공적으로 수행해 왔습니다. 한국의 기업들은 세계무대에서 공격적으로, 그리고 인상적으로 경쟁하고 있습니다. 또 한국의 대학들은 세계 수준의 학자들을 배출하고 있습니다.

게다가 현대의 국방력에는 새로운 기술의 도입으로 복잡성이 날로 증대하고 있습니다. 오늘날의 군인들은 한국의 국가안보 현실로 보아 국가를 지키기 위한 기술 습득이라는 극히 중대한 기본 임무를 수행하는 데 전적인 노력과 에너지를 집중할 것이 요청되는 새로운 시대에 살고 있는 것입니다.

전 대통령은 이러한 추세를 인식하고 다음 세기의 요구에 부응할 수 있도록 한국의 정치제도 개혁에 나섰습니다. 그는 1988년 2월 자신의 임기가 끝나면 평화적으로 권력을 넘겨줌으로써 고질적인 혼란과 불안의 악순환을 타파하겠다고 약속했습니다. 전 대통령은 한국의 위대한 민주화를 위한 중대한 역사적인 약속을 해왔는데, 그것은 그가 앞으로의 한국 지도자들에게 선례를 남기기 위해 집무실을 평화적으로 떠나는 최초의 한국 대통령이 될 것이라고 공언해온 것입니다. 그는 물러난 다음 더 이상 정치 실권을 행사하지 않을 것이며 국가를 위해 도움이 될 조언을 하는 은퇴 정치가 그룹에 합류할 것입니다. 지금 한국 국민들이 할 일은 바로 그러한 평화적인 정권교체가 미래에도 계속될 수 있도록 보장해줄 정치제도를 확립하는 일입니다. 전 대통령의 이 같은 약속은 평가할 만한 가치가 있으며, 이러한 약속을 지킴으로서 후세 역사는 그의 업적을 기릴 것입니다. 이 약속을 지키면서 그는 국민들에게 폭력이 없는 평화적인 정권이양 과정을 지지해줄 것과, 권력을 쥐고 있다가 은퇴하는 대통령이 탄생하는 새로운 현상에 책임 있게 대처해 줄 것을 강조하고 있습니다.

(……)

오로지 국민적 합의를 통한 개헌만이 한국의 정치체제가 활기를 띠게 해줄 것이며 다음 세기까지 번영을 지속하게 해줄 것입니다. 이 길만이 한국 국민들의 확고한 지지를 받는 길입니다. 또 한국이 예측할 수 없고 폭력적인 정권교체라는 악순환에서 벗어나려면 그 같은 국민의 지지가 꼭 필요합니다. 오로지 국민적인 지지만이 한국의 미래에 닥쳐올 안보와 경제적인 안정에 대한 도전에 대응하는 데 꼭 필요한 기반을 제공해줄 수 있는 것입니다.

그 과업이 쉬운 일은 아닙니다. 하지만 한국인들은 시작할 때가 왔다는 것을 알고 있습니다. 우선, 한미 연합군이 새로운 정치변화를 뒷받침해줄 방패 구실을 해주고 있습니다. 둘째로, 1986년에 사상 처음으로 무역흑자를 기록하는 등 경제적으로 성공을 거두고 있습니다. 셋째는, 가장 중요한 이유가 되겠는데, 한국 국민들이 이제 변화를 원하고 있다는 것입니다. 한국인들은 어느 때보다도 교육수준이 높으며 한국이 이룩한 경제적 성공 이후 '할 수 있다'는 새로운 자신감으로 가득 차 있습니다.

한국의 정치 지도자들도 새로운 변화를 약속했습니다. 전두환 대통령은 평화적인 정부 이양과 개헌을 약속했습니다. 여야의 주요 지도자들은 이번 기회를 잃을 경우 닥칠 결과를 과거의 경험을 통해 잘 알고 있습니다. 그들은 한국전의 참상과 불안과 폭력이 난무하던 정치의 병폐를 경험했습니다. 그들은 정부 교체의 질서 있는 체계가 국가 안보와 번영에 꼭 필요하다는 것을 알고 있습니다. 일상의 정치적 혼란 속에서 자칫하면 숲을 보기 어렵지만 그들은 당파의 이익보다는 국가를 위해 일하려는 넓은 마음을 갖고 있습니다.

현재의 개헌 정국에서 어떤 정부 형태가 나오든지 새 헌법은 반드시 개방적이고 공정하며 합법적인 내용을 담고 있어야 할 것입니다. 우리는 이 과정에 참여하는 사람들의 현실적인 견해, 또 다수당과 소수당의 정치인들이 타협을 위해 마음을 열고 의논한 견해가 수용되기를 바랍니다. 혁신적인 발상은 늪에 빠져있는 개헌 작업을 재구축할 수 있는 의제 역할을 할 수 있을 것입니다.

이 연설에서 시거 차관보가 정권교체기의 한국에 대해 어떤 전략을 세웠는지가 잘 드러났다. 시거는 전두환의 퇴임 후 거취까지 언급하는 등 전례 없이 노골적인 표현을 썼다. 시거는 슐츠 국무장관과 사전상의 없이 이 연설문을 작성했다. 이 연설은 미국과 한국 언론의 주목을 받았는데,

레이건 행정부의 소극적인 한국 정책에 불만이 컸던 미국 하원 외무위원회의 아시아태평양 소위원회 위원장인 스티븐 솔라즈(Stephen Solarz) 민주당 하원의원은 이에 상당히 만족했다. 슐츠 국무장관은 시거의 구상을 받아들였다. 시거의 연설에서 분명히 드러난 미국 정부의 의도는 다음과 같았다.

1. 레이건 행정부는 제5 공화국 헌법으로는 한국 사회가 안정될 수 없고 점증하는 반미 풍조를 막을 수 없다고 판단하여 한국 국민 다수가 승인하는 합의 개헌을 원했다(전두환은 1987년 4월에 개헌 불가를 선언했다. 이것이 미국 정부의 뜻에 반하는 것임을 전두환은 알지 못했다).
2. 레이건 행정부는 한국군의 정치 개입을 반대했다.
3. 레이건 행정부는 전두환이 퇴임한 후에도 영향력을 행사하는 것을 반대했다(전두환은 퇴임 직전 '국가원로자문회의법'을 만들어 막후 영향력을 유지하려 했으나 퇴임 후 2개월이 채 못 된 1988년 4월 13일 국가원로자문회의 의장직을 사임했다).

미국 정부의 이런 입장은 전두환의 단임 실천으로 만족하려고 하던 이전의 입장에서 크게 변한 것이다. 이 같은 변화는 민중운동의 성장과 반미 학생운동의 격화에 따른 것이었다.

1978~81년에 주한 미국 대사를 역임한 윌리엄 글라이스틴도 한국 정치상황을 평가하기 위해 한국을 여러 차례 방문했다. 그는 전두환이 1987년 4월 호헌 선언을 하고 통일민주당이 창당한 직후 계간지 〈포린 어페어스(Foreign Affairs)〉 1987년 여름호에 '한국: 아시아의 패러독스

(Korea: Asian Paradox)'라는 제목으로 논문을 기고했다. 여기에서도 미국의 한국 정계 개편 방향이 직설적으로 표현되었다. 다음은 이 기고문의 서두와 결론 부분이다.

> 미국인들은 동아시아에서 가장 역동적인 세력의 하나로 급속히 떠오른 대한민국을 높이 평가하기 시작했다. 한국은 현대차 수출과 1988년에 열릴 서울올림픽으로 상징되는 새로운 이미지를 갖게 되었다. (……)
> 이러한 참신한 이미지가 한국의 정치 안정에 대한 불안감, 즉 8년 전 박정희 대통령 암살에 뒤이은 혼란에 따라 생겨났고 지금은 과격한 학생시위, 정부의 탄압, 끝없어 보이는 정치적 대치의 분위기 속에서 내년 2월로 예정된 권력이양 문제에 초점이 맞추어진 불안감으로 빛이 바래고 있다. 더군다나 현 상황에 대한 해외의 이해도 상반된 분석으로 인해 혼란스럽다. 미국 언론에 매우 널리 퍼진 해석에 따르면 한국민은 탄압 속에서 끓어오르고 있으며, 한국은 '터지기 직전의 화산' 또는 '째깍거리는 시한폭탄' 등으로 묘사되고 있다. 주로 전두환 정권 지지자들이 갖고 있는 상반되는 견해에 따르면 상황은 통제되고 있고, 한국 사회는 비록 신중한 페이스이지만 자유화되고 있으며, 이러한 점진적인 길은 민주적 전통의 결핍과 북한의 위협을 고려하면 한국의 정치 구조가 발전할 수 있는 유일한 방법이라고 한다. (……)
> 한미 관계가 성공적으로 전개되려면 현재의 정치적 대치 상황을 합리적으로 해결해야 한다. 미국의 목표는 확실해야 한다. 그것은 (1)

한국의 평화적 정권교체, (2) 공정한 선거를 통해, 특히 쿠데타를 거치지 않고 이전보다 더 합법성을 누리는 정권을 탄생시키는 것, 그리고 (3) 한국 정부의 점진적인 문민화다. (……)

(한국에 대해 영향력을 행사하라는) 압력이 강화돼도 레이건 행정부가 (지금의 자세에서) 물러나지 않는 것이 요망된다. 그러나 (전두환 정권에 대한) 강경책도 좋은 해결을 보장하지는 못할 듯하다. 전두환의 호헌조치에 이어 새로운 형태의 탄압이 뒤따른다면 미국의 더 강경한 조치가 불가피할 것이다. 미국 정부가 압력을 얼마나 가해야 하고 어떻게 가해야 하느냐는 미묘한 판단을 요하며, 상황의 전술적 측면을 가장 잘 이해하는 미국 관리들에게 맡기는 것이 제일 좋다. (……)

한국의 국내 정치과정에 대한 미국의 역할은 과거와 마찬가지로 제한적이어야 하지만, 미국은 평화적이고 민주적인 변화의 방향을 편들어야 한다. 미국의 메시지는 한국의 여야 양측에 신중하게, 그러나 확고하게 전달되어야 한다. 미국은 권위 있는 군사 채널을 포함한 다양한 채널을 동원하여 한국 정부, 군부, 그리고 여러 보안기관에 세 번째 쿠데타나 군부에 의한 정권교체가 있을 경우 그것이 가져올 엄청난 결과를 경고해둘 필요가 있다. (……)

미국은 한국의 안보를 약화시키고 한국민에게 크게 해가 될 징벌적인 제재 조치로 한국을 위협해서는 안 된다. 또한 한국에 압력을 가하기 위해 북한과 장난을 해서도 안 된다. 그러나 미국은 또 다른 군 그룹이 폭력으로 정권을 탈취한다면 미국과 오랫동안 냉담한 관계에 있게 될 것이며 미 의회의 강력한 반발에 부닥칠 것이라는 점도 분명히 해두어야 한다. (……)

미국은 한국의 야당에 대해 극단적인 행동을 하면 그들이 집권하는 데 절대적으로 필요한 군의 자제를 무너뜨리고 군의 개입을 초래해 그들이 공언한 목표를 달성하는 데 실패할 것이라고 충고하는 데 말을 아끼지 말아야 한다."

미국 외교협회(Council on Foreign Relations)의 기관지로 1922년에 창간된 〈포린 어페어스〉는 세계의 지식인들이 많이 보는 미국의 국제 정치·외교 전문지다. 미국인들이 세계를 내다보는 '창(窓)'의 기능을 해온 이 전문지는 미국의 대외정책에 큰 영향을 미친다. 그러나 미국인 상위 5%와 소수 외국 지식인들만을 독자층으로 삼는 편집방향 때문에 지나치게 난해하다는 비판을 받기도 한다. 미국의 비판적 지식인인 노엄 촘스키는 〈포린 어페어스〉를 지나치게 미국의 이데올로기만 내세우는 어용 매체로 규정하기도 했다.

요컨대 미국은 필리핀의 아키노 정권과 같이 그들이 통제할 수 있는 '민간 색채를 띤 신정권'이 한국에 들어서기를 원했다. 결과적으로 보면 1987년의 6·29 선언과 12월 대통령선거로 미국의 이런 의도는 관철되었다.

미국 정부는 1980년대 중반부터 제3세계에 대해 문민정치화를 추진했다. 미국 경제가 제조업의 비중이 작아지고 금융·정보산업 중심으로 전환하고 있었기 때문에 정보 유통을 억제하는 군사독재 정권은 미국의 이익에 걸림돌이 되기 시작했다는 점도 그 중요한 배경이었다.

박종철 고문살해 사건

전두환 정권은 그 탄생 과정부터 도덕성에 심각한 하자가 있었지만 집권 후에도 일상적으로 고문을 써서 민주화 운동을 탄압했다. 검찰과 사법부는 엄연한 불법 행위인 고문의 진상을 외면하고 스스로 권력의 주구가 되었다.

1986년 11월 21일 인천지방법원 법정에서 변호사 조영래는 떨리는 목소리로 변론 요지를 낭독하기 시작했다. 이른바 권인숙 사건의 변호인단 199명을 대표해 며칠간 밤을 새워 쓴 글이었다. 흰 한복 수의를 입은 피고인석의 권인숙도, 변호인석의 변호인들도, 방청석의 민가협 어머니들도 모두 함께 울었다.

"우리가 그 이름을 부르기를 삼가지 않으면 안 되게 된 이 사람, 온 국민이 그 이름은 모르는 채 성 만으로 알고 있는 이름 없는 유명 인사, 이 처녀는 누구인가. 그녀는 무엇을 하였는가. 그 때문에 어떤 일을 당하였으며 지금까지 당하고 있는가. 국가가, 사회가, 우리들이 그녀에게 무엇을 하였으며 지금도 하고 있는가."

"이 재판은 거꾸로 된 재판입니다. 여기에 묶여서 재판받아야 할 이는 이 연약하고 순결무구한 처녀가 아니라 인간의 탈을 쓰고 차마 저지를 수 없는 만행을 저지른, 법질서와 인권과 인륜도덕을 그 근본에까지 남김없이 유린하고 우리로 하여금 인간성에 대한 마지막 신뢰까지 지닐 수 없게 만든 극악극흉한 문귀동 그 사람입니다. 권 양은 우리에게 '진실에의 비밀은 용기뿐'이라는 교훈을 온몸으로 가르쳐 주었습니다."

이날 검찰은 권인숙에 대해 징역 3년을 구형했다.

1986년 12월 4일 인천지법 형사 2부(재판장 윤규한)는 권인숙에 대해 "비록 목적이 근로자의 권익 보호를 위한 심정에서 위장취업했다고 하나 남의 주민등록증을 훔쳐 사진을 갈아붙이고 기타 인적 사항을 도용해 이력서를 작성한 행위는 그 방법에 있어 지나치다"며 징역 1년 6개월을 선고했다. 재판부는 본래 집행유예를 선고하기로 합의했으나 재판장과 주심판사가 안기부의 압력을 받았는지 배석판사와 상의하지 않고 실형을 선고했다.

이날 선고가 끝나자 성고문공동대책위는 "싸움은 이제부터다. 성을 도구화한 자들은 운동권이 아니라 군사독재와 그 하수인임이 드러났다"며 방청객과 함께 어용 재판부를 향해 격렬하게 항의했다.

전두환 정권은 각종 고문사건을 모두 부인했으나 민주화 투쟁이 절정에 달할 무렵 일어난 고문치사 사건에 대해서는 그 진상을 축소 조작하면서도 사건 자체는 은폐하지 못했다. 전두환 정권을 궁지로 몬 그 결정적인 사건은 서울대생 박종철 군 고문살해 사건이었다.

1985년 여름 이른바 '민추위(민주화추진위원회)' 사건으로 서울대 사회학과 81학번 박종운이 수배자가 되었다. 박종운 검거에 나선 경찰 대공수사단이 1987년 1월 14일 오전 6시 40분 서울대 언어학과 3학년 박종철의 서울 신림동 하숙집에 들이닥쳤다. 박종철을 연행한 차는 오전 8시 치안본부 남영동 대공분실에 도착했다. 그리고 수사경찰이 물고문을 했다.

박종철이 박종운의 소재를 알지도 모른다는 이유에서였다. 피의자도 아닌 사람을 연행해 놓고 수배자의 거처를 알지도 모른다는 이유 하나만으로 고문을 자행한 데서 전두환 정권의 본질이 선명하게 드러났다. 결국 고문을 받던 박종철이 오전 11시 20분경 사망했다(이 사건에 대해서는 전두환이 직접 책임을 져야 한다. 1986년 12월 말 '각하 분부 사항'이란 제목으로 전두환의 지시가 경찰, 안기부, 보안사 등에 내려왔다. 내용은 '조직의 배후는 강압적인 수사 없이는 캐낼 수 없다. 따라서 강압수사를 하더라도 조직의 배후를 잡아들이라'는 것이었다. '강압수사'가 고문을 의미한다는 것은 누구나 알 수 있었다. 전두환은 고문을 수사방법으로 쓰라고 노골적으로 지시한 것이다).

오전 11시 40분 중앙대학 부속 용산병원 수련의 오연상은 간호사와 함께 남영동 치안본부 대공분실로 불려갔다. 동행한 수사관은 "꼭 살려야 한다"는 말을 되풀이 했다. 이들은 대공 2부 5층 9호 조사실에 도착했다. 바닥에 흥건히 물이 고여 있었다. 7~8명 되는 수사관 중에는 초조한 기색으로 서성대는 자도 있었고, 누워있는 청년에게 열심히 인공호흡을 시도하는 자도 있었다. 그들은 "살려낼 길이 없느냐"며 계속 허둥댔다. 그러나 오연상의 눈에는 사망이 확실했다.

박종철은 수사관들의 요청에 따라 중앙대학 용산병원 응급실로 옮겨졌다가 사망이 확인되어 시신으로 경찰병원 영안실에 안치되었다.

이날 오후 5시 무렵 고문에 가담한 경찰 5인은 치안본부 대공 사무실에서 '조한경 등 2명이 수사하던 중에 박 군이 졸도하여 사망'한 것으로 입을 맞추고 보고서를 작성했다.

경찰은 모든 것을 밝혀줄 물적 증거인 박종철의 시신을 서둘러 화장하려고 했다. 이날 저녁 7시 40분경 경찰관 2명이 서울지검 공안부장인 검사 최환을 찾아가 '변사 보고' 문건을 내밀며 "화장할 수 있게 변사 보고에 도장을 찍어달라"고 요구했다. 검사의 사건지휘가 있어야만 시신을 처리할 수 있기 때문이었다. 최환이 거부하자 청와대, 안기부, 검찰 상부의 압력 전화가 수십 통 걸려왔다. 그래도 최환은 도장 찍어주기를 거부하고 경찰들에게 변사 사건 발생 보고서를 용산 경찰서장 이름으로 작성해 갖고 오라고 지시했다. 그리고 시신에 손을 대지 못하게 '사체보전명령'을 내렸다.

15일 아침 최환은 서울지검 검사장 정구영에게 틀림없는 고문사이므로 부검을 해야 한다고 보고했다. 정구영은 당시 형사부 당직이었던 검사 안상수에게 부검을 지휘하게 했다.

이날 오전 7시 30분 6년차 법조 담당 기자인 신성호 〈중앙일보〉 기자는 늘 하던 대로 서울 서소문동 대검찰청사로 출근했다. 오전 10시 무렵 10층에 사무실이 있는 이홍규 공안4과장과 차 한잔을 같이 하며 검찰의 동향을 들으려 했는데, 이홍규가 "경찰들, 큰일 났어!"라고 말을 꺼냈다. 신성호 기자는 예사롭지 않은 일이 발생했음을 직감하고 취재에 나서 간단하게나마 보도할 수 있을 정도의 사실을 취득했다. 전두환 정권의 언론 통제가 극심하였으므로 정권을 비판하거나 정권에 불리한 기사를 쓰고 싶는 것이 어려운 시절이었다(이날 오전 경정 박경택은 고문 경찰 5인을 불러서 조서를 받는 연습을 하도록 했다).

당시 석간이었던 〈중앙일보〉는 이날 2판부터 사회면에 '경찰에서 조사받던 대학생 쇼크사'라는 제목의 2단짜리 기사를 내보냈다.

14일 상오 11시 20분쯤 서울 남영동 치안본부 수사실에서 조사받던 서울대생 박종철 군(21세, 언어학과 3년)이 조사 도중 갑자기 쓰러져 숨졌다. 경찰은 박 군의 사인을 쇼크사라고 발표했으나, 검찰은 박 군이 수사관의 가혹행위로 인해 숨졌을 가능성에 대해 수사 중이다.

이 기사는 돌아가던 윤전기를 세우고 집어넣은 것이었다. 2단 기사로 이 기사가 실린 신문을 보고 신성호 기자는 실망했다. 사회면 중간 톱 정도로는 나올 것으로 기대했기 때문이었다. 그러나 이 작은 기사의 파급효과는 컸다. 신문사들 사이에 취재 경쟁이 불붙었다. 기자들이 검찰청과 경찰청에 몰려들어 진상을 물었으나 두 기관 모두 무조건 모른다고 잡아뗐다.

기사가 나가자 전두환 정권은 즉시 〈중앙일보〉에 압력을 가했다. 문화공보부 홍보조정실 담당자는 금창태 〈중앙일보〉 편집국장 대리에게 전화를 걸어 "당장 기사를 빼라"고 요구했다.

오후 3시 치안본부장 강민창이 〈중앙일보〉에 전화를 걸어 "고문치사가 아니라 변사다. 오보를 낸 책임을 지라"고 압박했다. 오후 5시경부터는 AP, AFP 등 주요 통신과 해외 신문·방송이 서울발 기사로 박종철 사망 사건을 보도하기 시작했다.

언론 보도가 확산되자 저녁 6시 무렵 치안본부장(경찰청장) 강민창이 이 사건과 관련하여 공식 발표를 했다. 강민창은 기자들에게 '심장마비'가 사망 원인이라고 했다. 발표하는 자리에 배석한 치안본부 5차장 박처원은 "수사관이 주먹으로 책상을 '탁' 하고 쳤더니 '억' 하고 쓰러졌다"고 덧붙였다.

오후 7시 30분부터 부검이 시작되었다. 최환 서울지검 공안부장이 오후 4시경 안상수 검사로부터 "경찰이 시신을 내주지 않아 부검을 하지 못하고 있다"는 보고를 받고 강민창 치안본부장에게 항의하여 겨우 부검을 할 수 있게 된 것이었다. 국립과학수사연구소 법의학과장 황적준이 부검을 했고 검사 안상수, 한양대병원 교수 박동호, 박종철의 삼촌 박월길 씨가 입회했다. 부검은 9시에 끝났다. 안상수는 최환에게 박종철이 물고문으로 사망했다고 보고했다.

〈한국일보〉의 신재민 기자는 수소문 끝에 밤 9시경 최환 공안부장에게 "오늘밤 부검을 한다"는 말을 듣고 여러 병원을 탐문해 11시경 부검이 한양대병원에서 실시된다는 것을 알아냈다. 병원에 도착하니 이미 부검이 끝난 뒤였다. 그러나 박월길 씨와 한양대병원 의사를 만나 "폭행당한 흔적이 있다", "온몸에 멍이 들었다"는 말을 얻어냈다. 그리고 천신만고 끝에 서울지검 검사장 정구영과 통화하여 "담당 검사가 폭행 흔적을 구두로 보고했다. 정확한 사인은 며칠 기다려야 한다"는 말을 들었다. 신재민 기자는 '박 군이 경찰에서 고문을 당했다'는 내용의 기사를 썼다.

1월 16일 〈조선일보〉, 〈한국일보〉 등 조간은 3단 크기로 보도했다(이날 각 언론사에 전달된 '보도지침'은 이 사건을 신문은 사회면 3단 이하, 방송은 영상 없는 단신으로 처리하라고 했다).

16일 오전 경찰은 서둘러 박종철 군의 시신을 화장했다. 8시 25분 영안실에서 옮겨져 9시 10분 벽제 화장터에서 화장되었다.

이날 오전 치안본부장 강민창은 사건을 다음과 같이 허위로 발표했다(1년 후 강민창은 사건 조작을 지시한 것이 드러나 구속됨).

1월 14일 오전 8시 10분경 서울 관악구 신림동 하숙방에서 연행하여, 오전 9시 16분경 조반으로 밥과 콩나물국을 주니까 조금 먹다가 어젯밤 술을 많이 마셔서 밥맛이 없다고 냉수나 달라고 하여 냉수를 몇 컵

마신 후, 10시 51분경부터 심문을 시작하여 박종운 군의 소재를 묻던 중 갑자기 '억' 소리를 지르면서 쓰러져 중앙대 부속병원으로 옮겼으나 12시경 사망하였다. (……) 내가 아는 한 가혹행위는 없었다.

이 발표는 장세동이 수장인 안기부의 지시에 따른 것이었다. 이날 전두환 정권은 신문사에 강민창의 발표를 사회면 4단 기사로 다루라는 보도지침을 내렸다.

경찰의 발표는 처음부터 의혹을 불러일으켰고, 언론의 집중 취재로 사건의 실체가 어느 정도 드러났다. 응급조치를 취한 의사 오연상은 기자들에게 사망 원인이 물고문일 가능성을 알려주었다.

이날 석간인 〈동아일보〉는 경찰의 폭행이 있었다는 사실보도를 했다.

이날 MBC는 간추린 뉴스를 진행하던 신경민 기자가 40초 분량으로 해당 소식을 전했다. KBS는 아예 이 소식을 전하지 않았다.

1월 17일 〈동아일보〉의 고정 칼럼인 '김중배 칼럼'의 제목은 '하늘이여, 땅이여, 사람들이여'였다. 이 글에서 김중배는 인권의 가치를 역설했다. 너무도 당연한 주장이었으나 인권 개념조차 없는 전두환 정권에 시달려온 많은 사람들에게 감동을 주었다.

하늘이여, 땅이여, 사람들이여, 저 죽음을 응시해주기 바란다. 저 죽음을 끝내 지켜주기 바란다. 저 죽음을 다시 죽이지 말아주기 바란다. 태양과 죽음은 차마 마주볼 수 없다는 명언이 있다는 건 나도 안다. 태양은 그 찬란한 눈부심으로, 죽음은 그 참담한 눈물줄기로 살아있는 자의 눈을 가린다.

그러나 서울대학교 언어학과 3학년 박종철 군, 스물한 살의 젊은 나이에 채 피어나지도 못한 꽃봉오리로 떨어져간 그의 죽음은 우리의 응시를 요구한다. 우리의 엄호와 죽음 뒤에 살아나는 영생의 가꿈을 기대한다. (……)

광주의 5월에 이어지는 '5월시' 동인들은 일찍이 "하늘아, 땅아, 많은 사람아"를 외쳤다. 이제 박종철, 그의 죽음 앞에서 "하늘이여, 땅이여, 사람들이여"의 호곡이 피어난다. 그 호곡을 잠들게 하라. 새로운 하늘, 새로운 땅, 새로운 사람들이 피어나게 하라. 그것이 그의 죽음을 영생으로 살리는 길이다.

이날 전두환 정권은 관계기관대책회의를 열었는데 결론은 검찰이 아닌 경찰이 사건을 자체 조사한다는 것이었다. 이에 따라 사건을 조사한 경찰 특수수사대는 사건을 축소 조작하였다. 이날 11시 경정 유정방은 특수수사대 사무실을 찾아가 조한경(趙漢慶)과 강진규(姜鎭圭) 둘이 범행을 뒤집어쓰라고 설득했다.

1월 18일 오전 10시경에는 둘의 동료 직원 10명이 찾아가 회유했고, 치안감 박처원도 찾아가 둘을 설득했다. 마침내 조한경과 강진규는 동의했다.

경찰의 보고를 받은 검찰은 19일 법원에서 영장을 발부받아 둘을 구속했다. 이날 밤 조한경과 강진규는 영등포교도소에 수감되었다. 이 고문치사 사건을 담당하게 된 주임검사는 서울지검 형사 2부장 신창언이었고, 실무검사는 안상수, 이승구, 박상옥이었다. 20일 박상옥은 영등포교도소를 찾아가 보안과 사무실에서 강진규를 조사했다. 박상옥이 "피의자가 서울대생 박종철 군을 물고문해 죽음에 이르게 했는가?"라고 신문하자 강진규는 "나와 조한경 경위 둘이 그랬다"고 대답했다. 안상수는 조한경을 조사했다. 이들은 23일 다시 영등포교도소를 찾아가 강진규와 조한경을 조사했다. 24일 검찰은 조한경과 강진규를 구속기소하고 수사결과를 발표했다.

박종철 고문살해 사건은 정국을 강타했다. 학생들은 박종철의 죽음을 바로 자기 자신의 죽음과 다를 바 없는 것으로 받아들였다. 방학 중인데도 추모제를 가졌고 전국에서 항의시위가 일어났다. 교수들도 울었고, 종교인들도 분노했다. 정당과 재야단체들은 잇달아 성명을 발표했다.

1월 19일 전국 각계 대표 9782명으로 '박종철 군 국민추도회 준비위원회'가 발족했다. 이 위원회는 2월 7일 범국민 추도회를 열기로 했다.

1월 20일 정오 서울대 학생회관 2층 라운지에서 서울대 학생들이 박종철 추모제를 거행했다. 한 여학생이 '서울대 언어학과 일동'이라는 이름으로 조시(弔詩) '우리는 결코 너를 빼앗길 수 없다'를 낭송했다.

오늘 우리는
뜨거운 눈물을 삼키며
솟아오르는 분노의 주먹을 쥔다.
차가운 날
한 뼘의 무덤조차 없이
언 강 눈바람 속으로 날려진
너의 죽음을 마주하고
죽지 않고 살아남아 우리 곁에 맴돌
빼앗긴 형제의 넋을 앞에 하고

우리는 입술을 깨문다.

누가 너를 앗아갔는가.
감히 누가 너를 죽였는가.
눈물조차 흘릴 수 없는 우리.
그러나 모두가 알고 있다.
너는 밟힌 자가 될 수 없음을,
끝까지 살아남아 목청 터지도록
해방을 외칠,
그리하여 이 땅의 사슬을 끊고
앞서 나아갈 너는
결코 묶인 몸이 될 수 없음을.

1월 23일 제임스 릴리 주한 미국대사는 고문행위에 절대 반대한다고 말하여 간접적으로 전두환 정권을 비난했다.
1월 24일 천주교 정의구현사제단은 '고문살인 종식을 위한 우리의 선언'이라는 성명을 발표했다.

81년 9월 이른바 '민학련, 민노련 사건'으로 남영동 치안본부 대공분실에 끌려간 관련자들은 공산주의자임을 허위 자백토록 물고문, 전기고문 등 모진 고문을 당했습니다. (……) 뒤이은 '부산 미문화원 방화 사건' 관련자들에 대한 고문, 85년 9월 역시 치안본부 대공분실에서 20여 일 동안 '민주화운동청년연합' 의장 김근태 씨가 전기고문, 물고문, 고춧가룻물 먹이기 등 살인적인 고문을 당했습니다. 정신이상까지 일으켜야 했던 민청련 이을호 씨에 대한 고문, 허인회 군 등 삼민투 관련자들에 대한 고문, 해를 바꿔 86년 송파 보안사에서 당한 김문수 씨 등 서울노동운동연합 관련자들에 대한 고문, 그리고 부천경찰서 성고문 사건 등 크고 작은 고문 사건들이 꼬리를 물고 일어났습니다. 그러나 빗발치는 가족들의 항의와 종교단체 및 재야단체의 진상규명 요청에도 불구하고, 정부 당국은 항상 '고문 사실은 있지도 않았고 있어서도 안 된다'고 강변해 왔습니다. 이번 박종철 군의 죽음은 그동안 한 번도 밝혀지지 않았던 고문의 실체가 무엇인지, 수없이 되풀이된 불법 연행자 가족들의 호소가 얼마나 진실된 것인지를 극명하게 밝혀주고 있습니다. (……)

1월 26일 저녁 명동성당에서 열린 '박종철 군 추도 및 고문 근절을 위한 인권회복 미사'에서 김수환 추기경은 전두환 정권을 질타했다.

야훼 하느님께서 동생 아벨을 죽인 카인에게 "네 아우 아벨은 어디 있느냐" 하고 물으시니 카인은 "제가 아우를 지키는 사람입니까" 하고 잡아떼며 모른다고 대답합니다.
창세기의 이 물음이 오늘 우리에게도 던져지고 있습니다.
"너의 아들, 너의 제자, 너의 젊은이, 너의 국민의 한 사람인 박종철은 어디 있느냐" 하고 물으시니 "탁 하고 책상을 치자 억 하고 쓰러졌으니 나는 모릅니다", "수사관들의 의욕이 지나쳐서 그렇게 되었는데 그까짓 것 가지고 뭘 그러십니까", "국가를 위해 일하다 보니 실수로 희생될 수 있는 것 아닙니까", "그것은 고문 경찰관 두 사람이 한 일이니 우리는 모르는 일입니다" 하고 잡아떼고 있습니다. 이것이 바로 카인의 대답입니다. (……) 이 정권의 뿌리에 양심과 도덕이 도대체 있느냐, 아니면 총칼의 힘뿐이냐 하는 회의가 근본적으로 야기되지 않을 수 없습니다. 이것은 다시 국민인 우리에게 이런 정권을 그대로 따라야 하는지 아닌지에 대한 중대한 양심 문제를 던지고 있습니다. 이제 박종철 군의 희생이 우리의 정의로운 민주회복의 도정에 승리의 분기점이 되고 저력이 되어줄 수 있기를 하느님께 간절히 기원합니다.

'2·7 박종철 군 추도회' 개최를 둘러싸고 정국은 팽팽한 긴장에 싸였다. 전두환 정권은 2월 7일 열리는 집회를 불법으로 규정하고 원천봉쇄로 맞섰다.

2월 7일 전두환 정권은 2만 5천 명의 전투경찰을 동원하여 추도회를 막았다. 경찰의 원천봉쇄로 추도식은 무산되었으나 전국적으로 거센 항의 시위가 벌어졌다. 서울 시내 곳곳에서 경찰은 최루탄을 난사하였고, 시위대는 투석과 화염병 투척으로 대항했다. 거의 시가전이었다. 이날 경찰은 시위대에 밀리는 모습을 보였다. 전국에서 798명이 연행되었다.

릴리 주한 미국 대사는 공개적으로 2월 9일에는 이민우 신민당 총재, 10일에는 김영삼 신민당 고문과 만나 정치현안을 논의했다. 이는 미국 정부가 공개적으로 한국 정치에 개입하는 것을 의미했다.

2월 25일 권인숙 씨의 항소심 첫 공판이 열렸다. 항소심 법정에서 분노는 폭발했다. 민가협 회원 이중주(민정당사 점거 사건으로 구속된 서울대생 이

기정의 어머니) 씨는 재판장이 권인숙의 진술을 도중에 막는 것을 보고 격분하여 "성고문 범죄자를 비호하고 피해자를 재판하는 게 사법부냐"고 고성으로 항의했다. 법원 정리에게 끌려나가던 중 이중주 씨는 교도관의 모자를 벗겨 재판부를 향해 던지며 "이 더러운 군사독재의 시녀들아"라고 외쳤다.

27일 이중주 씨는 서대문구치소에 수감됐다. 신성한 법정을 모독했다는 죄였다. 구치소에 입감되는 순간 그녀는 외쳤다. "우리 딸들, 여기 있느냐. 이 엄마가 너희 곁으로 왔다. 권인숙 재판부 하고 싸우다 들어왔다. 엄마가 왔으니 같이 더욱 힘내서 싸우자." 복도 양쪽 방에서 함성과 환영의 박수가 터져 나왔다. 3월 1일 검찰은 법정모욕, 공무집행방해 등의 혐의 등으로 이중주 씨를 구속했다.

부천서 성고문 사건은 군사정권의 총체적 부도덕과 인권유린의 실상을 국내외에 알린 지극히 부끄러운 사건이었다. 정부 수립 때부터 권력의 수족이었던 검찰과 경찰, 이들을 원격조종하는 안기부, 권력에 길들여진 언론, 권력 앞에 한없이 나약한 사법부의 추한 모습이 이 사건을 통해 적나라하게 드러났다(대법원은 6월 항쟁 이후인 1988년 2월 9일에야 검찰의 문귀동 불기소 처분에 대한 재정신청을 받아들였고, 문귀동은 1989년 6월 사건발생 3년 만에 징역 5년을 선고받았다).

민족모순이 먼저냐 계급모순이 먼저냐는 등 노선 다툼으로 분열돼 있던 진보진영도 이 사건으로 큰 충격을 받았다. 여성문제는 그동안 정치투쟁에 가려 있었으나, 이 사건을 계기로 인권 차원에서 시급한 문제로 재조명되기 시작했다.

전두환의 개헌 거부 선언

3월 3일 박종철 씨 사망 49재를 맞이하여 '고문 추방 민주화 대행진'이 서울, 부산, 대구, 광주, 대전, 전주 등 전국 주요 도시에서 열렸다. 전두환 정권은 경찰 6만 명을 동원하여 원천봉쇄에 나섰다. 2월 7일과 달리 경찰은 시위대에 우세했다. 이를 계기로 전두환은 자신감을 얻었다.

3월 6일 슐츠 미 국무장관이 시거 차관보와 더불어 서울을 방문해 전두환과 한국 정세를 두고 회담했다. 전두환은 신민당을 비난했다.

"올림픽과 권력이양이라는 중대한 시점이 다가오자 많은 야당 인사들은 지금이 공격할 때라고 생각하고 있다. 야당은 그들의 지도자가 대통령 자리에 앉아 있지 않으면 민주화가 아니라고 한다."

슐츠는 전두환과 만난 다음 외무장관 최광수와 회동했다. 최광수는 "평화적인 권력이양을 달성하기 위해선 사회적·정치적 안정이 전제돼야 한다"고 말했다. 이에 슐츠는 "미국은 그 목표를 지지하지만 집회의 자유와 다른 기본적 인권 보장도 지지한다"고 응대했다. 이어 "폭력은 민주주의와 함께 갈 수 없다"면서 전 정권에 강경진압 자제를 촉구했다.

3월 7일자 〈뉴욕타임스〉는 슐츠가 전두환으로부터 개헌에 따른 정부형태에 관하여 야당과 타협을 추구하겠다는 보장을 얻어냈다고 보도했다.

당헌에 따라 5월로 예정된 전당대회를 앞두고 있었던 신민당은 3월에 들어 심각한 내분에 휩싸였다. 신민당 의원 이철승, 이택돈(李宅敦), 이택희(李宅熙)가 분란을 일으켰다. 이들은 잇달아 내각책임제를 들고 나왔다. 김영삼과 김대중이 이들을 징계위원회에 회부하자 폭력배와 지구당 당원들이 당사를 점거하고 농성에 들어갔다. 1970년대의 각목 전당대회를 연상케 하는 폭력배 동원은 5월로 예정된 전당대회가 어떻게 될 것인지를 예고하는 것이었다.

4월 6일 신민당 제천지구당(위원장 이택희) 부위원장 김종남(金鍾南) 등 신민당원 9명이 김영삼 신민당 고문을 상대로 '당무방해배제 가처분신청'을 서울지방법원 남부지원에 냈다. 김종남은 "이택희 의원에 대한 징계회부가 부당해 이 같은 가처분신청을 낸 것"이라 말했다. 이에 분당을 망설이던 김영삼은 분당을 강력히 주장해온 김대중에게 동의했다.

4월 8일 김영삼과 김대중은 신당 창당을 선언했다. 신민당 의원 가운데 김영삼계 40명, 김대중계 33명 등 73명이 신민당을 탈당하고 신당에 참여하기로 했다. 당초 분당할 경우 40~50석을 넘지 않으리라 보던 전두환 정권의 예상을 뒤엎었다.

전두환은 개헌 논의 중단을 결심했다. 4월 11일 전두환은 국무총리 노신영을 미 대사관에 보내 자신의 계획을 알렸다. 이때 릴리 대사는 회의차 워싱턴을 방문 중이었다.

신당 창당발기인대회 날인 4월 13일 전두환은 신민당의 분당을 구실로 개헌 불가를 선언했다. 이날 오전 9시 전두환은 특별담화문을 들고 텔레비전 화면에 나타났다.

본인은 얼마 남지 않은 촉박한 임기와 현재의 국가적 상황을 종합적으로 판단하여 중대한 결단을 내리지 않으면 안 되게 되었습니다. (……) 이제 본인은 임기 중 개헌이 불가능하다고 판단하고 현행 헌법에 따라 내년 2월 25일 본인의 임기 만료와 더불어 후임자에게 정부를 이양할 것입니다. (……) 대통령 선거인단 선거와 대통령 선거는 금년 내에 공정한 선거관리를 통해 자유경선의 분위기가 보장되는 가운데 차질 없이 실시되도록 모든 노력을 다할 것이며 (……).

신당 창당발기인 대회 장소 예약이 돌연 취소되고 김대중도 가택연금되었다. 이에 신당 추진 세력은 무교동 민추협 사무실에서 창당발기인 대회를 열었다.
4월 14일 김수환 추기경은 부활절 메시지를 통해 국민의 배신감을 대변했다.

국민은 있어도 주권은 없고, 신문·방송은 있어도 언론은 없으며, 국회나 정당은 이름뿐이요, 힘만이 있고 정치는 없는 공허 속에서 우리는 살고 있습니다. 국민의 여망인 민주화가 정략의 도구로 쓰이고, 보다 밝은 정치의 새 시대를 열 것으로 기대되었던 헌법 개정의 꿈은 당리(黨利)의 술수 아래 무참히 깨어졌습니다.
마지막 순간까지 우리는 통치권자의 마음을 비운 결단을 기대하였지만, 막상 내려진 '고뇌에 찬 결단'은 한마디로 말해서 국민에게는 슬픔을 안겨주었고, 생각하는 이들의 마음은 더 큰 고뇌로 가득 차게 되었습니다. 이 땅 위에는 다시금 최루탄이 그칠 줄 모르게 터지며, 국민의 눈과 마음 속 깊은 곳에는 눈물이 마를 날이 없게 되었습니다.

4월 17일 미국 하원 외무위원회 아시아태평양소위원회 위원장인 스티븐 솔라즈 민주당 하원의원이 한국을 방문해 전두환과 회담했다. 그는 한국의 민주화에 관심이 많았는데 전두환의 개헌중지 선언에 놀라 급히 한국에 왔다. 릴리 대사도 이 회담에 자리를 같이 했다. 전두환은 다음과 같이 두 김 씨를 비난했다.

김영삼 버전의 민주화는 김영삼이 대통령이 되는 것이고 김대중 버전의 민주화는 김영삼을 물리치고 김대중이 올라가는 것이다. (……) 미국에서는 야당이 약속을 지키는 것을 당연한 것으로 여기지만 우리는 그러한 호사를 누리지 못한다. (……) 우리는 김영삼과 김대중에게 속지 않는다.

전두환의 4·13 호헌 조치는 예상을 뛰어넘는 거센 도전을 받게 된다. 통일민주당의 강력한 대응은 물론 각계의 시국성명, 단식, 농성, 시위가 뒤따랐다. 4월 13일 이후 한 달 동안 46개 대학교에서 1437명의 교수들이 시국선언을 했다.

4월 18일 민주언론운동협의회, 민주교육실천협의회, 한국출판문화운동협의회, 민족미술협의회, 자유실천문인협의회, 민중문화운동협의회는 '전 국민의 힘으로 호헌 획책 분쇄하고 장기집권 저지하자!'는 제목으로 공동성명을 냈다.

분명히 경고해 두건대, 당신들이 이른바 '4·13 특별담화'를 통해서 드러낸 호헌 획책과 장기집권 음모는 광범위하고도 격렬한 전 국민적 저항을 불러일으킬 것이다. (……) 마지막으로 당신들이 역사에 기여할 수 있는 최후이자 단 하나의 길은 지금 당장 스스로의 판단에 의한 즉각적인 퇴진뿐이라는 것과 만일 그러하지 않을 때 활화산 같이 타오를 국민들의 거대한 저항의 불길에 휩싸여 한 줌의 재로 몰락할 수밖에 없음을 엄중히 경고하는 바이다.

4월 19일 수유리 4·19 묘지에서 열린 4월 혁명 기념식이 끝난 후 학생과 시민들은 경찰의 봉쇄에 맞서 격렬한 투석전을 벌였다. 예상 밖의 거센 시위에 놀란 전두환은 엄벌을 지시했다. 검찰은 4·19 시위로는 좀처럼 시위자를 구속하지 않던 관례를 깨고 민통련의 김병걸, 임채정을 집시법 위반으로 구속했다.

4월 21일 천주교 광주대교구 신부 12명은 '직선제 개헌을 위한 단식기도를 드리면서'라는 성명서를 발표하고 무기한 단식 농성에 들어갔다. 신부들의 단식 농성은 여러 교구로 퍼졌다.

신당 창당 세력은 당명을 통일민주당으로 정했는데 지구당 창당대회는 큰 곤경을 치렀다. 정권의 탄압으로 지구당 창당대회를 열 장소를 얻기가 어려웠고 대회를 개최해도 각목부대가 등장하여 수라장을 이뤘다. 이는 안기부장 장세동의 조종에 따른 것이었다(장세동은 1993년에 이 사건으로 구속되어 2번째 옥살이를 했다. 이택돈, 이택희도 같이 구속됨). 각목부대는 이른바 '용팔이'가 이끄는 폭력조직이었는데, 1976년 5월의 신민당 각목 전당대회에도 동원됐던 조직이었다. 전두환 정권은 이들을 수배해 놓고도 전혀 잡지 않았다.

5월 1일 서울 동숭동 흥사단에서 통일민주당 창당대회가 열려 김영삼이 총재로 선출되었다. 이날 김영삼은 취임사에서 전두환의 개헌 거부를 강력히 비판했다.

우리가 실질 대화를 위하여 통일민주당을 창당하려 하자 저들은 우리와의 대화를 서둘러 포기, 거부하였습니다. (……) 호헌이란 무엇입니까. 광주사태의 역사적인 비극 속에서 계엄령을 선포해놓고 대통령의 임기를 어제는 5년, 오늘은 6년, 내일은 7년 하는 식으로 멋대로 제정한 그 헌법, 특정한 사람을 대통령으로 만들기 위해서 유신체제를 거의 그대로 복사한 대통령 간선 체제의 그 헌법, 군사독재 체제의 출범을 위해서 급조된 그 헌법으로 돌아가자는 것입니다.

신민당의 비주류가 가담하지 않아 통일민주당에서 김영삼과 김대중의 지분은 50 대 50으로 정확히 양분되었다. 이는 후보 단일화를 위한 중재를 추진할 세력이 사라졌음을 뜻했다. 김대중은 신민당 시절 김영삼에 비해 당내 세력이 열세였으나 통일민주당의 창당으로 세력을 만회했다.

한편 전두환의 호헌 선언에 대한 국민적 반발이 커지자 전두환 정권 내 소수파의 목소리였던 대통령 직선제 수용 주장이 여권에 널리 퍼졌다.

5월 12일 미국 상원 외교위원회는 '4·13 조치 재고를 촉구하는 한국에 대한 결의안'을 통과시켜 전두환 정권에 압력을 가했다(4·13 조치 이후 미국 행정부와 의회는 여러 차례 공개적으로 이 조치의 재고를 전두환 정권에 요구했다).

고문 은폐조작 진상 폭로

1987년 5월 18일 천주교 정의구현사제단의 김승훈 신부가 박종철 고문 사건이 은폐조작되었음을 폭로하여 정국이 격동하였다.

1987년 1월 19일 영등포교도소 격리사동에 갇혀 있던 이부영은 간밤에 들어온 두 명(조한경과 강진규)이 박종철 고문살해 사건과 관련된 치안본부 대공수사단 소속 경찰관이라는 말을 들었다. 이부영은 0.72평짜리 작은 방에 수감되어 있었는데 조한경과 강진구는 4평이 넘는 큰 방에 수감되었다. 이들의 방 옆에 별도의 교도관이 배치되어 특별감시를 했다.

기독교 신자인 조한경은 밤새도록 찬송가를 불렀고, 젊은 강진규는 밤늦도록 흐느껴 울었다.

며칠 후 대공분실 소속 수사관들이 영등포교도소로 와서 특별면회를 신청했다. 이들은 교도소 측에 "교도관이 참석해서는 안 되고 면담 내용 기록도 하지 말아 달라"고 요구했다. 이는 규정상 불가능하여 기록은 하지 않는 대신 교도소 보안계장 안유가 면회 과정을 지켜보았다. 대공분실 수사관 2명은 "당신 둘이 사건을 덮으면 1억 원씩을 주고 가족의 생활을 보장하겠다. 조만간 가석방으로 꺼내주겠다"며 회유했다.

조한경과 강진규는 토요일 늦은 시간에만 허용되는 가족면회 때 면회

온 가족에게 억울하다는 말을 했다. 강진규는 시멘트 바닥에 엎드려 엉엉 울면서 칠순의 아버지에게 불효자식을 용서하라고 하소연했다.

2월 19일 경정 유정방 등 경찰 6명이 영등포교도소로 면회 왔는데 조한경은 이들에게 "양심선언을 하겠다"고 위협했다.

2월 27일 조한경은 검사 안상수에게 3명의 공범이 더 있다는 말을 했다. 안상수는 이를 부장검사 신창언에게 보고했다. 다음날 신창언은 이 내용을 서울지검 검사장 정구영에게 보고했다. 공범이 3명 더 있다는 사실이 전두환 정권 수뇌부에 전달되었다.

3월 8일 치안감 박처원이 교도소로 찾아와 조한경과 강진규에게 조용히 있으라고 협박하고 회유했다. 3월 9일 박처원은 조한경과 강진규의 가족을 찾아가 둘을 설득해 달라고 요구했다. 이어 법무장관 김성기가 야간에 영등포교도소를 불시에 방문하여 보안을 철저히 하라고 당부했고, 조한경과 강진구는 의정부교도소로 이감됐다.

3월 21일 관계기관대책회의가 열렸다. 안기부장 장세동은 "나라를 위해 검찰이 양보하라"고 말했다. 사건을 은폐하기로 결론이 났다.

사건 축소은폐 경위가 외부로 알려진 과정은 다음과 같다.

조한경과 강진구의 심상치 않은 행동에 이부영은 영등포교도소 보안계장 안유에게 면담을 신청했다. 안유는 1978년부터 이부영과 친분이 있었다. 그는 이부영에게 지난 며칠 사이에 남영동 대공수사단장 박처원 치안감과 간부 몇 사람이 몇 차례 특별면회를 해서 두 경찰관을 회유·협박했고 이에 조한경과 강진구가 항의해 말다툼이 있었음을 알려주었는데, 그 내용은 다음과 같다고 했다.

두 사람 이외에 주요 고문 담당자 세 명이 더 있다. 조한경과 강진규는 신문실 안에 함께 있었지만 주신문관이 아니었다. 두 사람은 이대로 혐의를 인정하고 재판을 받을 경우 각각 1억 원씩 입금된 통장으로 가족과 본인의 생계를 보장해주겠다는 말을 들었다. 두 사람은 자기들만 고문 살인자의 오명을 지고 처벌받을 수 없으며 자식들에게까지 피해를 줄 수 없다고 항의했다. 이에 박처원과 간부들은 "빨갱이 하나 죽인 것 가지고 무얼 그렇게 고민하나"라고 회유하면서 조직의 결정을 배신할 경우 징역을 다 살고 나오더라도 이 나라에서 살아가기가 힘들 것이라고 협박했다.

이부영은 조작 내용을 상세히 편지로 기록했고, 교도관 한재동이 이를 외부로 전달했다. 3월 하순 김정남이 전직 교도관 전병용으로부터 이를 최종 수신했다. 장기표를 숨겨주어 수배 중이었던 전병용은 김정남에게 편지를 전달한 지 이틀 만에 체포되었다. 김정남 역시 이부영을 숨겨주고 도피자금을 마련해주는 등 편의를 제공했다는 이유로 1986년 11월부터 수배 중이었다. 김정남은 홀로 1월 14일 이후의 신문, 잡지 보도를 검색하고 그것을 편지의 내용과 종합하여 발표할 문건을 준비했다.

이 엄청난 사실을 세상에 어떻게 알리느냐가 문제였다. 처음에는 야당 의원이 임시국회 본회의 대정부 질의를 통해 공개하는 방법을 생각했다. 그러나 질의자로 나설 신민당 의원들과 접촉해보니 모두가 겁을 내며 자기를 시험에 들지 않게 해달라고 사정했다. 김정남은 야당을 통한 발표를 포기하고 고영구 변호사를 통해 천주교 사제단에 부탁했다.

5월 17일 저녁 천주교 정의구현사제단의 김승훈 신부는 함세웅 신부로부터 5월 18일에 있을 미사에서 성명을 발표해 달라는 부탁을 받았다.

5월 18일 서울대를 비롯하여 전국 62개 대학 2만 2천여 명(경찰 추산)이 광주사태와 관련하여 추모 집회를 열고 시위를 벌였다.

이날 저녁 명동성당에서 열린 '광주 민중항쟁 제7주기 미사'에서 김수환 추기경은 강론을 했다. 이어 미사 2부에서 천주교 정의구현사제단의 김승훈 신부가 떨리는 목소리로 김정남이 작성한 성명을 발표하였다. 다음은 그 일부이다.

박종철 고문치사 사건의 진상이 조작되었다.

1. 박종철 군을 직접 고문하여 죽게 한 하수인은 따로 있다. 박종철 군을 죽음에 이르게 한 범인으로 구속 기소되어 재판 계류 중에 있는 전 치안본부 대공수사 2단 5과 2계 학원 분과 1반장 조한경 경위와 5반 반원 강진규 경사는 진짜 하수인이 아니다. 박종철 군을 직접 고문하여 죽음에 이르게 한 진짜 범인은 학원분과 소속 경위 황정웅, 경사 방근곤(반금곤의 오기), 경장 이정오(이정호의 오기)로서 이들 진범은 현재도 경찰관 신분을 유지하고 있다.
— 고문 범인은 결코 두 명일 수 없다. 최초로 고문실에 들어간 외부 의사 오연상 씨의 증언에 의하여도 고문실에는 7, 8명이 있었다고 알려져 있을 뿐 아니라 종래 있었던 고문 사례가 그렇고, 이와 관련된 당시의 신민당 진상 조사 보고서, 〈동아일보〉 1월 26일자 사설도 이와 같은 견해를 취하고 있다.
— 조한경 경위는 반장으로서 박종철 군에 대한 신문을 담당한 3명(위 황정웅, 방근곤, 이정오)에게 "말 안 하면 혼내주라"는 말만 하고서 고문실을 나와 박종철 군의 옆방 하숙생으로 서울대 대학원생인 하종문 군에 대한 연행과 신문 등의 일을 지휘하다가 한 시간쯤 뒤에

박종철 군을 신문하는 방에 들어갔고, 들어갔을 때는 이미 박종철 군은 늘어져 있었다. 인공호흡 등을 했으나 허사였다. 조한경 경위에게는 이처럼 반장으로서의 지휘 책임이 있을 뿐인데, 직접적인 고문 살인의 주범으로 조작된 것이다.

— 강진규 경사는 1반 반원이 아니며, 강진규 경사가 소속된 반에서 찾고 있는 학생에 대해 박종철 군에게 물어보기 위해 그 방에 갔었을 뿐이다.

2. 범인 조작의 각본은 경찰에 의해 짜여지고 또 현재도 진행 중에 있다. 경찰은 당초 박종철 군이 쇼크에 의한 심장마비로 죽은 것으로 사건을 조작, 고문 사실을 은폐하고 조한경 경위에게만 지휘 책임을 묻는 것으로 그치려 했다. 그러나 여론의 빗발치는 진상조사 요구에 의해 고문치사 사실을 인정하면서도 범인만은 계속 조작, 조한경 경위와 강진규 경사에게 덮어씌우고 있는 것이다. 범인 조작은 1월 17일 이후 두 경찰관이 외부와 철저히 차단된 가운데서 최초로 이루어지고 같은 상황 하에서 진행되고 있는 것이다.

(……)

4. 검찰은 위와 같은 사건 조작의 내용을 알고 있으면서도 이를 밝히지 않고 있다.

— 서울지방검찰청 특수수사 2부 안상수 검사는 1월 15일의 박종철 군 시체 부검에 입회했을 때 마땅히 고문 수사경찰관에 대한 신병확보를 했다면 범인조작을 막을 수 있었다.

— 검찰은 박종철 군 고문치사 사건에 대한 송치 전후의 검찰 수사과정에서 실체적 진실을 밝히려 하지 않았으며, 사건의 조작에 협력,

동조하여 경찰 발표대로의 범인을 그대로 인정, 구속 기소함으로써 범인 조작을 은폐, 방조하고 있는 것이다. 검찰이 경찰에 의한 범인 조작의 실상을 알고 있다는 믿을 만한 증거와 정보가 있다.

(……)

10. 박종철 군의 죽음은 결코 헛되지 않아야 하며, 그 진실은 낱낱이 밝혀져야 한다. 지난 4월 23일 죽은 지 1백 일이 된 날 박종철 군의 어머니는 "철저히 조사해서 진실을 밝히겠다더니 뭐가 어떻게 되어 가는지……"라고 말했다고 한다.

살아남아 있는 우리 모두가 진상을 규명해야 할 공동의 책임이 있다. 차가운 날 한 뼘의 무덤조차 없이 언 강 눈바람 속으로 날려진 박종철 군의 영혼이 죽지 않고 살아남아 우리의 곁에 맴돌고 있는 가운데 고문 경찰의 핵심들은 복직되었고 고문 살인자들은 이 땅에 버젓이 폭력 경찰로 군림하고 있다. 거짓으로 점철된 이 땅, 박종철 군의 죽음마저 거짓으로 묻히게 할 수 없기 때문에 고문 범인들은 처벌되어야 하며 고문 진상은 밝혀져야 한다. 지금 이 순간에도 박종철 군의 어머니의 호소가 계속되고 있다.

"아들의 죽음을 결코 우연한 사고로 돌릴 수는 없습니다. 아직껏 마음 한구석에 응어리져 풀리지 않는 것은 종철이가 무슨 이유로 연행되었고, 또 어떤 고문을 받았는지, 그리고 어떻게 죽게까지 됐는지, 좀 더 확실히 진상이 밝혀졌으면 하는 것입니다."

11. 이 사건 범인 조작의 진실이 박종철 군의 고문 살인 진상과 함께 명쾌하게 밝혀질 수 있느냐 없느냐에 따라 과연 우리나라에서 공권력의 도덕성이 회복되느냐 되지 않느냐 하는 결말이 날 것이다. 또한

우리 사회가 진실과 양심, 그리고 인간화와 민주화의 길을 걸을 수 있느냐 없느냐 하는 중대한 관건이 이 사건에 걸려 있다.
1987년 5월 18일
천주교 정의구현전국사제단

너무나 분명하게 진상이 폭로되었으므로 전두환 정권은 이를 인정할 수밖에 없었다.

5월 19일 서울지검은 재수사팀을 구성했다. 주임검사 신창언과 검사 김동섭, 안상수, 이승구, 박상옥으로 구성되었다(박상옥은 3월 16일 여주지청으로 발령받았는데 파견 형식으로 재수사팀의 일원이 되었다).

5월 21일 서울지검 재수사팀은 황정웅, 반금곤, 이정호 3인에 대해 특정범죄가중처벌법 위반(가혹행위로 인한 치사) 혐의로 구속영장을 신청하고 당일로 법원으로부터 발부받아 3인을 구속 수감했다.

이날 오후 6시 서울지검 검사장 정구영은 기자회견을 통해 범인이 3명 더 있음을 인정했다.

공권력에 대한 국민의 신뢰가 땅에 떨어지고 권력의 도덕성 문제가 새삼 제기됐다. 박종철 고문살해 사건은 전두환 정권에 치명타로 작용했다. 국민이 분노하고 민심이 동요했다.

5월 23일 '박종철 군 국민추도 위원회'(2월 7일 국민추도 대회와 3월 3일 49재 행사를 주도)는 '박종철 군 고문살인 은폐조작 규탄 범국민대회 준비위원회'로 확대 발족하고 6월 10일 범국민 규탄 대회를 갖기로 하였다.

이날 통일민주당은 내각 총사퇴와 대통령의 사과를 요구했다.

25일 통일민주당은 더 나아가 사건에 책임을 지고 현 정권이 퇴진할 것을 주장하고 나섰다.

26일 오전 전두환은 전면 개각을 발표했다. 국무총리 노신영, 안기부장 장세동, 내무부장관 정호용, 법무부장관 김성기, 검찰총장 서동권, 치안본부장 강민창 등이 '정치적 책임'을 지고 물러났다. 국무총리에 이한기, 안기부장에 안무혁(安武赫, 육사 14기), 내무부장관에 고건, 법무부장관에 정해창, 검찰총장에 이종남, 치안본부장에 권복경이 임명되었다.

27일 서울 향린교회에서 가톨릭, 개신교, 재야 민주화운동 단체, 통일민주당이 연합하여 '민주헌법 쟁취 국민운동본부(약칭 '국민운동본부')'를 결성했다. 김승훈 신부가 결성 선언문을 낭독하였다.

> 우리는 용기 있는 민족만이 민주주의의 산열매를 얻을 수 있다는 교훈을 가슴에 되새기며, 지금 이 나라의 앞길에 놓인 미증유의 난국을 타개하고 민주주의의 광명대도를 열기 위해 호헌반대 민주헌법쟁취 국민운동본부를 발족한다. (……)
> 우리 조국의 민주화는 우리의 손에 의해, 우리의 투쟁과 사랑과 희생에 의해서만 이룩될 수 있다. 이제 우리는 이 민족을 밝고 희망찬 미래로 도약시키기 위하여, 모든 국민의 민주화 의지를 총집결하여 민주헌법 쟁취를 위한 운동을 힘 있게 조직하고 실천해 나갈 것임을 역사와 민족 앞에 엄숙히 다짐하는 바이다.

'5·3 인천 사태' 이후 1년여 동안 미묘한 관계로 일정한 거리를 두고 있던 야당과 재야 세력의 결합을 의미하는 국민운동본부 결성은 엄청난 폭발력을 가지고 있었다.

박형규(개신교), 김승훈(가톨릭), 지선(불교), 계훈제(민통련), 이우정(여성), 송건호(언론), 박용길(구속자 가족), 고은(문인), 양순직(정치인, 김대중계), 김명윤(정치인, 김영삼계), 한승헌(법조) 등 11명이 상임공동대표였다. 국민운동본부를 실제로 움직이고 제반 업무를 집행하는 상임집행위원회의 집행위원으로는 32명이 선정되었다. 그리고 고문단에는 함석헌, 김대중, 김영삼, 문익환(당시 구속 중), 김지길(KNCC), 윤공희 대주교, 강석주 스님, 법조계의 홍남순 변호사 등 8명이 위촉되었다.

국민운동본부가 채택한 발기문은 대통령 직선제가 당면의 공동 목표임을 천명했고, 그들이 채택한 민주화 8개항에는 이념적 색채를 찾아볼 수 없었다. 그리고 철저한 비폭력 평화주의 노선을 고수했다.

5월 27일 취임한 검찰총장 이종남은 박종철 고문치사 사건 수사를 서울지검이 아닌 대검찰청 중앙수사부에서 맡도록 했다.

29일 대검 중앙수사부는 은폐조작에 직접 개입했던 치안본부 대공수사 2단 단장 박처원, 5과장 유정방, 5과 2계장 박원택 등 3명도 범인도피 혐의로 구속했다. 이날 검찰이 발표한 축소 은폐 공작 수사 결과는 다음과 같다.

축소 조작

○ 사건 발생 당일인 1월 14일 오후 5시경 치안본부 대공 3부 사무실에서 고문경찰관 5명이 모여 '조 경위 등 2명이 수사하다 박 군이 졸도 사망한 것'으로 구두로 합의, 보고서를 작성했다. 1월 15일 오전 박원택 경정이 고문경찰관 5명을 불러 모아 이들이 구두 약속대로 조서를 받는 연습을 하게 하고 각자의 역할을 숙지하도록 했다.

○ 1월 17일 밤 11시경 유정방 경정은 특수수사대 조사관실을 방문해 조 경위 등 2명이 범행 모두를 뒤집어쓰도록 설득했다.

○ 1월 18일 오전 10시경 동료 직원 10여 명이 조한경을 찾아가 회유를 했고, 박 치안감도 이들 2명을 찾아가 두 사람이 모두 책임지고 나가라고 설득했다.

○ 1월 19일 오후에는 유, 박 경정이 다시 찾아가 경찰조사 때와 같이 검찰에서 진술하라고 하는 등 범인을 축소 조작했다.

은폐 공작

○ 2월 19일 유 경정 등 6명이 교도소로 조 경위 등을 면회 갔을 때 조 경위가 "양심선언을 하겠다"고 하자 박 치안감이 3월 8일 교도소로 다시 찾아가 조용히 있으라고 설득했다.

○ 3월 9일 박 치안감이 가족들을 만나 설득해달라고 부탁했다. 3월 19일에는 변호사 선임을 취소하라고 종용했다. 유 경정은 3월 11일부터 5월 17일까지 10회에 걸쳐 그 가족들을 만나 사건을 은폐하도록 설득했다.

○ 박 치안감은 4월 2일 신탁은행 이촌동 지점에 조한경과 강진규 명의로 5천만 원짜리 개발신탁장기예금 2계좌씩 2억 원을 가입한 뒤 다음 날 의정부 교도소로 이들을 면회가 예금증서를 보여주면서 회유했다.

그러나 검찰은 축소 은폐의 총책인 치안본부장 강민창을 한 차례 소환해 질의했을 뿐 제대로 수사하지 않아 강민창은 재수사에서도 법망을 빠져나갔다.

　5월 말 국민운동본부는 종로 5가 기독교회관 310호실에 입주하였는데, 6월 10일 열 예정인 범국민 규탄 대회를 '박종철 군 고문 은폐조작 규탄 및 호헌철폐 민주헌법쟁취 범국민대회'로 이름 붙여 단순한 정권 규탄 대회에서 민주헌법 쟁취 운동으로 발전시켰다.

6월 민주항쟁

전두환은 민심이 격앙된 가운데서도 일방적으로 정치일정을 강행했다.

6월 2일 저녁 청와대 상춘재에서 열린 여권 핵심간부 모임에서 전두환은 노태우를 대통령 후보로 지명했다. 노태우는 "각하의 하해와 같은 은혜로 지명을 받고 보니 두려움이 앞선다"고 응대했다. 이어 벌어진 연회에서 축하인사를 받으며 노태우는 감격의 눈물을 흘리기도 했다. 그동안 노태우는 전두환의 눈치를 보며 무기력하게 굴종해 왔었다.

6월 3일 오후 3시 5분 중앙집행위원회 의장 임방현 의원의 사회로 시작된 민정당 중앙집행위원회는 노태우를 대통령 후보로 공식 제청했다.

6월 5일 국민운동본부는 '6·10 국민대회에 즈음하여 국민에게 드리는 말씀'이라는 성명을 발표했다.

> 국민 여러분! 이번 국민대회에의 동참을 통하여 진실의 힘을, 국가의 도덕성을, 국민 주권의 최고 절대성을 거짓 정권과 부도덕한 정부와 교만한 통치권자에게 똑똑히 보여주고 함께 확인할 것을 호소합니다.

그리고 당일 참여하는 시민이 지켜야 할 '6·10 대회 행동 요강'을 정했다.

대학가는 6·10 대회를 앞두고 들끓었다. 서울대 총학생회는 6월 10일을 '민중 궐기의 날'로 선포하고는 10일 오후 1시 총궐기를 위한 출정식을 갖고 오후 6시에 서울시청에서 가까운 미 대사관 앞에 집결하여 총궐기 대회를 열기로 했다. 부산대 총학생회는 6월 10일 수업을 거부하고 6시에 남포동으로 집결하기로 결의했다.

6월 8일 내무장관 고건과 법무장관 정해창은 합동으로 '6·10 대회는 불법 대회'라는 내용의 담화를 발표하여 "대회를 원천봉쇄하고 강력한 법적 조치를 취하겠다"고 위협했다.

6월 9일 서울대 사회과학연구소가 5월 중순에 실시한 한국 중산층 의식 조사 결과를 발표했다. 1043명을 상대로 조사한 결과는 한국 중산층이 전두환 정권을 전혀 지지하지 않음을 보여주었다. 경제성장을 늦추더라도 인권을 신장시켜야 한다고 대답한 사람이 85.7%, 헌법에 저항권을 명시해야 한다는 응답자가 96%나 되었다.

1987년 6월 10일 수요일 오전 전두환 정권은 잠실체육관에서 전당대회를 열었다. 민정당 대의원과 초청 인사들 1만 1천 명이 참석했다. 오전 12시 30분경 대의원 투표가 끝났고 개표 완료 시까지 유명 가수들의 축하공연이 벌어졌다. 막간 행사는 MBC가 주관했는데 연주도 MBC 관현악단이 했다. 오후 2시 개표가 완료되어 전당대회장 채문식은 노태우를 대통령 후보로 발표했다. 이 자리에서 전두환은 "정치권 밖에서 폭력으로 혼란을 조성하는 일은 평화적 정권교체를 방해하는 행위로서 어떤 희생이 있더라도 단호히 대처할 것"이라고 말했다.

같은 시각 통일민주당과 민추협은 '영구집권 음모 규탄대회'를 열었는데 김영삼 총재는 "지금 이 시간 민정당은 4천 만 국민의 뜻을 무시한 채

역사 속의 치욕스럽고 부끄러운, 돌아올 수 없는 다리를 건너고 있다"고 비난했다.

전두환 정권은 전국적으로 6만여 명의 전투경찰을 시위 진압에 투입했다. 서울 도심과 주요 대학 앞에는 160개 중대 2만 3천 명의 전경을 배치했다. 또한 국민대회를 방해하기 위해 매일 시행하던 관공서의 국기하강식을 생략하고 퇴근시간에는 서울 도심을 통과하는 지하철이 시청, 광화문, 종로 일대 역을 정차하지 않고 통과하도록 했다.

그럼에도 전국적으로 대규모 시위가 벌어졌다.

이날 오후 6시를 기해 예정대로 '박종철 군 고문 은폐조작 규탄 및 호헌철폐 민주헌법쟁취 범국민대회'가 열렸다. 경찰은 국민운동본부가 국민대회 개최 장소로 정한 대한성공회 대성당을 전투경찰 6개 중대 900명으로 철통같이 포위, 차단했다. 서울의 덕수궁 옆 대한성공회 대성당에서 계훈제, 박형규, 양순직, 제정구, 유시춘 등 불과 수십 명만 참석한 가운데 종소리에 맞추어 애국가를 부르면서 규탄대회가 시작되었다.

서울, 부산, 대구를 비롯한 전국 22개 도시에서 40만여 명의 시민과 학생이 참여한 가두시위가 5시간이 넘게 지속되었다. 민중의 저항은 전과는 달랐다. 통일민주당과 재야세력, 학생들이 함께 움직였다. 평소 시위의 관전자에 머물렀던 상인, 노동자, 샐러리맨, 운전사 등도 적극적으로 호응하거나 가담했다.

서울에서는 7시 30분 무렵 회현동 일대 학생과 시민 3천여 명이 퇴계고가도로를 점거하고는 남산 3호 터널에서 신세계 로터리에 걸쳐 운집해 있는 시위대와 함께 경찰을 향해 돌을 던졌다.

8시경 일부 시위대가 퇴계로 2가 파출소를 점거하여 파출소를 지키던 전경 20여 명을 무장해제하고 풀어주었다. 이어 충무로 5가 파출소도 시위대 800여 명에게 점거되었다. 한 젊은이가 파출소 벽에 걸려있던 전두환의 초상을 뜯어내 발길질로 깨버리자 박수와 환호성이 터져 나왔다.

시위군중 약 2천여 명은 신세계 앞에서 서울역 쪽으로 밀려가 민정당 대통령 지명대회 축하 리셉션이 열리고 있는 힐튼호텔 부근에서 경찰과 접전을 벌였다. 이로 인해 이 일대에도 최루탄 연기가 자욱하였고 리셉션을 마치고 나오던 민정당 간부들은 최루탄을 마시고 고통스러워했다.

고문에 의해 살해된 박종철의 고향인 부산은 유난히 경비망이 삼엄했다. 대회 장소로 예정된 대각사 주변을 비롯한 시내 곳곳에 삼엄한 경비망이 쳐진 가운데 시민과 학생 수만 명이 오후 5시부터 시내 곳곳에서 시위를 했다.

오후 5시 30분경 경찰의 1차 저지선이 쳐진 광복동 로열 호텔 앞에 학생, 시민들이 모여들기 시작했다. 뒤이어 창선동 뒷골목과 남포동 국제시장 입구에 모여 있던 수백 명이 '호헌 철폐, 독재 타도', '종철이를 살려내라' 등의 구호를 외치며 대각사 앞으로 진출을 시도하면서 곳곳에서 경찰과 충돌했다.

1만여 명으로 늘어난 시위대는 경찰의 최루탄 공격에 맞서 돌과 화염병을 던지며 부영극장 앞, 충무로 로터리, 신천지백화점 앞 등 곳곳에서 치열한 접전을 벌였다. 민정당 제1지구당사와 부산 KBS 지사가 집중 공격 대상이 되었다.

마산에서는 시위대에 대한 경찰의 무차별 최루탄 난사로 대통령배 축구대회의 한국-이집트 경기가 중지되기까지 했다. 경기장 관중들이 시위에 합세하여 3만 명의 시위대가 자정까지 시위를 계속했다. 일부 시위대는 민정당 의원 우병규(禹炳奎)의 사무실을 습격하고 전두환과 우병규의 사진을 불태웠다.

서울 명동 인근에서 시위를 벌이던 대학생 1천여 명은 경찰에 쫓겨 명동성당으로 피신했다. 오후 7시 반 명동성당 안팎에서 4천여 명이 시위를 벌였다. 이에 시경국장 조종석은 내무부장관 고건에게 전화를 걸어 상황을 보고했다. 고건은 경찰이 포위하면 문제가 더 커질 것이라고 말했다. 그러나 안기부가 '현장조정'을 해 경찰이 성당 입구를 봉쇄했다. 성당 구내에 있던 1천여 명은 밤 9시 55분 횃불을 들고 시위하며 경찰과 대치했다. 이들은 성당에서 밤을 새워 농성했다.

이날 경찰은 전국에서 3831명을 연행했다. 성공회 안에서 대회를 주관했던 박형규, 계훈제, 양순직 등 국민운동본부 관계자 11명이 남대문 경찰서에 연행되었다.

6월 11일 정오 전두환은 우수 학회 대표 초청 오찬에서 학생시위를 비난했다.

요새 학생 데모를 보면 간판은 학생이고 사실은 레닌식 혁명가들인 것 같습니다. 레닌도 29세 때 혁명 운동을 했다고 하지 않습니까. 그런 학생들이 어용 교수라고 한다고 해서 제자들을 가르치는 교육자들이 위축된다면 자세가 잘못된 것입니다. 학자들은 그런 데에 구애받으면 안 되겠어요.

나도 자식이 있습니다. 넷이나 돼요. 나는 애들을 아주 보수적으로 교육을 시킵니다. 밤 12시가 넘도록 애들이 집에 안 들어오면 내가 지키고 있습니다. 며느리를 데리고 앉아서 책도 보고 하면서 기다리지요. 내가 문 앞에 지키고 앉아서 "늦었구나" 하면 들어오다가 놀래요. "사고 날까봐 걱정이 되어 이렇게 기다리고 있었다"고 하면 아침에 사죄를 합니다. 어릴 때에는 회초리로 때려주었습니다. 그렇게 키우니 넷이 있지만 한 놈도 말썽을 부리지는 않습니다.

교육자들은 남의 자식을 자기 자식을 다루는 이상으로 애정을 가지고 다루어야 하고 인기를 끌려고 적당히 하면 나라 장래가 암담하게 됩니다. 교수라고 하면서 시류에 편승해서 성명서도 내고 하는데, 아니 교수가 성명서를 낸다고 이 정부가 눈 하나 깜박합니까. 성명서를 낼 정도면 화염병을 들고 학생들을 진두지휘하든지. 그건 학생들을 선동하는 것입니다. 어떤 국회의원도 보면 그런 식으로 학생들을 선동하는데 자기 자식은 데모에 안 내보내요. 오히려 여당 의원의 자녀가 데모를 해서 문제를 일으켰으면 일으켰지 야당 의원 자녀들은 문제 일으킨 것을 내가 본 일이 없어요. 그런 사람들이 무슨 정치지도자입니까. 나는 아무리 좋게 해석하려고 해도 이해할 수가 없어요.

종교단체도 그래요. 해방신학이라는 게 좌익입니다. 니카라과가 공산혁명을 했는데 가톨릭이 관여했습니다. 그 나라 외무장관이 신부입니다. 종교인으로서 정치를 하려면 전에 신민당에 스님이 한 분 들어갔듯이 그렇게 당당하게 들어가야 돼요.

오후에 관계기관대책회의가 열려 명동성당 농성 가담자 전원을 연행하여 처벌하기로 방침을 정했다.

전두환은 이날 저녁 6시 30분 청와대 수석비서관 부부들을 초대해 만찬을 열었다. 이 자리에서 전두환은 명동성당 농성을 장기화하도록 봉쇄하는 방안을 제시했다.

방금 나오면서 뉴스를 들으니 명동성당에 1천여 명이 들어가 있다고 하는데, 건국대 사태 때도 그랬지만 포위해서 가둬놓고 성당 측에서 데려가라고 할 때까지 아주 장기적으로 놓아두는 것도 좋겠어.

황선필 MBC 사장이 통계를 가져왔는데 재미있어. 83년 한국일보 갤럽 여론조사 때 자신이 중산층이라고 답변한 사람이 63%였는데 85년 조선일보 조사에선 70%, 86년 동아일보 조사에선 77%라는 거야. 한 나라에 중산층이라 생각하는 사람이 80%가 넘으면 그건 안정된 사회야.

이승만 대통령이 나쁜 전통을 만든 게 하나 있어. 학생 데모로 정권이 넘어가는 선례를 남긴 거야.

이날도 가두시위는 계속되었다. 서울 시내 7개 대학생 1000여 명이 '명동 출정식'을 거행하고 도심에서 가두시위를 했다.

6월 12일 금요일 오전 10시 CIA 한국지부장인 존 스타인이 청와대를 방문해 전두환과 독대했다. 그는 대통령 직선제 개헌, 김대중 사면 복권 등 민주화 조치 12개 사항을 전두환에게 제시하고 설득했다.

이날 전두환 정권 초기에 육사 교장을 역임한 김복동(육사 11기)은 매제인 노태우를 만나 직선제를 받아들이라고 설득했다. 오랜 설득에도 노태우는 거부했다.

전두환 정권은 명동성당 농성을 원만히 수습하기보다는 오히려 국민운동본부와 민주당에 반격을 가할 호재로 보고 강경 대처하겠다고 거듭 천명했다. 서울시경 국장 조종석은 체제전복 행위라고 규탄하는 성명을 발표했다.

명동성당 집단 난동사태는 6·10 폭력시위와는 그 성격을 완전히 달리하는 체제전복적인 국기문란 행위로 규정한다. (……)
이들은 좌경 운동권의 핵심세력으로 추정되며 명동성당이 성역임을 선언하고 좌경 공산혁명의 본거지인 '해방구'를 설정하고 경찰에 완강히 저항하고 있다. 경찰은 치안질서와 시민생활 보호 차원에서 빠른 시간 안에 단호히 대처할 방침이다.

12일 저녁 7시 청와대 안가에서 명동성당 농성 문제를 다루기 위한 관계기관대책회의가 열렸다. 내무·외무·법무부 등 관계부처 장관들과 대통령 비서실장 박영수, 경호실장 안현태, 안기부장 안무혁, 민정당 사무총장 이춘구, 청와대 정무2수석 강우혁 등 청와대 관련 수석비서관 등이 참석했다. 경호실장 안현태가 지침을 내리듯 발언했다. "24시간 내에 명동성당에서 시위대를 전부 내보내지 않으면 전투경찰이 진입해 해산시킬 수밖에 없습니다. 김수환 추기경에게 이렇게 통보하려고 합니다."
참석자들은 이 발언을 전두환의 지침으로 해석했다. 참석자 가운데 고건, 강우혁, 안무혁, 이춘구 등이 경찰 투입에 반대하는 입장이었다. 회의는 4시간 넘게 진행되었으나 결론을 내지 못했다.
회의 후 고건, 안무혁, 이춘구가 남아 대책을 더 논의했다. 안기부 차장 이상연도 합석했다. "명동성당에 경찰이 진입하는 것은 안 된다"고 전두환에게 다음날 오전 건의하기로 의견을 모았다. 안기부장 안무혁이 전두환과 면담하기로 했다.
6월 13일 토요일 새벽 전두환은 치안본부장 권복경 집으로 전화를 걸었다.

전두환: 명동성당에 학생들 시위하고 있지? 경찰력 투입해서 진압해.

권복경: 각하, 명동성당에는 들어가면 안 됩니다.
전두환: 왜 못 들어가. 진압해.

오전 9시 10분경 청와대 본관 회의실에서 대통령 주재 관계기관대책회의가 열렸다. 이에 앞서 안무혁은 전두환을 면담해 경찰 투입 불가를 주장했는데, 전두환은 수긍하는 태도였다. 관계기관대책회의가 시작되자 전두환은 먼저 고건에게 시국 상황을 설명하라고 말했다.

전두환: 여러 상황에 대해서 내무장관이 설명해보시오.
내무장관 고건: 치안 책임자로서 죄송하게 생각합니다. 6·10 시위 진압은 무리 없이 진행되고 있습니다. 이후 명동대회가 기폭제가 되어 11일, 12일 도심지가 시위 사태로 악화되었습니다. 21개 대학 1만 2천 명이 교내 출정식을 갖고 명동성당으로 합류했고 6월 12일에는 1만 3천 명이 교내시위를 벌였습니다. 가두시위는 6월 11일에 22개소 연 4700명, 6월 12일은 83개소 연 5만 7천 명이 가담했습니다. 6월 13일에는 도시 게릴라 양상을 보였고, 최고 1만 2천 명이 시위에 참가하였습니다. 문제는 일부 시민이 동조 가담하거나 고무하는 것으로, 심각한 현상입니다. 6월 11일에는 주변에서 관망하고 손뼉을 치거나 경찰에 야유를 보냈고, 6월 12일에는 군중이 합세했습니다. 시민의 호응도가 두드러졌습니다. 6월 12일 오후 2시에는 시위대가 약이 필요하다고 하자 시민들의 즉석 모금이 있었습니다. 진압 경찰은 피로가 쌓여있습니다. 정신력으로 극복할 수 있으나 주변 군중의 야유로 사기 면에서 위축되

어 있습니다. 시위 진압을 위한 최루탄 사용에 비판이 많습니다.

전두환: 어떻게 전망을 합니까.

고건: 명동성당 사태가 장기화될 경우 시위 사태는 계속될 것으로 보고 있습니다. 서울의 주요 대학이 시험 기간이지만 학생들이 이에 90%까지 거부하고 있어 소요 원인은 계속 잠재해 있다고 봅니다.

전두환: 내가 오늘 여러분을 오시라고 한 것은 이럴 때일수록 정부의 의연한 태도와 의지가 필요하다는 점을 강조하기 위해서입니다. 다소의 시민 호응이란 으레 있게 마련이고 경찰이 위축될 필요가 없습니다.

고건: 서울이 심합니다. 광주는 조용히 넘어갔습니다. 국제 축구대회는 별 상황이 없습니다.

(김성익, 《전두환 육성 증언》, 조선일보사, 1992)

전두환은 "정부로서 명동성당 사태에 대해 인내를 보여주도록 합시다"라고 대응 지침을 내렸다. 이날 전두환 정권은 양순직 통일민주당 부총재 등 국민운동본부 간부 13명을 전격 구속했고, 항간에는 경찰의 명동성당 진입과 군 동원설이 퍼졌다. 이날 오후 릴리 대사는 미국 정부의 훈령에 따라 외무부로 최광수 외무장관을 찾아가 명동성당에 경찰을 투입하지 말 것을 강력히 요구했다.

다음은 6월 13일 민정당 국책조정위원회 정세분석실에서 작성한 1차 보고서의 일부다. 정세를 정확하게 분석하고 있다.

현 단계 정국의 추이와 대응 전략

학생·시민들이 농성 중인 명동성당과 최루탄에 맞아 의식불명 상태가 된 이한열 군이 입원 중인 연세대 세브란스 병원이 데모의 중심지다. 전자가 활성화된 중심이라면 후자는 잠재된 중심지다. 치안 당국에서 주모자는 체포하고 나머지는 귀가시킨다는 방침을 세운 것은 대중운동의 성격을 모르는 발상이다. 물리적인 방법을 사용하여 명동성당을 공격하면 즉각 바티칸의 항의가 들어올 것이고 전 세계적인 뉴스거리가 되어 민정당에 이롭지 못하다.

따라서 군중운동의 태풍 중심지인 두 곳을 한시 바삐 제거해야 한다. 만일 이한열 군이 사망한다면 엄청난 태풍이 불어닥칠 것이다. 그러니 우선 활성화된 중심지인 명동성당 문제를 해결해야 한다. 따라서 주모자를 검거하지 말고 무조건 전원 귀가시켜야 한다. 또 명동성당 농성이 장기화되고 시민들의 합세가 늘어나면 계엄령이나 위수령이 선포될지 모른다. 만일 질서유지 권한을 군이 인수하게 되면 1988년 2월의 정권이양이 이루어지기 전에 군이 정권을 장악하게 될 것이다. 이럴 경우는 야당이 정권을 맡는 것보다 민정당에 더 큰 피해가 올 것이다.

예컨대 군이 정권을 장악하게 되면 명분을 얻기 위해 불의에 대한 응징을 시도할 것이다. 야당에는 사회혼란에 대한 책임이 추궁될 것이고 현 집권층에는 비리와 부패에 대한 책임이 물어질 것이다. 따라서 군의 동원은 바람직스럽지 않다. 위기 때마다 군이 나서는 것은 국가발전 면에서도 도움이 되지 않는다.

6월 14일 일요일 아침 9시 30분경 청와대 안의 상춘재에서 전두환 주재로 비상대책회의가 열렸다.

참석자는 국가안전기획부장, 외무·내무·법무·국방·문교·문공부 장관, 서울시장, 합참의장, 육·해·공군 참모총장, 한미연합사 부사령관, 보안사령관, 수도방위사령관, 특전사령관, 치안본부장, 서울시경국장, 대통령 비서실장, 대통령 경호실장, 정무1·정무2·교문·공보·법무 수석비서관 등이었다.

다음은 이날 열린 대책회의의 내용이다.

위수령(衛戍令, Presidential Decree for Garrison)

육군 군대가 한 지구에 주둔하여 당해 지구의 경비, 육군의 질서 및 군기의 감시, 육군에 속하는 건축물과 기타 시설물의 보호에 임하도록 하는 것을 목적으로 하는 대통령령(大統領令).

1965년 4월 한일협정 및 한일기본조약이 가조인되자 고등학생과 대학생들이 반대 시위에 나섰다. 4월 17일 박정희 정권은 시위를 폭동으로 규정하고 휴교와 조기방학 조치를 취하여 시위가 일단 잠잠해졌다. 그러나 8월 22일 개학이 되자 학생 시위가 더욱 격렬하게 일어났다. 8월 26일 경찰병력으로 치안유지가 불가능하다고 판단한 서울특별시장 윤치영(尹致暎)의 요청으로 서울 일원에 위수령이 발동되었다. 이에 따라 고려대학교와 연세대학교에 휴업령이 내려지고, 정치교수라는 명목으로 일부 교수가 학원에서 추방되었다. 이 위수령은 1개월 만에 윤치영의 요청으로 해제되었다.

박정희 정권은 이 사태를 계기로 위수령에 대한 법적 근거를 마련하기 위하여 1970년 4월 대통령령 제4949호로 전문 22개조와 부칙으로 구성된 위수령을 제정했다. 그 주요 내용은 다음과 같다.

○ 위수사령관은 재해 또는 비상사태에 있어서 치안유지에 대한 조처는 그 지구를 관할하는 시장·군수 및 경찰서장에게 협의하여야 한다.
○ 위수사령관은 미리 재해 또는 비상사태에 있어서의 육군에 속하는 제반 건축물, 기타 시설의 보호 및 경비에 관한 조처를 준비해두어야 한다. 또, 재해 또는 비상사태에 즈음하여 서울특별시장·광역시장 또는 도지사로부터 병력출동의 요청을 받았을 때에는 육군참모총장에게 상신하여 그 승인을 얻어 이에 응할 수 있다. 만약, 사태가 위급하여 육군참모총

권복경 치안본부장: 6월 12일에는 연 5만 7천 명, 13일에는 연 1만 3천 명이 데모에 참가했습니다. 월요일에 대비해 경찰은 만반의 준비를 갖추고 있습니다.

고건: 데모는 6월 11일, 12일에 가속화하다가 13일에는 절반으로 감소되었습니다. 월요일에 12일과 같은 정도로 많은 사람이 데모에 나와도 경찰 능력으로 진압할 자신이 있습니다. 경찰은 어

장의 승인을 기다릴 수 없을 때에는 즉시 그 요청에 응할 수 있다. 다만, 위수사령관은 지체 없이 이를 육군참모총장에게 보고하여야 한다.

○ 위수근무에 복무하는 자는 다음 각 항에 해당하는 경우가 아니면 병기를 사용할 수 없다.

① 폭행을 받아 자위상 부득이한 때
② 대중이 무리를 이루어 폭행을 함에 즈음하여 병기를 사용하지 아니하고는 진압할 수단이 없을 때
③ 신체·생명 및 토지 기타 물건을 방위함에 있어서 병기를 사용하지 아니하고는 방위할 수단이 없을 때

○ 위수근무에 복무하는 자가 병기를 사용하였을 때에는 즉시 위수사령관에게 보고하여야 하며, 위수사령관은 이를 육군참모총장에게 보고하여야 한다. 병기는 주위상황이 그 사용을 필요로 하지 않게 된 때에는 즉시 사용을 정지하여야 한다.

위수령은 경찰만으로는 치안 유지가 불가능하다고 판단될 때 내리는 것으로 군이 입법·행정·사법권을 장악하는 계엄령과는 차이가 있다.

이 법령은 헌법에 규정된 국민의 기본권을 대통령령으로 유보할 수 있는가 하는 논란을 불러일으켰다.

이 법령에 따른 최초의 위수령은 1971년 10월 15일 각 대학에서 반정부 시위가 격화되었을 때 서울 일원에 발동된 것이었다. 당시 서울대학교·고려대학교·연세대학교를 비롯한 10개 대학에 휴업령이 내려지고 무장군인이 진주하였다. 두 번째는 1979년 10월 20일 마산과 창원에 내려진 것으로, 김영삼 신민당 총재가 국회에서 제명됨에 따라 부산과 마산 지역을 중심으로 항의시위가 격렬하게 일어난 데 대응한 조치였다.

제부터 분산 위주에서 연행을 배합하는 방식을 사용하고 있습니다.

전두환: 연행 조사를 해서 분리시켜 주동자를 자꾸 색출해야 합니다. 내가 오늘 새벽 3시에 명동성당에 들어가려고 했습니다. 성당도 정신적 구원이란 본연의 역할을 해야지 좌경 분자의 거점이 되면 우리나라가 어떻게 되겠냐, 그런 종교적 장소는 보호해 줄 수 없다고 밝히고. (…) 설혹 나를 납치하든지 하면 경찰이 나를 구출한다는 명분이 있지 않겠어요. 내 얘기를 듣지도 않겠지만 학생들한테도 내 능력 있는 대로 훈계도 하고. (…) 대통령으로서 경솔한 행동이 될 것 같고 여러 사람한테 누를 끼칠 것 같고 해서 준비를 다 하고 있다가 보류했습니다. 내주 중으로도 경찰 능력으로 안정을 회복하지 못하고 데모가 장기화되는 것은 국가 장래를 위해서 바람직하지 못해요. 대통령 비상조치를 했을 때 대내외적 손실도 많습니다. 그렇다고 해서 또 하나의 큰 혼란이 와서 발전을 중단하는 슬픈 역사가 나오는 것은 우리 책임입니다. 비상조치를 발동하면 초헌법적인 모든 조치를 취해야 할 것입니다. 예를 들어 학교를 휴교시키고 군대가 주둔하는 거고, 정당도 일부 해산시키고 헌정 일부를 중단시켜야 하고, 이런 상황 하에서 올림픽을 치를 수밖에 없습니다. 군 지휘관들을 오시라고 한 것은 내가 이미 장관을 통해 지시했는데, 비상시 계획에 의거해서 부산은 OO사단이 주요 대학에 다 들어가고, 육군 군법회의 설치 준비를 하고, 서울은 중심부인 고대, 연대 등 몇 개 대학에 주둔시키고, 병력 출동 준비도 다 하고, 정신 교육, 진

압 교육을 철저히 시켜서 군이 출동하면 완전히 일시에 사회가 안정될 수 있도록, 국민 생활이 보호되도록 만반의 준비를 하라는 것입니다. 내주에 들어가서도 경찰력으로 완전히 대처할 수 있다고 하니 믿음직하고 고마운 일이나, 경찰이 진압할 수 있으면 비상조치는 안 할 것이고, 계속 산발적 시위로라도 시민을 괴롭히면 대통령으로서 비상통치권을 행사하지 않을 수 없다는 마음입니다. 만약 발동할 때에는 정부와 군이 협조를 잘 해야 합니다. 군이 과욕을 부리면 그런 조치에 부작용이 생기니까. 이제는 우리가 후진국이 아니고 정부나 군의 수준이 높으니 협조 체제를 잘 유지해서 모든 문제를 효율적으로 해결해야 합니다. 오늘 만반의 준비를 해서 내일부터 정세를 관망하면서 언제든지 행동할 수 있는 태세가 되어야 하지 않겠느냐 해서 여러분을 오늘 모이게 한 것입니다. 군은 돌아가서 즉각 출동준비를 갖춰야 합니다. 명동성당은 오늘 자정을 기해 전부 풀어주시오. 안 잡을 테니 나가라고 해요. 시경국장이 추기경을 만나자고 신청해서 오늘 저녁에 다 내보내라고 해요. 그러면 경찰을 철수시키겠다고 해요. 경찰관들은 햇볕 뜨거운 곳에 있지 말고 지하실이나 편안하게 대기할 수 있는 곳에 있게 해요.

(김성익, 《전두환 육성 증언》, 조선일보사, 1992)

이날 오후 2시 함세웅 신부는 서울시경 국장 조종석을 명동성당 앞 로열호텔 커피숍에서 만났다. 조종석은 명동성당 포위를 풀겠다는 전두환의 뜻을 전달했다.

조종석: 안전한 귀가를 보장하겠습니다. 학생들의 농성을 해산해주십시오.
함세웅: 학생들의 연행이나 구속도 없습니까?
조종석: 그렇습니다.
함세웅: 믿어도 됩니까?
조종석: 청와대의 뜻입니다.

명동성당으로 돌아온 함세웅은 긴급히 농성단 대표자들을 모아 이런 사실을 전달하고 해산 여부를 결정해달라고 요청했다. 대표들은 오후 6시부터 4시간 동안 마라톤 회의를 벌인 끝에 잠정적으로 농성 해산을 결정했다. 그러나 최종 결정은 전체 농성자들의 토론 결과에 따르기로 했다. 이날 밤 10시 30분경 명동성당 주변에 배치된 1500여 명의 경찰이 철수했다.

14일까지 전국에서 경찰에 연행된 시위자는 6094명이었고, 구속자는 220명이 넘었다.

14일 이후 군은 비상조치에 대비하여 더욱 긴장하였다. 계엄령 발동 후에 설치될 계엄사 조직과 그 요원, 단계별 행동지침 등은 이미 다 준비되어 있었다. 국방부 법무감실의 계엄과 소속 법무관들도 단계별 계엄 포고령 문안을 만들고 다듬는 작업을 수차례 거듭했다.

6월 15일 월요일 새벽 명동성당 농성 학생들은 해산 여부를 놓고 토론을 벌였다. 이어 찬반 투표를 해서 해산을 결정했다. 12시 20분경 명동성당에서 농성하고 있던 시위대가 성당 밖으로 나와 해산했다. 내무부장관 고건의 지시에 따라 경찰은 시위대를 버스에 태워 각 대학 캠퍼스에 내려주었다.

이 농성 해산은 예상과는 달리 반정부 세력과 대중에게 승리감과 자신감을 불어넣어 시위가 오히려 전국적으로 더욱 확산하였다. 지방에서도 시위가 본격적으로 시작되었다. 이날 전국 59개 대학 학생들이 교내외에서 시위를 벌였는데, 서울에서는 연세대생 7천여 명이 신촌 로터리를 점거했다. 명동성당에서는 미사가 끝난 후 1만 5천여 군중이 촛불시위를 벌였다.

이날 아침 청와대 민정수석 김용갑(金容甲, 육사 17기)이 청와대 정무1수석 김윤환을 찾아가 사태 해결 방안을 물었다. 김윤환은 세 가지 방안이 있다고 말했다. 88 올림픽 이후 직선제 수용 여부를 국민투표에 부치는 방안, 대통령 선거를 한 후 13대 총선 결과에 따라 내각제냐 직선제냐를 선택하는 방안, 4·13 호헌 조치 자체를 당장 국민투표에 부치는 방안이었다.

이들 안은 민정당 일부가 구상하고 있는 해결 방안과 비슷했다. 김용갑은 대통령 직선제 수용을 제안했다. 김윤환은 내각제를 주장하는 전두환에게 직선제 수용을 건의하기가 어렵다고 답했다. 그러나 이어 김윤환은 전두환에게 상황보고를 했는데, 용기를 내어 직선제 수용과 김대중 사면복권을 건의했다.

6월 16일 화요일 청와대 비서실장 박영수도 전두환에게 직선제 수용과 김대중 사면복권을 건의했다.

이날 진주에서 경상대생들이 남해고속도로를 2시간 동안 점거하여 교통이 마비되었으며, 대전에서는 시민과 학생 1만여 명이 도청에 진입하려다 무술경관들의 방어로 실패했다.

부산에서는 부산대생 5천여 명 등 9개 대학 1만여 명이 시내에서 연합시위를 벌였다. 이중 350여 명은 이날 밤 경찰에 밀려 가톨릭센터에 들어가 밤샘 농성을 시작했다. 이날부터 AFKN 방송에는 '부산이 위험하니 미국인은 부산 지역으로 가지 말라'는 내용의 자막이 나왔다.

이날부터 부산에서는 시위가 밤을 새우며 지속되다가 아침이 되어서야 군중이 해산했다.

이즈음 막강하게 보이던 정권의 치안력도 전국적으로 연일 계속되는 시위 앞에 무너지기 시작했다. 지방의 중소 도시에서는 경찰력이 주요 기관만을 지키는 정도였다.

CIA 한국지부의 정보 요원들은 광범위하게 한국인들을 접촉하며 정세를 판단했다(CIA 한국 지부는 평소에도 군부는 각 기수별로 최소한 2~3명, 학계는 30여 명, 종교계 40~50여 명, 언론계 인사는 20명 정도를 월 1~2회 정기적으로 만나 여론을 수집하고 있었다).

CIA 한국지부 요원들이 전두환 측근들을 접촉하면서 얻은 정보에 따르면 전두환이 비상조치를 취하고 군대가 출동할 가능성이 매우 컸다. 연일 이어지는 관계기관대책회의, 궁정동 안가에서 열리는 비상시국회의, 대통령 수석들의 회의, 치안 관계자 회의, 그리고 수시로 청와대에 호출돼 들어가는 군 장성들을 보면 전두환이 군을 동원할 것이라고 충분히 예상할 수 있었다.

미국 정부는 전두환이 시위 진압을 위해 군을 동원할 가능성이 커지자 크게 우려했다. 조지 부시(George Bush) 부통령이나 필립 하비브 전 주한 미국 대사를 미국 대통령 특사로 한국에 파견하여 전두환에게 군 동원에 반대하는 미국 정부의 입장을 직접 전달하는 방안을 고려했다. 이는 1986년 2월 필리핀에서 정치 위기가 고조되자 레이건 대통령이 절친한 관계인 폴 랙설트(Paul Laxalt) 상원의원을 파견한 것과 같은 맥락이었다.

그러나 김경원(金瓊元) 주미 한국 대사는 특사 파견은 전두환을 공개적으로 궁지에 모는 것이므로 사태를 더욱 복잡하게 만들 것이라며 강력히 반대했다. 그는 미국 대통령의 친서가 더 효과가 있을 것이라고 주장했다.

결국 미 정부 관리들은 자제와 타협을 촉구하는 레이건 대통령의 친서를 보내는 방안을 채택했다. 김경원 대사는 레이건의 친서를 한국 외무부를 통해 전달하지 말고 릴리 대사가 직접 전두환을 만나 전달하라고 권고했다. 김경원은 주한 미국 대사가 직접 친서를 전달하고 그 내용을 뒷받침하는 말을 하는 것이 무력 동원을 막는 가장 효과적인 방법이라고 미국 정부에 자문했다. 미국 정부는 릴리 대사가 공식적으로 레이건 대통령의 친서를 전달하는 것으로 결정을 내렸다.

6월 17일 아침 일찍 전두환은 노태우를 불렀다. 측근들이 여러 차례 직선제 개헌 수용을 주장하자 노태우가 직선제 개헌을 수용할 뜻이 있는지 알아보려는 목적이었다. 오전 10시 청와대 집무실에서 전두환과 노태우는 마주 앉았다.

미국 CIA 한국 지부는 이들의 대화를 도청했다. 미국 정보부의 도청 능력은 상상을 초월한다. 대화의 장소가 사전에 파악돼 충분한 준비를 할 시간을 갖게 되면 당사자들의 귓속말까지 도청할 수 있었다. 1970년대 후반까지는 미세한 금속 파편을 목표 지역에 뿌리는 방식이 사용됐다. 먼지처럼 뿌려진 전파 채집·송신 장치는 대화를 전자파로 바꿔 송신했다. 1980년대에 들어서는 위성이 도청에 이용됐다(한국계 CIA 요원이었던 제럴드 리의 글(1996년 〈월간중앙〉) 참조).

전두환과 노태우 사이에 다음과 같은 말이 오갔다.

전두환: (간략하게 시국 상황을 설명한 뒤) 미국 놈들이 말이야 오만 군데를 설치고 다니면서 부추기는데 한국 현실을 무시하고 직선제 압력을 가하고 있어. (……) 여러 가지로 너무 시끄러운데 모

든 것을 지원해줄 테니 노 후보가 그런 것을 구상해 보는 것이 (……) 결과적으로 당신이 직선제를 검토해보는 게…….

노태우: 각하께서 깊은 뜻이 있으시겠습니다만 제 의견을 말씀드려 본다면 (……) 직선제로 바꾸시면 결국 각하께서 굴복하는 것이 됩니다. (……) 욕구가 터지면 봇물처럼 밀고 나올 텐데 정상적인 방법으로는 선거를 치를 수가 없습니다. 현행 헌법에 따라 각하의 영도력으로 치르시는 것이 타당하다고 사료됩니다.

30분 정도 진행된 이 회동에서 직선제를 언급한 전두환의 목소리는 강압적이고 확신에 찬 것이 아니었다. 노태우의 반응을 떠본다는 인상을 주었다. 이 대화를 두고 미국 측은 자신들의 압력이 조금은 먹히고 있다고 판단했다.

이어 전두환은 홍의식(洪義植) 전 감사원 차장 등 청백리상 수상자 부부를 점심에 초대한 자리에서 국가 운영에 대해 다음과 같이 말했다.

학생들이 데모를 하는데 해방되고 나서 전통이 잘못되어서 그래요. 6·25 전엔 남쪽에도 공산주의자가 많았습니다. 6·25 때 이북 군대가 와서 하는 짓을 보고 반공주의자로 많이 돌아섰습니다. 지금 소련과 중공이 자본주의를 도입하기 시작해서 개인재산을 인정하니 생산성이 향상되고 농촌도 소득이 오르고 있다고 해요.
헝가리 체육부 차관과 상공인 등 10여 명이 지난 10일에 와서 어제까지 1주일 이상 있다가 떠났는데 우리나라에 와 보고는 전부 놀랐다고 해요. 그래서 통상대표부를 설치하겠다고 해요. 김운용이가 소련을 다녀왔는데 그쪽 체육부 장관이 앞으로 한국에서 열리는 국제대회에는 전부 참가하겠다는 얘기를 했다고 해요.

이런 게 세상입니다. 이렇게 지구가 돌아가고 있습니다. 우리한테 유리하게 돌아가고 있어요.

내가 대통령을 해보니까 대통령은 몰라 가지고는 못 합니다. 국가 기구가 얼마나 많습니까. 모르면 밑에 있는 사람들을 관리할 수가 없어요. 대통령은 조직관리를 할 줄 알아야 해요. 우리나라는 남북이 대치하고 있고 군대가 방대하기 때문에 군대를 통솔할 힘이 있어야 돼요. 자칫하면 이북한테 당합니다. 안 그러면 국민생활이 도탄에 빠지기 쉬워요. 우리는 자원이 뭐가 있어요. 원자재를 들여와서 물건을 만들어 내다 팔아야 되는데 나라가 혼란하면 아무것도 안 돼요.

조직관리 못 하는 사람은 권력을 잡아도 대통령을 못 합니다. 이 지구상에 150개국은 지도자가 평생 권력을 잡고 있어요. 바뀌는 일이 없어요. 권력 잡은 사람들이 무식하니까 경제정책이 왔다 갔다 해서 실패합니다. 결국 국민이 못 먹고 사니 불만이 커지는 거지요. 우리 경우는 먹고 사는 것은 해결됐어요. 우리 어릴 때도 점심 굶는 건 보통이고 보리밥 먹는 날이 생일이었지요. 피, 잡곡을 섞은 밥, 저녁에는 죽 끓여 먹고. 지금은 먹고 사니 책을 잘못 읽어서 이상주의라고 할까, 세상 어려운 줄을 몰라요.

우리의 교역 규모가 세계가 22번째인데 일본만큼 잘 살아야겠어요. 일본이 국방비로 GNP 5%만 돌리면 대단한 군사대국이 됩니다. 어느 시기인가에는 군사대국으로 올라설 겁니다. 2조 달러의 1%면 200억 달러. 우리는 50억 달러가 안 돼. 일본 군사비가 150억 달러인데 북한 전체의 GNP보다도 커요.

6월 17일 오후 3시경 서울 롯데호텔 1층 바에서 김영삼의 심복인 최형우 통일민주당 의원이 CIA 한국지부장 존 스타인, 정세분석관 게리 모(Gary Moe) 등 3명의 미국인과 만났다.

최형우 의원은 '미국 놈들' 이란 표현을 써가며 30여 분간 다그쳤다. 그는 1980년 광주사태에서 4·13 호헌 조치에 이르기까지 한국 독재권력의 전횡에 미국이 항상 후견인 역할을 해왔다고 비난했다. 전두환이 비상조치를 취할 것이라고 예상한 최형우 의원은 비상조치 시 야권과 국민, 학생이 연대한 전국적 항쟁이 일어날 것이고 광주사태와는 비교가 안 될 정도의 참극이 서울에서 빚어질 것이라고 주장했다. "만일 탱크를 앞세우고 군대가 나와 사태가 악화될 경우 나는 YS와 함께 광화문 네거리에서 분신자살을 하기로 약속했다"고 말하자 존 스타인 일동은 놀라며 손을 내저었다.

6월 17일 저녁 7시 20분부터 9시 30분까지 전두환은 안가에서 노태우, 안무혁, 이춘구, 박영수, 안현태, 김윤환, 이종률 등과 만찬을 했다. 이 자리에서 전두환은 다음과 같이 발언했다.

통치권을 내 임기 중에 안정적으로 끌고 나가는 것은 어려운 게 아니야. 군부 지지가 없으면 정권 유지가 안 돼. 민중혁명이 성공되게 할 수는 없어. 학생 몇몇 움직이는 것을 가지고 민중혁명이라고 얘기할 수도 없지. 지금 우리가 여론에 밀리고 하니 더러 심장이 약해지는 사람들도 있는 것 같은데 나는 나쁜 짓을 뭐 많이 했기에 겁이 나는 게 있느냐고 생각해요. 세상이 뒤집어질 일이 뭐가 있겠어. 우리가 정치를 하는 데 있어 과거에 하던 식, 군대를 동원하고 비상계엄을 선포하는 그런 걸 반복해서는 안 되지 않겠어.

내가 한 번 더 집권을 하겠다면 그런 방법도 있겠지. 민주주의를 하겠다는 게 내 소망이고 여러분의 뜻이기도 한데 국민이 전적으로 그 뜻을 오해하고 있어. 그동안 정부와 여당이 껍데기만 만졌지 속으로 파고들지 못했다는 거 반성해야 됩니다.

저 사람들은 마치 모든 시민 여론이 자기네를 지지하는 것처럼 조성하는데 우리는 당이나 정부가 그런 것도 생각 못 하고 항상 뒤통수만 얻어맞고 있어. 현실이, 국민이 우리의 참 뜻을 모르고 우리가 쓰러진 나라를 구해서 잘해 놓은 것도 모르는 것 같아.

민정당이 집권한 이후 7년 사이에 많이 바뀌었어. 4·9 세대는 벌써 늙은 세대고 그 밑의 세대가 주류를 이루고 있어. 박 대통령은 폐쇄정책을 썼지만 나는 그동안 개방정책을 써왔어. 그렇게 하는 동안에 옛날 같은 전통적인 인내심이라든지 윗사람에 대한 존경심, 선배를 모시는 기풍이 없어지고 자유주의 사상이 팽배해 있어. 민정당이 공무원 아파트에서 표를 못 얻는 게 이렇게 젊은 층이 이유 없이 반발하기 때문이야.

12대 국회의원 선거 때도 그랬어. 12대 선거할 때 내가 정치규제를 6개월 전에 풀어주고 페어플레이하자고 했는데, 당 지도부가 겁을 먹어서 안 된다고, 한 달 전에 푸는 게 좋다고 했지 않나. 우리 국민이 얼마나 똑똑해. 그러니 민정당이 더티하게 보여서 12대 선거 때 고전한 게 사실이야.

현재의 우리 민정당이 잘못했다는 소리가 아니야. 노 대표 나쁘다고 얘기하는 것도 아니고. 일반 국민들이 김영삼, 김대중을 찍어주려는 것도 아니야. 지식인층에서 그 두 사람을 지지하는 사람이 얼마나 되겠어. 정국을 타개해 나가는 데 있어서는 정치역량을 발휘해야 되고 그건 정당에서 해야 돼. 정부에서 하는 게 아니야.
우리가 지금 밀려가고 있는데 정부에서 할 것은 꽝하는 것밖에 없어. 나는 카드를 다 썼어요. 이제 없어. (……)
내가 지난 일요일에, 그런 얘기 했던가. 일요일(14일) 새벽 한 시 반쯤 일어나서 옷을 입고 침실에서 나왔어. 둘째 놈이 안 자고 텔레비전을 보고 있다가 나를 보고 어디 가시냐고 물어. 내가 명동성당에 가려고 한다고 했더니, 아버지 앉아서 말씀해보시라고, 명동성당에 왜 가시려 하느냐고 물어. 내 말이 이유는 두 가지다. 첫째 성당에 있는 신부, 성직자들한테 야단을 쳐서 자기네가 종교인으로서 정당한 활동을 하도록 주의를 주고, 둘째는 내 말을 들을지 안 들을지 모르지만 학생들한테 훈시도 하고 꾸지람도 해서 돌려보내려고 한다, 위험도 있겠지, 혹시 어떤 위험이 일어나도 나를 구출한다는 명분이 생기지 않겠느냐, 오늘 밤에 내가 이 일을 해버리려 한다고 했어요.
그랬더니 둘째 아이의 말이 다른 분들과 상의를 해보셨느냐고 물어. 그래서 안 했다고 했어. 그러면 거기서 아버지가 잘못되는 일이 있으면 나라는 어떻게 됩니까, 외국에서 볼 때 나라 체면은 어떻게 됩니까 라고 해. 내 체면이야 어떻든 나라 체면이라? 전 세계 매스컴에 뉴스로 나올 텐데 국가원수로서 그런 일이 있으면 안 됩니다, 한잔 마시지요라면서 냉장고에서 사이다를 한 잔 가지고 왔어. 그러면서 다시 생각하시라고 해. 할아버지가 손자한테서도 배운다고 하는데 나라 체면이라. 그래 위기도 아닌데 그렇게 하면 경솔한 짓이 될 것 같다는 생각이 들어서 내가 안 갔어요. 그래서 날이 샌 다음날 아침에 안보장관과 군 지휘관들을 오라고 했어. 둘째 놈이 그 시간에 자고 있었더라면 내가 경호실장을 오라고 해서 바로 명동성당에 갔을 것이고, 내가 경호실장이 말려도 안 들었을 거야. 그러면 일이 벌어졌을 거야.

우리가 얼마나 일을 많이 했어. 무역흑자, 물가안정, 80년에 도매물가 상승률이 43%였지 않나.

17일 밤 10시경 부산의 시민·학생 3만여 명은 KBS 부산 방송국 진입을 시도했다. 이 과정에서 방송국을 경비하던 기동경찰 1개 소대를 무장해제시켰다. 자정이 넘어선 다음에도 서면 로터리 일대에서는 택시 300여 대와 시위군중 1만 명이 시위를 계속했다.

대구에서는 8천여 명이 3일 연속으로 야간에도 시위를 벌였다.

이날 밤 미국 대사관은 본국 정부로부터 레이건 대통령의 친서 내용을 송고 받았다. 던롭 참사관은 지방의 미국문화원 방문 일정을 진행하고 있는 릴리 대사에게 전화를 걸어 "레이건 대통령의 친서가 오늘 밤에 도착할 것"이라고 말했다. 던롭은 한국 외무부에 전두환과 릴리 대사의 면담 약속을 잡아달라고 요청했다.

전두환의 병력동원 시도

6월 18일 국민운동본부 주최로 '최루탄 추방 대회'가 열렸다. 이 대회로 6월 시위는 세계적 뉴스로 떠올랐고, 전두환 정권은 시위 진압에 병력을 동원하려고 했다.

18일 오전 9시 20분경 청와대 민정수석 김용갑은 청와대에 들어가 전두환을 독대했다. 김용갑이 "각하, 지금 임기가 얼마 남았습니까?"라고 운을 떼자 전두환은 당황한 기색이었다. 한 시간가량 진행된 이 면담에서 김용갑은 대통령 직선제 수용을 건의했다. 김대중을 사면 복권시켜 김영삼과 겨루게 하면 선거에서 이길 수 있다고 전두환을 설득했다. 전두환은 안기부장 안무혁, 민정당 사무총장 이춘구, 경호실장 안현태 등과 협의한 후 노태우에게 가서 설명해보라고 지시했다.

민정당사를 찾아온 김용갑에게 노태우는 "내가 전국 방방곡곡 돌아다니면서 160만 당원에게 내각제만이 살 길이라고 외쳤는데 어떻게 갑자기 말을 바꾸겠느냐, 어렵다"며 거부하는 태도를 보였다.

문교부는 부산 소재 대학들에 조기 방학을 명령했다. 이에 따라 부산의 10개 대학이 조기 방학에 들어갔다.

이날 오전 미 대사관의 던롭 참사관이 한국 외무부에 전화를 걸었으나 전두환이 미국 대사를 만날 의사가 없다는 대답을 들었다. 이에 던롭은 한국 외무부 대변인 김항경(金恒經)을 미 대사관으로 불렀다. 김항경은 던롭에게 거절의 뜻을 거듭 전했다. 격앙된 던롭이 말했다.

"그러나 그럴 수는 없소. 이것은 우리 대통령이 귀국의 대통령에게 대사를 통해 직접 보내는 친서입니다. 전달하는 자리에서 부연설명하라는 지시도 받았소."

"네, 잘 압니다만 우리 대통령은 대사와의 만남을 거부할 수 있습니다."

던롭은 전두환이 무력동원 결심을 굳혀 릴리 대사와의 만남을 거부하고 있다는 생각이 들었다.

던롭 참사관은 외무부에 전화를 걸어 고함쳤다.

"전두환 대통령이 그러한 결정을 내렸다는 사실을 믿을 수가 없소. 귀국 대통령이 그런 결정을 내렸다고 생각하지 않겠소. 그럴 수 없소. 이런, 제기랄, 누가 그런 결정을 버리게 했는지 이름을 대시오, 지금 당장!"

오후에 릴리 대사가 서울에 도착했다. 그는 곧 최광수 외무부장관의 전화를 받았다. '전두환을 내일 만날 수 있다'는 내용이었다.

이날 오후 서울대생 6천 5백여 명은 '시험 연기 결의 및 살인 추방 최루탄 추방 등 범국민대회 출정식'을 갖고 교문을 나섰다. 이날 서울 시내 거의 모든 대학의 학생들이 출정식을 갖고 명동 등 도심으로 향했다.

동국대생과 성균관대생 1천 5백여 명은 오후 3시 30분경 동국대 후문에서 경찰과 대치했다. 이들은 오후 4시경 경찰 저지선을 뚫고 대한극장을 지나 극동빌딩 앞까지 진출했다. 이들은 '혁명으로 제헌의회를!'이라는 구호를 외쳤다.

오후 4시 40분 무렵 종로 5가에서 6가 사이 도로변은 1만여 명의 시위대가 장악했다.

오후 5시 30분 내무부장관 고건은 민정당 당사 대표실에서 노태우를 만나 "경찰의 질서유지 능력이 한계에 달했다"고 치안 상황을 설명했다.

18일 퇴근 무렵 국방부와 육·해·공군 본부 소속 장교들은 퇴근은 하되 비상소집에 즉각 응할 수 있도록 통신축선 상에 대기하라는 지시를 받았다.

이날 밤 서울, 부산, 광주, 대전 등 전국의 대도시 중심부는 또다시 시위하는 군중의 차지가 되었고, 경찰력이 눈에 띄게 약세를 보이기 시작했다. 곳곳에서 파출소와 경찰서가 습격당했고, 압도적인 수의 군중 속에서 전경들은 고립되거나 후퇴하거나 항복했다. 서울 신세계 백화점 앞에서는 80명의 전경들이 2만 명의 시위대에게 무장해제당하기도 했다.

6월의 시위가 계속되는 동안 미국 대사관 직원과 CIA 서울지부 직원들은 시위 현장에 나가 상황을 분석하고 있었다. 그들은 15일 명동성당 농성자들이 귀가하고 화이트칼라 노동자들이 시위에 가세하는 것, 그리고 18일 저녁 신세계 앞 광장에서 전경들이 시위대에게 무장해제당하는 것을 목격하고는 경찰력이 한계에 다다랐다고 판단했다.

이날 밤 시위 현장에 있었던 사람들과 권부의 요인들은 경찰력이 무너지는 모습을 보이자 전두환이 군 병력을 동원하느냐, 아니면 굴복하느냐의 갈림길에 직면했다는 것을 직감했다.

부산의 시위는 어느 지역의 시위보다 격렬했다. 서울 등 다른 지역에서는 자정이 넘으면 대개 시위가 중단되었으나, 부산 지역에서만은 16일부터 연일 철야시위가 계속되었다. 17일에도 밤을 새운 시위대는 18일 아침 8시가 되어서야 해산했다.

18일 저녁 부산의 시위는 서면 로터리에서 시작되었다. 사상공단의 노동자들도 잔업을 거부하고 시위에 합류했다(이날 서울에 있는 미국 대사관은 주한 미군을 포함한 미국인들에게 부산 지역 출입을 삼가라고 AFKN 방송 등을 통해 권유했다).

밤 8시 약 30만 명이 학생, 시민, 노동자들이 부산 서면에서 부산역에 이르는 약 5km의 간선도로를 완전히 장악했다. 수백 대의 차량을 앞세워 부산시청과 KBS 부산방송본부를 위협한 이 시위는 전두환 정권의 기반을 뒤흔들었다. 남포동과 국제시장 일대에서도 시위가 대규모로 벌어졌다.

밤 10시경 서면의 시위대는 촛불을 켜 들기 시작했다. 시위대는 부산일보와 KBS를 목표로 삼았다. 시위대가 좌천동 고가도로를 통과하려고 하자, 계속 밀리기만 하던 경찰이 갑자기 최루탄을 난사하며 반격에 나섰다. 경찰은 특히 고가도로 위에 있는 시위대에게 최루탄을 집중했다. 고가도로에 갇힌 군중은 최루탄 연기에 숨이 막혀 죽을 지경이었다. 가능한 한 연기가 덜한 난간 쪽으로 몰렸는데 이 와중에 이태춘 씨가 고가도로에서 떨어져 머리를 크게 다쳤다(이 씨는 뇌수술을 받았으나 엿새 후인 24일 사망함).

분노한 군중의 시위가 격화되자 서면 로터리에 배치되어 있던 전경 4개 중대가 진압을 포기하고 철수했다. 경찰은 부산 KBS, 시청 등 중요 시설만을 중점 방어했다. 남포동 파출소 등 10여 개 파출소가 시위대의 공격을 받아 불에 탔고, 소방차 등이 시위대의 손에 넘어갔다.

밤 11시경 일본 교도통신 서울지국은 부산 시위를 긴급 뉴스로 타전했다. 교도통신 본사에서는 이 긴급 뉴스를 일본 전역의 가맹사(신문사와 방송사)에 서둘러 보냈다. 교도통신은 기사의 비중을 나름대로 판단하여 안내를 하는데, 부산 시위를 1면 머리기사로 가맹사들에 추천했다. 이때까지 일본의 일간지들은 한국의 시위를 외신면 머리기사로만 취급하고 있었다.

18일 늦은 밤 부산의 시위 상황을 보고받고 병력동원을 결심한 전두환은 보안사령관 고명승에게 전화를 걸어 국방부장관과 각군 참모총장에게 출동준비 상황을 점검하도록 통보하라고 지시했다. 필요하다면 전방에 있는 예비부대까지도 동원하라는 지시였다.

명령을 받은 육군참모총장 박희도는 철도청에 임시 열차를 배정해줄 것을 요청했다. 2군 사령관 이종구도 부산 및 마산 지역에 군을 동원할 준비를 했다.

밤 12시가 넘어 19일로 날이 바뀌자 부산역 앞에서 연좌시위를 벌이던 2만여 명 중 1만여 명이 부산역에서 1km 떨어진 KBS 부산본부 건물을 점거하려고 움직이기 시작했다. 부산 KBS에는 전경 3개 중대가 배치되어 있었는데, 시위대가 KBS 건물을 향해 다가오자 서울에서 증파된 정예 3개 중대가 추가로 투입돼 모두 6개 중대가 KBS를 지켰다. KBS가 시위대에 의해 점령되면 부산시청도 위험했다.

초량 로터리와 KBS 건물 사이 4백여 미터의 간선도로를 꽉 메운 시위대는 화염병과 돌멩이를 던지며 KBS를 향해 행진했다. 경찰이 최루탄을 쏘면 잠시 흩어졌다가 잠시 후에 다시 집결하여 점거를 시도하는 상황이 반복됐다. 시위대는 KBS 건물 주변을 완전히 포위했다.

19일 새벽 1시 국방부와 각군 본부의 계엄기구 핵심 요원들이 육군본부 벙커로 비상소집됐다. 이들은 계엄령 선포에 대비해 계엄사령부의 기구와 조직, 부대배치 등에 대한 점검 작업을 벌였다.

새벽 2시 50분 부산 KBS 점거에 나섰던 시위대 가운데 2천여 명이 대형 트럭과 트레일러 등 차량 10여 대를 앞세우고 부산시청을 향해 나아갔다. 대형 태극기와 플래카드를 앞세운 이들 시위대를 2백여 대의 택시가 뒤따랐다. 시청에서 약 700m 떨어진 부산세관 앞에서 경찰은 저지선을 펴고 최루탄을 퍼붓듯 발사했으나 시위대는 물러가지 않았다. 경찰은 대형 트럭을 동원해서 길을 가로막은 뒤 새벽 4시쯤 64연발 최루탄 수백 발을 쏘아 겨우 시위대를 해산시켰다.

19일 새벽에는 부산의 시위 군중 사이에 군이 동원된다는 소문이 나돌기 시작했다.

일본 조간 신문들은 19일 한국의 시위 상황을 일제히 1면 머리로 올렸다. 19일자 〈요미우리신문〉은 "반정부 데모, 전국에 확산. 부산 8만, 진압 포기"란 제목으로 1면 머리에 실은 기사에서 "부산 등지에서 최대 규모의 데모가 발생하여 전두환 대통령이 정권 발족 이래 최대의 정치위기를 맞았다"고 보도했다. 〈아사히신문〉은 부산 시위 참여 인파가 10만 명이라고 보도하면서 "부산이 해방구처럼 됐다"고 전했다.

19일 오전 10시 30분 안기부장, 국방부장관, 3군 참모총장, 수도방위사령관, 보안사령관 등이 청와대 집무실에 모였다. 안기부와 국방부가 군 동원 계획을 보고했다. 전두환은 이날 밤 10시에 위수령 선포에 관한 대통령 담화문을 발표할 계획이었다. 이 회의의 내용은 다음과 같았다.

전두환: (전국 지역별 비상조치 시 병력 배치 계획에 관한 보고와 서울 지역 병력 배치 계획에 관한 보고를 들은 뒤)한미 연합사령부에 통보해야 될 사단의 이동은 통보하라. 통보 안 해도 되는 사단은 하지 말고. 대전과 대구에 1개 사단을 내려 보내고, 2개 여

단은 전남·광주로 돌려라. 부산에는 1개 사단과 1개 연대를 보내서 1차로 부산과 대구, 마산의 시위 사태를 진압해야겠어. 서울에는 4개 연대를 배치하도록 해. 군에 가스탄은 충분히 보유하고 있는가.

국방부장관 이기백: 20일분을 가지고 있습니다. 풀가동을 지시했습니다.

전두환: 대학교는 휴업령을 내리면 될 거고, 방학 기간이므로 학부모들에게는 알리는 조치를 해야 돼. 내일 새벽 4시까지 전부 진입하도록 해야 돼요. 학교에 아무도 없을 때를 택해서 들어가고, 농성자들은 검거하고. 농성과 데모의 배후 연계 사항을 밝혀서 그 뿌리를 1~2개월 안으로 뽑아야 합니다. 이것은 계엄 선포가 아니라 비상조치입니다. 계엄령에다 플러스 알파를 하는 비상조치야. 군부 동원도 할 수 있고, 군법회의도 할 수 있고, 정당 해산까지도 가능해요. 안기부 등에서 준비가 다 돼 있지? 지금 학원 사태는 중앙의 지휘부가 두뇌전을 하고 있어. 좌경 세력들은 정부가 손 놓고 넘어가는 것처럼 보고 사기가 오르고 있는 것 같아.

안기부장 안무혁: 데모 학생들에 대한 작전은 6월 25일까지는 끝낸다는 계획입니다. 학생 간부들은 부산을 거점으로 하려고 있습니다.

전두환: 10·26('부마사태'를 지칭한 듯)이 부산에서 일어났어요. 4·19도 대구, 마산, 부산, 서울, 호남으로 파급되었고, 10·26도 부산, 마산, 대구, 서울, 제주로 퍼져 나갔어요. 부산, 마산, 대구의 이 영남 일대 삼각형이 문제야. 일차적으로는 경찰이 검거를 맡도

록 해요.

안무혁: 부산에서는 학생들이 나오면 구경하는 시민들이 나옵니다. 지금까지는 경찰 병력이 모자라서 학생들이 학교에서 모여서 시내로 가는 게 아니라 시내에서 바로 모이고 있습니다.

전두환: 그러면 부산에는 군 병력을 투입하면서 통금 조치를 할 필요가 있어요. 부산은 내일 새벽 4시까지 군 병력을 보내도록 해요.
(김성익, 《전두환 육성 증언》, 조선일보사, 1992)

19일 오전 청와대의 고위 보좌관은 청와대 출입기자들에게 이렇게 말했다.

"그동안 인내와 자제로 가급적 경찰력으로 사태를 진압하려 했으나 19일 새벽까지 계속된 부산의 소요 사태는 더 이상 방치할 수 없는 심각한 상황으로서 정부의 대응 방안은 강성으로 전환되고 있다."

청와대 출입기자들은 본사로 돌아와 비상조치가 임박했다고 알렸다. 오후에 위수령이나 계엄령, 또는 헌법에 규정된 비상조치가 떨어질 것이라고 브리핑한 기자들도 많았다.

19일 국민운동 부산본부에서는 서울로부터 비상조치설이 전해오자 상임집행위원들이 모두 거리로 나와 시위대에 섞였다. 잡혀가도 집에서는 잡혀가지 않으려 한 것이었다. 이들은 비밀 전화를 시내 두 곳에 설치해 두고 암호를 써 가며 연락했다.

미국의 개입

19일 아침 주한미군의 정보부대는 한국군에 동원령이 내려졌다는 정보를 입수했다. 그러나 주한미군은 한국군으로부터 위수령이 발동된다는 통보는 받지 못했다. 주한미군 정보부대는 이날 오후에 릴리 대사가 전두환을 만나 레이건 대통령의 친서를 전달하기로 돼 있다는 것을 알고, 릴리 대사에게 군 동원을 막아달라고 부탁했다.

CIA 한국지부가 입수한 정보에 의하면 전두환은 6월 20일 새벽 4시를 기해 위수령을 선포한다는 것이었다. 이미 육군 작전참모에게 작전 명령이 하달된 사실이 확인됐다.

전두환과 릴리 대사의 면담 시간은 19일 오후 3시로 잡혔다가 전두환의 요청에 따라 오후 2시로 앞당겨졌다. 릴리 대사는 청와대 방문에 앞서 윌리엄 리브시 주한미군 사령관을 호텔에서 만나 오찬을 같이 했다. 릴리 대사는 전두환에게 레이건의 친서를 전달할 것이며 자신은 시위 진압을 위한 무력 동원을 하지 말라고 요구할 것이라고 말했다. 리브시 사령관은 말없이 듣기만 했다.

CIA 한국지부는 주한미군에 협조를 요청해 탱크 5대를 지원받았다. 그리고 수도권에 있는 특전사령부, 수도방위사령부 등 주요 한국군 부대 정문 앞에 가서 마치 고장이 나서 수리를 하는 것처럼 가장하여 꼼짝 말고 눌러앉아 있으라고 지시했다. 이것은 미국 정부가 주한미군을 동원해서라도 한국군 병력 출동을 막겠다는 의사를 갖고 있는 것으로 해석될 수 있는 조치였다. 보안사령부 등 한국군 정보기관들은 주한미군에 확인 요청을 하는 한편 즉시 상황을 전두환에게 보고했다.

19일 오후 1시경 김영삼 민주당 총재는 자신의 사무실인 민족문제연구소에서 기자들과 간담회를 가졌다. 그는 그동안 검토해오던 노태우-김영삼 회담 대신 전두환-김영삼 여야영수 회담을 요구했다. 김영삼은 "지난밤 부산사태 등으로 2시간밖에 잠을 자지 못했다"며 "노 대표를 만날 여유가 없다"고 말했다. 정권이 비상조치를 취하는 경우에 대해서는 "그렇게 되면 1주일도 못 가 전국이 내란 상태에 빠져 수천 수만의 사람이 죽고 나라가 망할 것이며 대통령도, 정부 여당도, 나도, 야당도 살아남는다는 보장이 없다. 여야 영수회담 제의는 그런 이유 때문에 구국적인 자세로 대화를 하자는 의미"라고 역설했다.

오후 2시 릴리 대사와 단독 대좌한 전두환의 표정은 굳어 있었다. 최광수 외무부장관과 통역 한 사람이 배석했다. 릴리가 레이건 대통령의 친서를 내밀자 전두환은 그 자리에서 그것을 읽었다. 레이건 대통령의 친서는 백악관과 국무부가 공동으로 작성한 것으로, 자극적인 표현은 없었다. 그러나 행간에 담긴 뜻은 정치위기를 군 동원이 아닌 대화와 타협으로 풀어가라는 것이었다.

> 본인은 건실한 민주주의 체제에 토대를 둔 정치적 안정이 귀국의 장기적인 안보를 보장하는 결정적인 요소라고 믿고 있으며, 귀하도 역

시 같은 의견을 여러 차례 피력하였습니다.

(……)

따라서 본인은 내년에 권력을 평화적으로 이양하겠다는 귀하의 공약을 민주 정부의 제도화를 공고히 하는 결정적인 조치이며 귀하가 말한 대로 전례 없는 역사적 조치로 평가하며 찬사를 보냅니다.

(……)

정치범을 석방하고 직권을 남용하는 경찰 간부에 대해 합당한 조치를 취하는 등 최근에 실시된 일련의 조치들은 귀하가 적절하게 표현한 대로 '구시대의 관행'에서 탈피하고자 하는 귀하의 의지를 전 세계에 알리는 극적인 신호가 될 것입니다. 언론의 자유와 TV, 라디오의 공정보도는 공명선거를 구현하려는 각하의 의지를 실현하기 위해 반드시 필요합니다. 대화와 타협, 그리고 협상은 문제를 해결하고 국론 통일을 유지하는 데 효과적인 방법입니다. 이러한 방향으로 귀하가 추진하는 모든 의미 있는 조치를 우리가 지지할 것임을 분명히 다짐합니다.

일반적으로 대통령의 친서는 직설적인 표현을 하지 않고 외교적인 문구로 가득 차 있기 마련인데, 릴리 대사가 전두환에게 전달한 레이건 대통령의 친서도 예외는 아니었다. 그러나 그 내용을 잘 살펴보면 전두환을 강하게 압박하고 있다. 릴리 대사는 구두로는 강경하게 직설적으로 경고했다.

"주한미군 사령관과 나는 각하께 무력을 사용하지 않아야 함을 권고하기로 했습니다. 미국 정부가 대안을 제시했음에도 불구하고 위수령을 선포하겠다는 것은 한국 국민의 열망을 무시하고 강권통치를 하겠다는 의미 밖에 안 됩니다. 이는 누가 보더라도 정권을 연장하기 위한 사전포석으로 생각할 것입니다. 만약 각하께서 레이건 대통령의 의견을 무시하고 군을 동원한다면 1980년 광주에서와 같은 불행한 사태의 재발을 자초하는 결과를 가져올지도 모릅니다."

이와 같은 요지의 메시지를 릴리 대사는 무표정하면서도 단호한 어조로 전달했다. 전두환의 얼굴이 일그러졌다. 90분간의 면담을 마치고 오후 3시 30분 릴리 대사는 청와대에서 나왔다. 이날 조지 슐츠 미 국무장관은 "미국은 한국의 계엄령 선포에 반대한다"고 발언했다.

오후 3시부터 4시까지 육군본부에서 위수령 관계 실무자 회의가 열렸다. 육군참모총장 박희도가 주재한 이 회의에는 육군본부의 참모들뿐 아니라 부산 지역을 관할하고 있는 2군사령관 이종구와 부산 주둔 53사단을 관할하는 군단장 및 시위진압 부대인 충정부대의 지휘관들이 참석하였다. 이 회의에서 부산 지역에 투입될 병력으로 현지 53사단과 서울 근교에 있는 26사단의 1개 연대가 결정되었다. 이와는 별도로 동해안에 주둔하고 있는 해병 1개 사단에도 부산 지역 출동 명령이 이미 내려져 있었다.

마침내 의정부에 있는 26사단에 병력을 부산으로 출동시키라는 명령이 떨어졌다. 26사단은 특별히 마련된 임시열차를 타기 위해 의정부역으로 이동하기 시작했다.

오후 4시에는 청와대 부근 청운동 안가에서 고위 당정회의가 열렸다. 참석자는 국무총리서리 이한기, 안기부장 안무혁, 내무장관 고건, 법무부장관 정해창, 국방부장관 이기백, 문공부장관 이웅희, 대통령비서실장 박영수, 경호실장 안현태, 민정당 사무총장 이춘구, 보안사령관 고명승, 치안본부장 권복경 등이었다.

릴리 대사가 청와대를 떠난 후 1시간 가까이 고민하던 전두환은 오후 4시 26분 육군 본부에 병력 출동을 취소하라는 명령을 내렸다. 국방부장관 이기백은 고위 당정회의를 끝내고 오후 4시 35분 국방부장관실로 돌아오자마자 전두환으로부터 "군 출동은 유보한다"는 전화를 받았다. 출동 25분 전의 일이었다. 이 때문에 미처 연락받지 못한 26사단의 병력 일부는 부산으로 출동하기 위해 의정부역으로 이동하던 도중 원대복귀 명령을 받았다.

최광수 외무부장관은 전두환이 계엄령 선포를 포기하기로 결정했음을 전화로 미국 대사관에 알려주었다. 미국 대사관 직원들은 계엄 선포를 막았다고 매우 기뻐했다.

전두환이 비상조치 실시 방침에서 후퇴한 또 하나의 이유는 비상조치를 발동할 경우 그 자신이 군에 의해 제거될 가능성이 높다는 데 있었다. 6월 시위가 한창일 때 일부 소장파 장성들과 영관급 장교들이 군의 정치 개입에 대해 항명 의사를 노골적으로 드러낸 바 있었다.

비상조치 선포를 포기한 전두환에게 남은 선택은 직선제 개헌과 김대중 사면·복권으로 야당 분열을 노려 노태우의 당선을 기대하는 것이었다. 전두환은 민정수석 김용갑을 불러 "노 대표의 반응은 어땠나?"라고 물었다. 김용갑은 "검토 중인 모양입니다"라고 대답했다. 전두환은 즉시 노태우를 호출했다.

오후 5시경 전두환은 청와대 별관에서 노태우와 배석자 없이 만났다. 노태우는 직선제를 수용하겠다는 뜻을 밝히더니 무리한 요구를 했다.

"그런데 제가 직선제 수용을 포함한 민주화 조치를 건의드리면 각하께서 크게 노해서 호통을 치는 모습을 보여주면 더욱 효과가 있겠습니다. 그렇게 해주십시오."

전두환은 '그렇게까지 해야 하는가' 하는 생각이 들었다. 전두환은 "생각해보자"면서 노태우를 돌려보냈다. 이때 노태우는 전두환에게 굴종한다는 이미지가 굳어진 상태였다. 그러므로 노태우가 직선제를 포함한 여러 민주화 조치를 요구하고, 전두환이 반대하고, 이어 노태우가 강력히 반발하는 모습을 연출하면 유약한 2인자 이미지에서 벗어날 수 있고, 득표에 큰 도움이 될 터였다. 그러나 노태우가 직선제 수용을 꺼린 데서 그런 무리한 요구가 나온 것이라는 해석도 있다.

19일 저녁 부산에서는 비상조치설이 끊임없이 떠돌고 폭우가 쏟아지는 속에서도 10만 명 정도의 군중이 우산을 받쳐 든 채 시위를 벌였다.

이날 밤 서울 한남동의 천주교 콘벤투알 수도원에서 국민운동본부 상임공동대표·집행위원 연석회의가 열렸다. 이 수도원은 평소 신부와 수녀의 피정 장소로 이용되는 아주 조용한 곳이었다.

먼저 사회자가 상임집행위원회의 17일 결정 사항을 보고했다. "26일에 국민평화대행진을 실시하겠다고 20일 언론에 발표하자"는 내용이었.

참석자의 3분의 2가량이 찬성했으나 야당과 개신교 대표들은 신중론을 들고 나왔다.

상도동계의 최형우와 김도현은 "오늘 YS가 여야 영수회담을 제안했으니 결과를 좀 더 지켜보자. 아직 시간이 있는 것 아닌가? 강경하게 나가다 전두환이 군을 동원하면 어떻게 할 것인가?"라고 물었다. 그동안 민통련의 노선에 동의해온 양순직, 한영애, 설훈 등 동교동계도 침묵했다.

민통련 사무차장 이명준이 설훈을 따로 불러내어 동교동계가 신중론으로 돌아선 이유를 물었다. 설훈은 "DJ가 나를 서재로 불러놓고 책을 고르더니 '노란 포스트잇을 붙이라'고 하더라. '왜 그러시냐'고 물었더니 '무슨 일이 생기면 이 책들을 교도소에 넣어 달라'고 하더라. DJ가 상황을 이렇게 심각하게 보고 있다"고 대답했다.

개신교계의 문동환, 안병무, 이우정 등도 신중론을 폈다.

민통련 사무처장 성유보는 "군대가 동원되고 쿠데타가 일어날 것이라는 소문 때문에 물러나면 민주화는 불가능하다. 민주화를 하려면 국민들이 쿠데타를 뛰어넘어야 한다. 저들이 군을 동원해 쿠데타를 일으켜도 우리가 민주화 운동을 벌여야 민주주의가 실현되는 것이다. 민통련은 6·26 집회를 그대로 추진하겠다"며 국민평화대행진 강행을 주장했다. 민통련 사무차장 이명준, 정책실 차장 이해찬, 서울 민통련 의장 이재오, 민가협의 인재근, 변호사 이상수도 이에 동의했다.

민통련 측에서는 군 동원 가능성에 대해 "군을 동원하는 것이 쉽지 않은데다 군을 동원해도 전국에서 시민들을 대상으로 총을 쏠 수 있겠나? 만일 총을 쏜다면 '광주학살의 전국화'인데, 올림픽을 앞두고 과연 전두환이 그런 짓을 할 수 있겠나? 그럴 가능성은 없다. 6·26 국민평화대행진을 그대로 추진해야 한다"고 반박했다.

이상수 변호사, 이길재 상임집행위원장 대행, 민주당 측 인사 등이 모여 절충안을 만들었다. 22일까지 정부 측의 대응을 기다려보고 반응이 없으면 23일에 평화대행진 계획을 발표하기로 하되 내부적으로는 26일 평화대행진 실시 방침을 확정한다는 절충안이 20일 새벽 2시에 가까워져서야 통과되었다.

김대중은 20일 새벽에 비서인 남궁진으로부터 '친위쿠데타' 움직임에 관한 보고를 들었다.

"방금 중대한 소식이 입수되었습니다. 친위쿠데타랍니다. 보안사에서 청와대에 파견나간 고위급 장교인 동창이 알려준 정보입니다. (군인들이) 동교동으로 올 것이라고 합니다."

이에 김대중 부부와 비서들은 수첩 등 문제가 될 만한 자료들을 비닐봉지에 넣어 마당에 묻었다.

6·29 선언

개스턴 시거 동아시아태평양 담당 차관보를 포함한 조지 슐츠 미 국무장관 일행은 싱가포르에서 열린 동남아국가연합(ASEAN)의 확대 외무장관 회담에 참석하는 일정을 6월 19일 마쳤다. 이들은 이어 12일간의 일정으로 오스트레일리아를 방문할 예정이었다.

시거 차관보는 전두환이 전국적인 시위 사태를 종식시키기 위해 대규모 병력의 사용을 진지하게 검토하고 있다는 주한 미 대사관의 보고를 받고 심사숙고하느라 이날 밤을 꼬박 새웠다. 전두환이 자제를 촉구하는 레이건 대통령의 서한을 전달받은 것을 보고받았으나 그가 보기에 전두환이 앞으로 어떤 행동을 취할지는 예측할 수 없었다.

6월 20일 토요일 아침 슐츠 국무장관 일행을 태운 미 공군 제트기는 오스트레일리아를 향해 남동쪽으로 날아갔다. 기내 회의실에서 슐츠 국무장관과 시거 차관보는 한국에서 전개되고 있는 위기상황에 대해 토의했다.

시거는 슐츠에게 자기는 오스트레일리아 방문 일정에서 벗어나 서울로 돌아가서 직접 미국의 견해를 전달하고 현장 상황을 살펴보겠다고 제안했다. 서울과 워싱턴에 번갈아 통화를 한 다음 슐츠는 시거가 서울로 돌아가는 데 합의했다.

이날 아침 국민운동본부 인명진 대변인은 4·13 조치 철회, 6·10 대회 관련 구속자 및 양심수 전원 석방, 집회·시위 및 언론자유 보장, 최루탄 사용 중지 등 4개항을 요구하고 정부는 이에 대한 조치를 22일까지 밝히라는 내용의 성명을 발표했다.

성명은 이어 "만약 이러한 요구가 받아들여지지 않는 경우 국민운동본부는 '민주헌법 쟁취를 위한 국민평화대행진'을 불가피하게 강행하지 않을 수 없다"며 "오는 23일에 대행진 실시의 날짜, 방법 및 국민행동수칙을 발표할 것"이라고 밝혔다.

이날 아침 일찍 전두환은 민정수석 김용갑을 불렀다. 이때 전두환은 노태우가 직선제 수용에 반대한다고 말했다고 훗날 김용갑은 증언했다. 그가 보기에 전두환도 직선제 수용을 망설이는 모습이었다. 이에 김용갑은 다시 전두환에게 직선제를 수용해야 한다고 역설했다.

직선제를 수용하는 경우 김영삼과 김대중이 동시에 출마하여 노태우가 어부지리를 얻게 된다면 전두환이 살 길이 열릴 터였다. 그러나 이는 가능성이 큰 시나리오였을 뿐이지 대통령 간선제 아래에서처럼 100% 보장할 수 있는 것이 아니었다. 이 점을 고려하면 이때 전두환이 대통령 직선제를 수용하기로 마음먹고도 망설인 것은 당연했다. 이즈음 전두환의 위기의식은 최고조에 달한 상태였다. 전두환은 한 민정당 중진의원에게 손가락으로 권총 모양을 그려 자신의 머리에 겨누며 "정 안 되면 이렇게 하면 되지 않겠는가?"라고 말했다고 한다.

이날 점심 무렵 여의도 중국음식점 도원에서 서울 지역 민정당 국회의원 모임이 있었다. 이 자리에서 탤런트 출신 국회의원 홍성우는 "이제 체육관 선거는 그만해야 해. 더 이상 안 돼! 이게 국민의 소리야"라고 말했다.

이날 오후 에드워드 더윈스키(Edward Derwinsky) 국무부 안보지원 및 과학기술 담당 차관이 6월 시위가 서울 올림픽에 미칠 영향에 대해 조사한다는 명목으로 방한했다. 그는 "군이 개입하면 한국의 국익을 크게 해치게 될 것"이라고 전두환 정권에 경고했다.

그동안 광주, 순천, 목포, 전주 등 호남 지역에서는 시위가 소규모로 벌어졌는데, 이날 시위 규모가 커졌다. 광주에서는 밤 9시경 20만 군중이 운집했다.

6월 21일 일요일 아침 9시부터 하루 종일 가락동 민정당 연수원에서 민정당 의원총회가 열렸다. 의원총회가 시작되자 전국구 의원인 이용훈이 단상에 올라가 "이제 잔재주 그만 피우고 국민에게 솔직하게 대해야 합니다. 직선제로 가자고 대담하게 주장하고 정면돌파해야지 무엇을 주저합니까?"라고 말했다. 이어 홍성우가 등단하여 대통령 직선제를 주장했다.

민정당 의원들은 4·13 호헌 조치 철회, 개헌 논의 재개 등의 수습 방안에 의견을 모으고 민정당 대표 노태우가 다음날 이를 전두환에게 보고할 것을 건의했다. 또한 김영삼 통일민주당 총재와 영수 회담을 가질 것도 건의했다.

이날 시거 차관보는 오스트레일리아 시드니에서 NBC 방송의 시사 프로그램 〈미트 더 프레스(Meet the Press)〉에 출연해 스티븐 솔라즈 민주당 하원의원과 한국 정세에 대하여 화상 대화를 했다. 다음은 그 내용의 일부다.

시거: 한국의 모든 정파들로 하여금 대화와 타협을 재개하도록 하는 것이 미국의 대한 정책 기조이다. 이 길만이 한국이 정치적 기반을 넓히고 민주주의로 향해 가도록 하는 것이라고 믿는다. 우리는

계엄령이 발동되는 것을 원하지 않는다. 계엄령은 한국의 현 상황을 해결하는 데 적절한 방법이 아닐 것이다. 적절한 방법은 정치 지도자들이 한데 모여 한국의 민주주의를 위해 더욱 빠르고 더욱 튼튼하고 더욱 적합한 길을 모색하는 것이다. 한국의 현 상황은 분명 심각하다. 그러나 이 상황이 곧 종식되기를 우리는 희망한다. 한국 국민은 경제적 측면에서 놀라운 성취를 이뤘다. 그들은 이러한 성취를 정치적 측면에서도 이룩할 수 있을 것이다. 그들은 민주화 목표를 위한 방법과 속도에 관해 합의할 수 있을 것이다.

솔라즈: 미국은 한국 정부와 야당 간의 대화 재개를 위해 보다 적극적인 역할을 맡아야 한다고 생각한다. 그러나 이 대화가 성공하려면 한국 정부가 우선 대화를 위한 환경을 조성해야 할 것이다. 이는 모든 정치범의 석방, 고문 종식, 언론자유를 의미한다.

시거: 내가 한국에 가서 무엇을 할 것인지는 아직 명확하게 정해지지 않았다. 나의 일정은 주한 미 대사관에서 정할 것이다. 이 국면에서 내가 누구를 만날 것인지 정확하게 알 수는 없다. 그러나 나의 이번 한국 방문은 정세 파악이 목적이므로 많은 사람과 만날 예정이다. 한국의 현 상황이 요구하는 바는 많다. 선거법 개정, 언론자유, 지방자치 등이 그것이다. 한국 정부와 야당이 이러한 것들을 합의하기 위해서는 대화가 필요하다.

솔라즈: 이 상황에서 시거 차관보가 한국을 방문하여 김영삼 씨, 김대중 씨 같은 야당 지도자들을 만나지 않는다면 매우 심각한 실책이 될 것이다. 그러면 한국의 정치위기를 정확하게 파악할 수 없을 뿐 아니라 한국 국민들로 하여금 미국이 현 정부를 지지하

는 데 더 큰 관심을 갖고 있다고 여기게 될 것이기 때문이다.

시거: 모든 정치지도자를 포함한 한국 국민은 위대한 민주주의와 위대한 민주사회를 위한 강렬한 열망을 갖고 있다고 생각한다. 그런데 문제는 어떻게 이것을 이루며, 어떤 방법을 선택하며, 어떤 단계부터 우선 취해야 할 것인가이다. 대통령 직선제 선택 여부는 우리가 확실히 알 수 없다. 그것은 전적으로 한국 국민이 결정할 문제다.

솔라즈: 한국에 쿠데타가 일어날 가능성에 대해 관심을 가질 필요가 있다. 우리는 한국의 현 상황에 대해 두 가지 근본적인 목표가 있다. 하나는 대화와 민주주의를 향해 나아가도록 한국 정부를 설득하는 것이고, 또 하나는 미국이 독재가 아니라 민주주의를 지원한다는 것을 한국 국민에게 확신시키는 것이다. 그래서 지금은 은밀한 설득이 아니라 공개적인 외교를 할 때이다.

시거: 한국에 쿠데타가 일어날 가능성은 언제나 있다. 그러나 지금은 그 가능성이 심각하게 나타나고 있다고 생각하지 않는다.

6월 22일 월요일 아침 여야 영수회담이 곧 이루어질 것이라는 정부 발표가 나왔다.

이날 오전에 민정당 중앙집행위원 간담회가 열렸다. 대표의원 노태우, 사무총장 이춘구, 원내총무 이한동 등이 참석했다. 노태우의 표정이 어두워 위원들은 발언을 삼갔다. 간담회가 끝난 후 참석자들은 한식집에서 점식식사를 같이 했는데, 이 자리에서 노태우는 이종찬을 주시하며 이렇게 말했다.

"의원들이 할 말이 있으면 나에게 와서 해야지, 의원총회라는 공개된 회의에서 노골적으로 발언을 하면 당이 분열된 것처럼 비쳐질 것이 아니오? 당내에서도 나에게 압력을 가하는 것이 옳은 일이오?"

노태우가 자신을 오해하고 있다고 생각한 이종찬은 오후에 노태우를 찾아가 면담했다.

"육사 시절에 '후퇴를 해야 할 때는 과감하게 확 후퇴해서 전선을 다시 구축해야 한다'고 배우지 않았습니까? 한강을 방어선으로 해서 싸우다 안 되면 수원까지 후퇴해서 싸워보고, 그게 안 되면 다시 오산까지 후퇴해서 싸워보는 식으로 찔끔찔끔 후퇴하다가는 싸움에서 지고 맙니다. 차라리 대전까지 확 후퇴해서 거기서 전선을 다시 구축하는 것이 낫습니다. 지금 이 사태를 수습하려면 카드를 한 장씩 내놓는 식의 전술적인 접근을 할 게 아니라 뭔가 알맹이가 있는 포괄적인 제안을 해야 합니다."

노태우가 '포괄적 제안'의 내용은 무엇이냐고 묻자 이종찬은 4·13 호헌 조치 철회, 개헌을 위한 실세간 대화, 구속자 석방, 김대중 연금 해제와 사면·복권 등을 꼽았다. 노태우는 이종찬의 말을 들으면서 못마땅한 표정을 지었다.

이어 노태우는 전두환의 부름에 청와대로 갔다. 전두환은 노태우의 19일 제안을 받아들일 수 없다고 말했다. 사실이 밝혀지면 국민을 기만했다 해서 감표 요인이 되고 자신은 민주화 조치를 끝까지 반대한 사람으로 영원히 낙인찍힌다는 이유에서였다. 전두환은 대신 직선제 수용 선언문 말미에 직선제 수용 거부 시 모든 공직과 후보를 사퇴하겠다는 말을 붙이면 비슷한 효과를 볼 수 있을 것이라고 말했다. 노태우는 아무런 반응도 보이지 않았다.

22일 오전 통일민주당 총재 김영삼은 명동성당을 찾아가 김수환 추기경과 1시간 30분 정도 시국대처 방안을 논의했다. 김영삼은 "국민의 뜻이 어디에 있는지 확인된 이상 정부·여당은 직선제 개헌을 수락하든가 아니면 권력구조를 국민에게 묻기 위한 국민투표를 실시해야 한다"고 주장했다.

김영삼 총재는 이어 시내 모 음식점에서 송건호, 이우정, 문동환, 한승헌 등 국민운동본부 공동대표들을 만나 23일 아침으로 예정된 평화대행진 계획 발표를 연기해주도록 요청했다. 공동대표들은 이미 결정된 사항이므로 변경할 수 없다고 거절했으나, 김 총재는 "이번 영수회담에서 획기적인 민주화 조치가 있을 것"이라며 계속 평화대행진 계획 발표 연기를 요청했다. 오랜 논의에도 결론을 나지 않자 이날 저녁 다시 상임공동대표와 상임집행위 긴급 연석회의를 열기로 했다.

합정동의 마리스타 수도원에서 긴급 연석회의가 열렸다. 민주당과 민추협의 박용만, 황명수, 박영록, 김현수, 박종태, 설훈, 김영배, 한영애, 김도현 등 상임공동대표와 상임집행위원이 모두 나왔다.

오랜 토의 끝에 평화대행진 대회를 열기로 하고 이를 발표하는 것으로 결론이 났다. 다만 민주당 측의 요청으로 '평화대행진에 앞서 정부가 민주당 김영삼 총재와의 회담을 통해 민주화를 약속하고 실천적 행동으로 보여준다면 온 국민과 더불어 적극 환영하고 지지할 것'이라는 단서 조항을 삽입하기로 했다.

22일 오후 전두환은 윤보선(尹潽善), 최규하(崔圭夏) 두 전직 대통령을 만나 의견을 청취했다. 전두환은 4·13 호헌 조치를 철회하겠다는 뜻을 밝혔다.

이날 미국 정부는 여러 채널로 전두환 정권에 입장을 전달했다.

플로리다를 방문 중인 레이건 대통령은 기자회견에서 시거 차관보의 서울 방문을 통해 한국의 정치불안을 진정시킬 여야 합의 달성을 지원하기 위한 '가능한 모든 일'을 다 하겠다고 말했다.

피츠워터(Max Marlin Fitzwater) 백악관 대변인은 "우리는 계엄령 선포에 반대한다"며 여야의 대화와 자제를 촉구했다.

미 국무부느 유례없는 직설적 표현으로 한국 군부에 '군대의 개입을 묵과하지 않겠다'는 최대 강도의 경고를 보냈다. 이날 정례 브리핑에서 필리스 오클리(Phyllis Elliott Oakley) 미 국무부 부대변인은 다음과 같이 말했다.

"우리는 군의 개입이 한국의 이익에 심각한 해가 될 것이라는 견해를 강조한다. 최근 한국 정부와 야당에서 보이고 있는 융통성의 신호는 부정적인 군사행동이 아닌 긍정적인 정치활동을 통해 한국 사태가 해결될 수 있다는 희망을 주고 있다. 우리는 한국 군대의 지휘관들이 오직 국방에만 전념하여 한국 국민이 수용할 수 있는 방법으로 정치발전이 이루어지도록 할 것을 촉구한다."

6월 23일 아침 국민운동본부는 "26일 오후 6시 전국에서 동시에 '민주헌법 쟁취를 위한 국민평화대행진'을 실시한다"고 발표하면서 민주당 측이 요청한 단서 조항도 언급했다.

이날 국군 체육부대장인 육군중장 김진선은 직선제 수용 여부를 놓고 망설이고 있는 노태우를 민정당 대표위원 별실에서 만났다.

노태우는 전두환으로부터 대통령 직선제 수용을 권유받고도 전두환이 책략을 꾸미는 것이 아닌가 하고 의심하고 있었다. 미국 측으로부터 진행 상황을 들은 김진선은 노태우를 설득하는 역할을 자임했다. 김진선은 군 내부에서 몇 안 되는 노태우의 측근이었다.

김진선은 노태우를 안심시키려고 '만약 전두환 측이 다른 음모를 꾀하고 있다면 내가 주도해서라도 그의 체포에 나설 것'이라는 내용의 말을 했다. 이어 미국 정부의 의도를 상세히 설명하고 노태우에게 대통령 직선제를 받아들이도록 설득했다. 그러나 소심한 노태우는 유사시 자신과 가족의 미국 망명 보장을 요구했다. 이에 대해 김진선은 유사시 미국 정부의 비상 소개(疏開) 계획을 충분히 설명해주었다.

이즈음 한국 군부의 일부 장성들과 영관급 장교들은 시위 진압에 다시 군이 동원된다면 국민과 군의 관계는 회복 불능으로 악화될 것이라고 보고 전두환의 병력동원 계획에 반발하고 있었다. 이들은 비상조치가 선포되는 경우 김영삼과 김대중뿐 아니라 전두환도 체포하려고 했다. 이런 군의 동태는 전두환이 군 병력을 출동시키기를 망설인 이유 가운데 하나였다. 그러나 한편으로는 군 병력을 동원해서 시위를 진압해야 한다고 주장하는 고위 장성들도 있었다. 미국 정부는 이런 분위기를 의식하여 한국군 장교들에게 경고를 보냈다. 한국의 6월 시위를 분석한 7월 5일자 〈워싱턴 포스트〉 기사에 다음과 같은 내용이 있었다.

> 시거 차관보가 오스트레일리아에서 슐츠 장관 일행과 헤어져 한국으로 향하던 6월 22일에는 워싱턴도 한국 육군의 고위급 지도자들이 군부의 개입을 거부했다는 것을 알고 있었다. 그럼에도 불구하고 국무부는 한국의 군 지휘관들에게 개입하지 말 것을 촉구하는 매우 노골적인 성명을 발표했다. 미국 관리들에 따르면 이 성명은 최고위급 군 지도자들보다는 쿠데타를 일으켜 상황을 장악하고 나아가 정권을

장악할 것을 고려해보려는 유혹을 받고 있을지도 모를 중간급 장교들을 대상으로 한 것이었다. 쿠데타 음모가 진행 중이라는 뚜렷한 증거는 없었지만 일부 미국 관리들은 육군 작전부대 급에서 입수한 정보에 우려할 만한 틈새가 존재함에 주목했다.

오스트레일리아에 갔던 시거 차관보는 한국 사태가 급박해지자 본국 정부의 지시에 따라 홀로 서울행 비행기에 올랐다.

23일 오전 서울에 도착한 시거 차관보는 최광수 외무장관과 이한기 국무총리서리를 잇달아 만나 상황 설명을 들었다. 시거는 "1988년 2월의 정권교체가 순조롭게 진행되리라고 믿는다", "정권교체 과정에 민주주의 원칙이 적용되리라고 본다" 등의 발언을 하여 군부의 정치개입에 대한 반대 입장을 완곡하게 드러냈다.

이날 부산에서는 6월 10일 이후 계속돼온 가두 시위가 처음으로 잠잠해졌다. 그러나 광주에서는 1만여 명의 시민과 학생들이 가두 투쟁을 전개했고, 신흥택시 소속 택시 50대가 차량 시위를 벌였다.

민정당 정세분석실도 이 무렵 직선제 수용을 당 지도부에 건의했다. 다음은 민정당 국책조정위원회 정세분석실 김정강 연구위원이 작성한 '2차 보고서' 중 일부다.

6월 15일 이후 돌출된 정세 특징

1) 전경 무력에 대한 시위 군중의 돌파
   △ 전국 곳곳에서 데모 군중이 전경대를 포위·고립화·돌파하는

현상이 발생함

△ 정치적 고립감으로 인하여 전경대의 사기 저하

△ 시민과 전경대 간의 조건적 친화(親和) 관계 발생

△ 피로 등 생리적 조건으로 인한 한계 노출됨

△ 저항적 기분이 국민 속에 넓게 확산됨

2) 위수령·계엄령의 발동이 유효한 해결책이 되지 못하는 것임은 더욱 뚜렷해짐

3) 4·13 조치의 실질적 파탄

△ 국민의 강렬한 반(反) 4·13 감정의 표출로 인하여 4·13 조치의 방위에 실패

4) 우리 체제 내부의 격심한 동요

△ 우리 당의 의원총회에서의 수정 요구 표출

△ 공무원 사회와 우리 당 당원들의 동요

5) 통민당(統民黨)과 민헌운(民憲運, 민주헌법쟁취국민운동본부)의 국민적 기반 강화

6) 11~12월 중에 실시해야 할 선거인단 선거의 불가능성 명확화

△ 대규모 데모, 후보 폭행, 투표소 방화, 후보 기피, 폭동

△ 무리한 선거로 당선된 대통령의 정통성 결여

보도된 당 대책과 그 문제점

보도된 당 대책: 금년 9월까지 내각제 합의 개헌을 위해 최선을 다하되 도저히 합의가 이루어지지 않으면 대통령 선거법을 개정, 차기 대

통령을 뽑을 안을 마련 중이다. 차기 대통령의 임기는 한시적으로 하고 양대사(兩大事) 이후 88년 이내에 13대 총선을 실시, 내각제와 직선제를 총선 공약으로 국민에게 묻자는 정치일정을 고려

1) 4·13 이전 대통령 직선제와 내각제로 나뉘어 있던 개헌 조류는 4·13 조치와 개헌 철회로 인하여 앞으로는 모두 대통령 직선제로 경사됨 → 오늘의 반 4·13 압력과 같은 크기의 압력이 머지않아 직선제의 압력으로 나타날 것임
2) 국민들은 '9월까지 합의가 될까?'라고 자문한 후 지난 1년의 전례를 보아 안 될 것이라고 결론을 내릴 것이며, '13대 총선 공약으로 물을 바에야 왜 지금 선택적 국민투표를 못하느냐?'고 반론할 것임
3) 야권은 '기만적'이라고 몰면서 이 안을 전면 거부할 것이며 선거법 개정에는 불응할 것임

결론: 이 안의 목적은 4·13 조치의 후퇴로서 국민들의 반정부 시위 가담을 억제하고 현행 헌법에 의한 대통령 선출을 완료하여 평화적 정부이양을 원활하게 하려는 것이나 곤란은 동일함

1) 4·13 조치의 방위 불능으로 '물리력의 한계'가 드러났음에도 불구하고 → 대중의 요구에 부응하는 것은 아님
2) 체제의 허약성을 보이면서도 페어하다고 생각되는 수준까지는 가고 있지 않으므로 대중의 요구와 흥분은 오히려 에스컬레이트됨 → 위기의 수위를 저하시킬 수 없음

대책 건의

기본 방향

1) 4·13 조치의 희석·변경·철회는 세(勢)의 흐름상 곧바로 대통령 직선제로 추이(推移)한다고 보아야 함
2) 계엄령을 발동하지 않는 이상, 차기 정권의 향방은 페어플레이로써 승패를 가름한다는 각오가 필요함

　가) 4·13 조치의 완전 철회와 대통령 직선제의 수용

　　△ 선택적 국민투표를 거치지 않고 곧바로 수용함으로써 화끈한 면모를 과시

　　△ 노(盧) 후보님·김영삼 회담에서 제시하거나 노 후보님의 특별기자회견에서 일방적으로 천명하여도 좋음

　나) 노 후보님과 그 참모본부의 전면 부상

　　△ 우리 당의 친주류(新主流) 형성

　　△ 사회에 충만한 분위기는 변화의 요구이므로 지도부는 혁신적 면모를 발양해야 함

　다) 당·정 체질 쇄신

　　△ 대통령 직선제 하의 페어플레이에서 영광스럽게 승리하겠다는 각오로 당·정의 일대 정치적 쇄신

　　　1) 당·정 개편: 참신하고 유능한 인재 등용으로 면모 일신
　　　2) 우리 당 정치 행태의 혁신적 전환

　　　　대 야당 → 정치세력으로 인정
　　　　대 재야 → 사회세력으로 인정

대 청년 → 정치·사회세력으로 인정

라) 앞으로 표출되는 대형 부정·부패에 대한 과감한 척결

　　△ 특별검사 임명

　　△ 국조권(國調權)의 발동과 추진을 우리 당이 선도적으로 행사

마) 우리 당이 선도하는 사회의 광범위한 민주화

　　△ 사면·복권 문제

　　△ 언론기본법 문제

　　△ 지자제(地自制) 문제

　　△ 구속자 문제

　　△ 사법권의 독립 문제

　　△ 노사·대학·교육·도빈(都貧)·농민 기타 사회 문제의 민주적 해결

바) 우리 당과 체제는 지금 수세에 몰려 있다고는 하나, 명분을 제외한 모든 정치적 자원을 보유하고 있는 만큼 '개혁과 민주화'로써 명분을 재탈환하도록 하고, 압도적인 정치적 자원으로 총공세를 취하여 차기 정권을 쟁취하는 것이 옳은 방향임

6월 24일 수요일 오전 9시 반 이임하는 윌리엄 리브시 주한미군 사령관이 청와대를 예방했는데, 릴리 주한 미 대사가 같이 왔다.

오전 10시 반 전두환-김영삼 여야 영수 회담이 열렸다. 김영삼 통일민주당 총재는 비표를 가슴에 달라는 청와대의 요구를 거절하고 전두환을 만났다.

김영삼은 "만약 이대로 가면 수습할 길이 없다. 계엄으로는 수습이 불

가능하며 어떤 비상조치든 자멸로 가는 길"이라며 "민주화와 직선제 수용만이 나라가 살고 당신이 살아남을 수 있는 길"이라고 역설했다.

김영삼은 구체적으로 △ 4·13 호헌 철회 △ 직선제 수용 또는 선택적 국민투표 실시 △ 언론자유 보장 △ 6·10 대회 관련자 석방과 사면·복권 △ 김대중 가택연금 해제 등을 요구했다. 나아가 김영삼은 "내 민주화 요구를 받아들인다면 회담 결과를 공동 기자회견을 통해 발표하자"고 제안했다.

기습적인 직선제 수용으로 반전을 노리는 전두환은 김영삼의 요구에 따라 민주화 일정을 내놓을 이유가 없었다. 중요한 의제가 나올 때마다 "이미 노태우 대표가 민정당 대통령 후보가 됐으니 노태우 후보와 논의해주십시오"라고 말하며 속셈을 감추었다. 김영삼은 그때마다 "노태우 대표는 만날 필요가 없습니다. 대통령이 책임자인데 왜 미룹니까?"라고 반문했다.

전두환-김영삼 여야 영수회담이 열리던 시간에 시거 차관보는 민정당사에서 노태우를 만나고 있었다. 릴리 대사와 이병기(李丙琪) 민정당 대표 보좌역이 배석했고, 민정당 의원 현홍주도 통역으로 배석했다. 이병기는 시거와 노태우의 회동 전 릴리 대사에게 "노 대표는 지금이 5공화국 역사와 한국의 지도자가 될 자신의 능력을 시험하는 데 있어 매우 중요한 시기라는 사실을 알고 있다"고 말했다.

노태우: 국내에서나 해외에서 미국 TV를 보는 사람은 시민들의 반란에 나라가 뒤흔들리고 한국이 통제 불능의 상태에 빠져 있다는 인상을 갖는다. 미국에서 공부하는 딸(노소영)이 예전에는 한 달에 한 번쯤 집에 전화했으나 최근에는 일주일에 두세 번 집에 전화한다. 한국 상황이 심각하지 않다고 말할 수는 없겠지만 미

국 언론의 보도에는 과장이 있다.

시거: 미국은 한국 상황에 개입할 의사가 없다. 권력이양은 반드시 평화적이어야 하며 한국 정부는 보다 광범위한 지지를 얻어야 한다.

노태우: 민정당은 야당이 과격세력과 단절한다면 언제라도 대화할 용의가 있다. 야당 지도자들을 만나면 민정당의 이 같은 굳은 결의를 전해 달라(노태우는 시거가 김영삼과 김대중을 만날 예정이라는 것을 알고 있었다). 바둑에서 훈수를 자청한 사람들이 큰 위기에 부닥친다. 미국이 조언 이상의 일을 준비하고 있으며 한국 정부에 압력을 가할 것이라는 인식이 있다. 한국 국민들은 미국이 정치적 변화를 달성할 유일한 세력이라는 과도한 기대를 가질 수도 있으며 이는 역효과를 낼 것이다.

시거: 노 대표가 바둑을 잘 둔다는 사실을 알고 있으며, 하는 일에 행운이 따르기를 기원한다. 미국의 입장은 여러 차례 표명된 바와 같이 모든 문제가 평화적으로 해결되는 것이며 한국의 민주발전이 이룩되어야 한다는 것이다.

노태우: 현 상황은 정치적으로 충분히 해결 가능하다고 확신한다.

시거와 노태우의 회담이 끝나자 릴리 대사는 12시경 외무장관 최광수와 만났다. 이는 최광수의 요청에 의한 것이었는데, 안건은 이날 저녁에 있을 시거와 김대중의 회동이었다. 시거는 이날 오후 5시 전두환과의 면담이 잡혀 있었는데, 이에 앞서 오후 3시 김대중과 회동하려 했다. 전두환 정권이 시거가 대통령 회동 전에 김대중을 만나는 것을 강력히 항의하자 미국 측은 이를 6시 30분으로 늦췄다.

최광수: 시거가 김대중을 만나기를 바란다는 보고를 받고 깜짝 놀랐습니다. 내가 하는 말은 전 대통령의 강력한 요구입니다. 시거가 김대중과의 회동을 강행하지 않았으면 합니다. 한국 정부는 김대중에게 관대한 조치를 취하는 쪽으로 기울어져 있습니다. 시거는 전 대통령과 김대중 이외의 여야 지도자들을 만나는 것만으로도 현 상황을 충분히 평가할 수 있을 것입니다. 한국 정부는 미국 고위관료가 김대중을 만나는 것을 반대하지는 않지만 지금은 때가 아닙니다. 작은 실수가 심각한 악영향을 초래할 수 있습니다.

릴리: 미국 내에서 우리의 정책이 약하고 전두환 정권에 너무 동조한다는 이유로 집중포화를 맞고 있습니다. 회동이 성사되지 않으면 시거의 신뢰성은 의심받을 것이며 미국 내 비판론자들은 우리를 공격할 새로운 무기를 갖게 될 것입니다. 미국은 한국 정부의 뜻에 따라 김대중과의 만남을 연기해왔습니다. 지금은 상황이 달라졌습니다. 시거가 김 씨를 만나 어떠한 형태의 정치적 폭력도 미국은 반대한다는 뜻을 전할 것입니다. 그에게 이 메시지가 전달되는 것은 한국 정부에도 유익한 일입니다.

최광수: 전 대통령과 시거의 회동을 권유했다는 이유로 나도 한국 정부 내 강경파에게 강력한 비난을 받고 있습니다. 전 대통령이 앞으로 내놓을 유화적 조치가 미국의 압력 때문이라는 주장이 전 대통령의 입지를 약화시킬 것입니다. 김대중은 야당 총재도 아니기 때문에 한국 국민에게 시거와의 회동을 이해시키기에 어려

움이 따릅니다. 이 회동이 이루어지면 전 대통령이 미국 정부로부터 압력을 받고 있다는 인식을 줄 것입니다.

릴리: 시거는 김대중을 만남으로써 미국 내 비판세력에게 답해야 한다고 느끼고 있습니다. 회동이 성사되지 않는다면 비판론자들은 이 이슈를 가지고 시거를 갈기갈기 찢어 놓을 것입니다.

최광수: 많은 한국 국민은 이 만남을 미국의 내정간섭이라고 보고 매우 분노할 것입니다. 이런 이유들로 시거가 김대중 자택으로 가려 할 경우 십중팔구 경찰에 강제로 연행될 것입니다. 그럼에도 불구하고 김대중을 만나고 싶다면 시거를 대신해 데밍(Deming, 시거의 보좌관)이 그를 만나는 것은 가능합니다. 이는 시거가 김대중을 만나서 생길 수 있는 상징적 피해를 피하면서 우리가 김대중에 대해 의견을 교환할 수 있는 방법이 될 것입니다.

릴리: 만약 시거가 경찰에게 제지당한다면 우리 관계에 미칠 피해는 재앙이 될 것입니다. 시거는 레이건 대통령으로부터 임무를 받고 왔기 때문에 김대중과의 만남에 물러설 수 없으며 만약 만나지 못한다면 레이건 대통령에 대한 모욕으로 여길 것입니다. 김대중이 시거와의 회동 결과를 자신의 이익을 위해 왜곡하려고 시도하는 것을 막기 위해 회동 직후 공개적으로 회동 내용을 발표할 준비를 하고 있습니다.

이날 낮 더윈스키 미 국무부 차관이 귀국 비행기에 올랐는데 출국 전에 가진 기자회견에서 "현 사태에 군부 개입의 필요성이 없음을 확신한다"고 보다 직접적으로 미국 정부의 입장을 밝히면서 "이기백 국방부장관과 만난 자리에서도 그와 같은 내용의 이야기가 있었다"고 밝혔다.

전두환은 이날 김영삼과 오전 내내 회담을 하고 오찬까지 같이 들었지만 태도에 변화를 보이지 않았다.

김영삼 통일민주당 총재는 3시간에 걸친 여야 영수회담을 끝내고 오후 2시 50분경 임시 당사인 민추협 건물에 들어왔다. 기다리고 있던 기자들에게 20여 분간 자신이 전두환에게 제안한 내용과 전두환의 반응을 설명하고는 질문을 받았다. 곧 이어 열린 정무회의에서 참석자들은 대부분 회담 결렬을 주장했다. 김영삼은 마무리 발언을 통해 "국민 여망을 솔직하고 강력하게 개진하고 여러 가지 요청을 했으나 이루어진 것이 없었다"면서 회담 결렬을 선언했다.

청와대와 정부는 "대통령이 4·13 호헌을 사실상 철회했으며, 김대중에 대해 가택연금을 해제하고 앞으로 사면·복권도 검토할 것"이라고 밝혔다. 국민운동본부는 여야 영수회담이 성과가 없었다고 비난하면서 예정대로 26일 '평화대행진'을 갖겠다고 발표했다.

전두환은 김영삼과 회담한 데 이어 오후 2시 50분 국민당 총재 이만섭과 청와대에서 회동하여 1시간 동안 대화했다. 이만섭은 먼저 비상조치를 선포할 것인지 그것부터 분명히 밝혀달라고 말했다. 전두환은 "비상조치는 절대 선포하지 않습니다"라고 대답했다. 이만섭은 야당이 분열될 것이라는 예상을 피력하면서 대통령 직선제 수용을 권고했다.

각하, 저는 대통령이 되려고 혈안이 돼있는 사람하고는 다르고 진심으로 나라가 잘됐으면 하는 사람입니다. 사심 없이 말씀드립니다. 과거에 역대 대통령 가운데 임기를 채우고 청와대에서 물러간 대통령이 없었습니다. 이번에 대통령께서 깨끗이 물러난다고 한 약속을 믿고 있는데, 그런 민주주의 기초가 되는 업적이 역사에 영원히 빛나고 영원한 초석이 되도록 하기 위해서는 국민이 원하는 것을 받아서 국민이 원하는 방향으로 개헌하는 것이 좋겠다는 생각입니다.
국민들은 대통령 중심제나 내각책임제의 내용보다도 내 손으로 대통령을 뽑자는 게 간절합니다.
국민이 원하는 직선으로 개헌하면 각하께서 민주주의 역사에 남을 것입니다. 국민이 각하를 우러러보고 국민을 생각하는 어른으로 영원히 존경할 것입니다.
어떤 사람들은 개헌 논의를 재개해서 9월에 해보자, 안 되는 경우 선택적 국민투표를 하자는 얘기를 합니다만, 털어놓고 얘기해서 그 국민투표에서 대통령 직선 안이 표가 더 많이 나오면, 그래서 그걸 하게 되면 민정당 후보가 한풀 꺾이게 됩니다.
김영삼, 김대중 씨 싫다는 사람도 대통령은 내 손으로 뽑겠다는 사람들이 많습니다. 내 손저는 데모를 하는 사람들도 김대중, 김영삼 씨 좋아서 하는 것은 아니라고 생각합니다.

이어 오후 5시 전두환은 시거 미 국무부 동아시아태평양 담당 차관보를 만났다. 릴리 대사도 배석했다. 시거는 군 병력 동원에 대한 미국 정부의 반대 의사를 재차 전두환에게 알렸다. 늘 자신만만하던 전두환이었지만 이때는 전전긍긍하는 모습이었다.
이날 전두환이 한 발언 가운데 주목할 만한 것은 다음과 같았다.
"1987년을 격동의 해라고 판단했지만, 최근 몇 주간 폭력은 예상보다

심했다."

"공공안전이 완전히 사라지고 무정부 상태가 발생할 경우 정부는 시민들의 안전을 보호하기 위해 필요한 무력 동원을 해야 한다."

"무정부 상태가 지속되고 내전이 벌어지는 최악의 시나리오가 일어날 수도 있다. 이런 상황이 오면 미국은 국가를 파괴하려는 반란세력의 편을 들어서는 안 된다."

"최악의 시나리오가 발생하면 미국은 한국 정부를 지지할 것이라는 메시지를 전달해달라. 손 쓸 수 없는 상황으로 가는 것은 한국이나 미국 정부에 위험 부담이 크다."

"엄청난 상황이 전개되지 않는다면 군대 동원에 의지하지 않을 것이다. 나의 영구집권을 위해서 군대를 동원하는 일도 없을 것이다."

"경제 같은 이슈들에 대해 매우 잘 대처해왔기 때문에 반대세력이 개헌에 초점을 맞추는 것이다."

"김 총재가 민주화에 대한 개념 정의 없이 민주화만 계속 요구했다."

"전임 대통령들이 영구집권하려고 노력했으나 나는 1948년 대한민국이 건국된 이후 날짜를 정해 퇴임하는 첫 대통령이다. 법이 정한 임기를 지키려고 하자 반정부 세력이 '레임덕'으로 몰고 가고 있다. 반정부 세력은 정치인, 공산주의자, 성직자 등 세 가지 그룹이다. 미국의 성직자들은 낙태를 반대하지만 한국 교회에 있는 반정부 성직자들은 정부 전복을 이야기한다."

"우리 국민이 나에 대해서 어떻게 생각하고 있는지 내가 모른다고 생각하는가. 국민들은 나의 재집권을 원하지 않는다. 이런 상황에서 임기를 연장할 생각은 추호도 없다. 레이건 대통령에게 이 문제에 대해서는 안심하고 조금도 염려하지 말라고 전해 달라. 나는 이 자리를 떠날 것이다."

오후 6시 반 시거와의 회담이 끝나자 전두환은 노태우를 청와대로 불러 별관에서 만찬을 같이 했다. 노태우는 전두환의 의지가 굳은 것을 확인하고는 "말씀대로 직선제를 받아들이겠다"고 말했다. 전두환은 노태우에게 "나더러 반대해달라고 건의했던 일은 없었던 일로 하자. 그것은 국민을 속이는 위선적인 처사다. 세상에는 비밀이 없는데 나중에 진실이 알려지면 나와 노 대표를 국민이 어떻게 볼 것인지 생각해야 한다"고 타이르듯 말했다.

밤 9시에 시거는 동교동 김대중 자택을 방문해 정국에 대해 논의했다.

이날 밤 자정을 기해 4월 13일 이후 계속되어온 김대중에 대한 가택연금이 해제되었다.

6월 25일 아침 8시 20분경 연희동 노태우 자택에 그의 손아래 처남인 박철언이 도착했다. 노태우는 굳은 표정으로 박철언에게 말했다.

"시국타개 종합방안을 마무리해 곧 독자적으로 발표해야겠어. 대통령 직선제, 김대중 사면·복권, 시국사범 석방, 언론기본법 폐지 등을 포함시키고. 효과를 극대화하기 위해 내가 독자적으로 선언하고 나중에 대통령이 추인하는 형식을 취하기로 대통령과 합의했어. 시간을 끌면 보안이 안 되니 급히 발표문안을 준비하시오."

안기부장 특별보좌관실로 돌아온 박철언은 강재섭 연구실장 등 3명의 연구관을 불러 노태우에게서 들은 내용을 말해주고는 오후 3시까지 초안을 정리해오라고 지시했다.

전두환은 오전 9시부터 청와대에서 김수환 추기경과 시국에 관해 1시간 10분간 회담했다. 추기경은 "영단을 내려 민주화를 해놓고 나간다는 자세로 일해주기 바란다"면서 "직선제도 간선제도 의원내각제도 모두 민주화이지만 현 상황에서 직선제를 받아주는 것이 필요한 것 같다"고 말했다.

이날 노태우 주재로 민정당 중앙집행위원 오찬 간담회가 열렸다. 간담회를 마친 노태우는 이종찬을 사무실로 불러 "이용희 의원을 통해 동교동계와 물밑 대화를 해달라"고 지시했다.

노태우는 "상도동은 유학성, 박준병 의원이 맡기로 했다"면서 "지난번 자네가 말한 것처럼 대도(大道)를 걸을 결심을 하고 있네. 필요하다면 국민이 바라는 것을 수용할 생각이네"라고 덧붙였다.

이어 민정당의 국책조정위원회(위원장 박준병)가 열렸다. 이 자리에서 대통령 직선제 개헌을 수용하자는 측과 반대하는 측의 견해가 맞섰다.

이날 저녁 노태우는 릴리 대사와 회동했다. 노태우는 릴리에게 자신의 불안하고 초조한 심경을 토로했다. "우리나라가 겪고 있는 힘든 시기에, 매우 힘든 자리에 내가 있는 것 같습니다."

6월 25일은 전주 등 몇 군데에서만 시위가 있었을 뿐 전국이 대체적으로 조용했다.

6월 26일 금요일 오전에 치안본부는 평화대행진이 열릴 예정인 서울 등 전국 34개 지역에 6만여 명의 경찰병력을 배치했다. 서울의 7개 시위대 집결지 주변에는 170개 중대 2만 5천 명을 투입해 3중으로 차단망을 구축했다.

저녁에 33개 시·군의 270여 개 지역에서 100만 명이 넘는 인원(경찰 집계 5만 8천 명, 국민운동본부 추산 180만 명)이 평화대행진에 참여해 직선제 개헌을 요구하는 시위를 벌였다. 이날의 주된 구호는 '직선제로 독재 타도'였다. 서울 시내에는 동대문, 종로, 남대문, 안국동, 서울역 등 약 30여 개 지역에서 시위가 벌어졌는데 25만여 명이 참가한 것으로 추산되었다.

이날 노태우 측은 직선제 개헌 선언이 6월 29일에 있을 것이라고 릴리 대사에게 알려주었다. 릴리 대사는 즉시 미 국무부에 긴급 전문을 보냈다.

6월 27일 토요일 오전에 전두환은 공보수석비서관 이종률과 공보비서관 김성익을 청와대 집무실로 호출했다. 전두환은 대통령 직선제를 받아들이겠다며 직선제 수용 담화문을 작성하도록 지시했다.

어제 있었던 시위 사태는 야당의 계획적인 책략으로 봐야 돼. 한 나라의 보수 정당이라는 게 데모꾼으로 나서서 마이크로 사람들을 선동하고 야단을 부리니……. 이것을 민정당에서 정치적으로 공격해야 돼. 야당 의원들이 데모를 하려거든 자기네 가족부터 해야지 왜 남의 집 귀한 자식을 동원해서 희생시키려고 하느냐는 식으로 말이지.
우리가 지금까지는 국민한테 더티 플레이를 한다, 국민을 속이고 얍삽하게 정권 연장을 하려고 한다는 인상을 준 것 같아. 국민들한테 정정당당한 자세나 태도를 못 보여준 것 같아. 내가 전체적으로 파악해보니 그래. 우리가 어떤 조치를 하든지 정정당당하게 보여야 돼. 한쪽을 눌러 놓고 일방적 게임을 하는 독단적인 인상을 주지 않는 것이 정국도 안정시키고 당도 살 수 있는 길이야.
진짜 민주주의를 한번 해보자는 게 내 소망이야. 간선제도 진정한 민주주의가 아닌 건 아니지. 선거법을 고쳐서 직선제와 유사하게 하는 것도 그렇고, 내각책임제를 하는 것도 진짜 민주주의고 선진화된 민주주의야. 그러나 내 손으로 대통령을 뽑자는 게 먹혀드는 것 같아. 그러니까 앞으로 상황이 어려우면 적절한 시기에 직선제를 해버리

자. 당당하게 국민 심판을 받자. (……)

나 개인으로는 직선제가 바람직하지 않고 생각한다. 그러나 국민이 원하니 직선제를 하자. 대신 직선제로 개헌이 되어도 국민들이 절대 유언비어나 심리전, 그리고 흑색선전에 현혹되어서는 안 되겠다는 점, 북괴도 있으니 정치인들뿐 아니라 국민 전체가 이런 폐단을 경계해야 한다는 점, 특히 선거 과정에서 지역감정을 유발하는 것은 민주발전의 공적(公敵)으로 인식해야겠다는 점을 부각하도록 해야 돼.

어제도 군에서는 비상출동 준비가 다 돼 있었어. 내가 일단 해제시켜야 되겠구만(인터폰으로 정상근무를 지시).

우리 문제는 죽든 살든 우리가 해결해야 돼. 비상조치를 하면 경제가 위축이 돼. 정치적으로 풀려면 민정당이 형의 입장에서 집안의 미래를 생각해서 탁 양보한다는 식이 되어야 돼. 밀려서 하는 식이 되어서는 안 되고. 이번에 직선제를 받아들이는 담화 발표를 준비해 놓아야겠어.

이날 오전 노태우 측은 선언문을 최종 완성했다. 노태우는 이병기 민정당 대표 보좌역에게 정서(淨書)하도록 했다.

이날 오후 2시 전두환과 노태우가 청와대 별관에서 만났다. 전두환의 장남 전재국(全在國)이 기록을 위해 배석했다(미국 유학 중이던 전재국은 이날 새벽 일시 귀국했다). 노태우는 선언문을 낭독하고는 발표 이후 자신이 취할 행보를 상세히 설명했다. 전두환도 선언 이후 취할 여러 조치를 설명했다.

6월 28일 일요일 오전 9시 50분경 전두환은 이순자에게 말했다. "김성익이가 아래층에서 기다리고 있다니 내 내려갔다 곧 오리다. 어제 아침 불러서 직선제를 받아들이겠다면서 담화문 작성을 지시했더니 놀라서 정신을 못 차려. 놀란 심정으로야 제대로 된 담화문이 나올 리 없지. 내가 가서 잘 설명해 기막힌 명문이 나오도록 도와주고 올 테니 기다리시오."

전두환은 대통령 공보비서관 김성익에게 직선제 개헌 수용을 발표하는 시나리오를 일러주었다. 전두환은 다음과 같이 말했다.

노 대표 의견도 그렇고, 직선제로 나가야겠어. 지식층뿐 아니라 일반 국민들도 그걸 원하고 있어. 우리가 직선제를 안 받을 이유가 없어. 선진국에서도 직선제를 하는 나라가 거의 없고, 또 직선제는 선거가 끝나면 결과에 승복을 안 해서 혼란이 야기되기 때문에 내가 그동안 안 받았는데 그 혼란은 직선제를 하지 않음으로 해서 야기되는 혼란보다는 적을 것 아니냐. 국민이 원한다면 해보자. (······)
아직 아무도 모르는데, 내일 민정당에서 노 대표가 건의하는 식으로 하기로 했다. 오전에 중집위를 모아서 노 대표가 모든 공직을 걸고 당에서 직선제를 받자고 터뜨린다. 갑론을박이 나오지 싶다. 중집위가 오전에 열리면 오후에 의원총회를 하고 여기서 의견이 결집되면 노 대표가 30일 정도에 오전 중으로 청와대로 와서 나한테 건의한다. 그러면 나 혼자서 결정하는 것보다 신중을 기한다는 뜻에서 7월 1일에는 국정자문회의를 해서 의견을 묻고 7월 2일 오전에 내가 특별담화를 발표한다. 이것을 받아들이는 것으로 호소력 있게 문안을 준비해야겠어.
특별담화를 발표하고 나서 닷새 후 7월 7일 당 총재직을 사퇴함으로써 정치인과 지식인층, 그리고 국민들한테 사심 없이 해온 내 이미지를 확실하게 보여주는 거야.

김대중은 직선제가 되면 대통령 선거에 안 나가겠다고 하지만 안 나올 리가 없지. 김영삼도 마음을 비웠다고 했지만 그렇지 못할 거야. 나는 그런 말은 안 하지만 행동으로 사심이 없다는 걸 보여줌으로써 확실히 하는 거야.

당 총재직을 내가 가지고 있으면 영구집권이라 하고 또 현실적인 권력구조로 볼 때 다음 권력을 행사한다는 것이 분명해지게 돼. (……) 전 국민과 전 세계인에게 나의 모든 것을 던지고 프리(free)하게, 페어플레이하는 거야. 당에서는 자율적으로 총재를 선출하면 돼. 그렇게 되면 김영삼과 대화하는 문제에 있어서도 그가 국가원수에 대해 면담 신청을 해야 한다. 그가 나와 회담하자는 소재가 없어지지. 나는 국가원수로서 외형상 초월한 입장을 가지는 거야. 그렇게 해야 민정당이 좋아지고 내가 섭정을 한다느니 하는 말이 없어져. 노 대표를 대통령 후보로 뽑았는데 내가 밀어 주어야지.

우리가 밀려서 직선제를 받아들이는 식이 되어서는 안 돼. 그게 나도 입장이 떳떳하고. 내가 총재까지 계속 맡으면 완전히 민정당 보스로서 김영삼과의 회담을 회피할 수 없어. 노 대표가 내일 건의할 내용은……(호주머니에서 종이를 꺼내어 보면서 내용을 말함).

나는 평화주의자, 민주주의자야. 힘으로는 간단해. 군대가 나오면 항상 쿠데타 위험이 있어. 그러면 우리나라가 어떻게 되겠나. 오늘부터 수고해야겠어. 각계각층 50명 정도로 당외 율사도 동원해서 뒤에서 팀을 만들어 선거를 치르는 아이디어와 홍보 방안도 연구하도록 해봐.

전두환이 말해준 건의안 내용의 골자는 다음과 같다.

— 조속한 시일 내에 직선제 개헌을 여야 합의로 한다.
— 새로운 선거를 통해 평화적 정부 이양을 한다.
— 다수 국민이 원하는 것으로 확인해 받아들이는 것이지만 민정당으로서 내각제 소신은 변함없다.
— 대통령 선거법 개정 및 공정한 선거관리, 인신공격과 선동, 지역감정 추방, 정치는 정책 대결의 장이다.
— 반목·대결 제거, 국민적 화해와 단합을 위해 김대중을 위시하여 대폭적인 사면 복권을 건의한다. 시국 관련사범 중 살상, 파괴, 방화범 제외, 극소수 인원을 제거하고 대거 석방한다.
— 인권을 최대한 신장하고 구속적부심 전면 확대, 기본권 보장, 인권단체 회합을 통해 침해 사례 개선, 정부가 그런 사례 없도록 유의한다.
— 언론자유 창달, 언론기본법 개정·폐지 논의. 폐지할 경우는 다른 법으로 대체. 지방주재 기자 부활, 프레스카드제 폐지, 지면 증면 등 언론 자율에 맡긴다.
— 사회 각 부문의 자치와 자율 최대한 보장. 지방의회 구성은 예정대로. 시도 단위 의회 구성도 추진
— 대학의 자율성, 교육자치의 실현, 예산 자율, 입시·졸업 제도 개선, 우수학생 장학금 예산 반영
— 정당의 건전 활동 보장, 대화와 타협 풍토 마련, 국리민복 위한 건전한 활동 보호, 국법 질서 준수, 국론 통일을 위한 정치, 폭력을 통한 의사 관철에는 여당은 한발짝도 양보할 수 없다.

― 과감한 사회정화 조치, 잔존 비리와 유언비어 추방.
― 평화적 정부 이양과 세계인에 대한 우리 국민의 약속인 88 서울올림픽을 어떤 일이 있어도 성공적으로 완수.
― 모든 정당은 차기 정권을 책임지려면 국민 앞에 정책을 내놓고 심판을 받아야 한다. 폭력을 쓰면 안 된다. 귀한 남의 자식을 선동하여 제물로 삼지 말자.

전두환이 직접 직선제 개헌 선언문을 발표해야 한다고 생각한 김성익은 전재국을 찾아가 전두환을 설득해보라고 요청했다. 전재국은 묵묵부답이었다.

6월 28일 오후 3시 40분 김성익은 전두환을 찾아가 전두환 이름으로 대통령 직선제 수용을 발표하라고 권유했다. 전두환은 이를 거부하고, 직선제를 하더라도 김영삼과 김대중이 동시 출마할 것이므로 노태우가 이긴다고 말했다.

직선제 이외에는 국민 대중과 중산층에게 뭘 갖다 대도 속임수 인상을 주어서 바람직하지 않아. 힘으로 해서 노 대표가 대통령 된다고 해도 1년을 못 가. 저 사람들이 지금 올림픽을 담보로 잡고 있는데 다음 정권을 힘으로 만들면 올림픽도 못 치른다. 그러면 역사의 큰 호기를 놓쳐.
내 손으로 우리 대통령을 뽑겠다는 직선제 민의를 우리가 받아준다고 해서 야당한테 지지 않는다.
박 대통령이 3선 개헌을 해서 선거를 했을 때 무리는 있었지만 근소한 차이로 이겼지 않나. 그때 재야세력이 별 짓을 다하고 국민들이 잘산다는 느낌이 별로 없었지만 여당이 이겼어.

지난 12대 총선 때 우리가 페어플레이를 하지 않는다고 국민이 생각했기 때문에 야당 의석이 좀 늘어났어. 그때 정치규제를 선거하기 6개월 전에 풀었어도 결과가 달라졌을지 모른다. 공천을 놓고 파벌끼리 싸우는 게 야당 생리 아니냐. 김대중을 풀어주면 김영삼과 부딪치게 돼. 외부적으로 역할 분담론이 나와 있지만. (…) 직선제를 받는 것은 야당과 언론의 급소를 찌르는 거야. 박대통령은 혁명을 하고 나서도 윤 전 대통령과 직선으로 싸워 이겼지 않나.

사실은 2주일 전에 노 대표와 저녁을 함께 할 때 내가 직선제를 검토해보라고 했더니 노 대표가 펄쩍 뛰었다. 그래서 내가 '필사즉생 필생즉사(必死卽生 必生卽死)'라고 했어. 그리고 인간 사회의 모든 원리가 백보 전진을 위한 일보 후퇴에 있다, 지는 사람이 이기는 거라고 말해주었지.

박 대통령도 처음에 이름 없는 육군 소장이었지만 윤보선 씨와 직선으로 싸워서 100만 표를 이겼다. 그 후에 정신적 대통령이라는 말도 있었지만 박 대통령이 김대중과 붙어서 100만 표를 이겼어. 거기에 비하면 민정당은 창당된 지 6, 7년이나 되었고 당 조직이나 공무원 사회의 분위기에서도 박 대통령 때보다는 낫다. 박 대통령이 얼굴이 잘 생겼나, 말을 잘했나. 유머도 없고 눈매가 무서워 표를 끄는 그 무엇이 뭐 있었나.

노 대표는 말을 못 하나, 얼굴이 못 생겼나. 김영삼, 김대중 누가 나와도 자신 있다, 그렇게 얘기를 해주었는데 어제 노 대표를 만났더니 극비리에 연구해서 나온 것을 가져왔는데, 그거야.

30일 노 대표가 나한테 와서 건의하면 이틀 지난 후 7월 2일에 내가 그것을 받아들이는 담화를 발표하겠다고 했는데, 7월 2일에 하는 게 너무 늦다면 1일에 해도 좋겠지. 준비를 철저히 해서 결단의 내용을 심도 있게 쓰고, 역사성이 있는 내용으로 작성하는 게 필요해. 노 대표 개인이 단안을 내린 것으로 내일 쇼크 요법을 쓰자.

이날 오후에 안기부장 안무혁은 이병기에게 전화를 걸어 "나에게는 좀 보여줘야 되지 않겠냐"고 말했다. 이병기는 저녁에 안무혁에게 선언문 복사본 한 부를 보냈다. 전두환은 선언문 복사본을 받아서 읽어본 후 늦은 밤에 연희동 노태우 자택으로 전화를 걸어 지시했다. "노 대표, 내일 예정된 시간에 차질 없이 시행하시오."

6·29 선언은 전두환의 과감한 위기돌파 전략이요 고도의 정치술책이었다. 1987년 12월 대선에서 노태우가 당선됨으로써 6·29 선언은 성공하였다. 이것은 학생운동권을 포함한 범야권 세력이 그들 자신의 역량과 전두환의 역량을 오산한 데 따른 결과였다. 야권은 선거가 실시될 때 가장 중요한 능력, 즉 단일 후보를 낼 수 있는 능력이 없었던 것이다.

6월 29일 6·29 선언이 나오기 몇 시간 전, 미국 시간으로 28일 아침에 슐츠 미 국무장관은 미국 NBC에 출연하여 6·29 선언을 예고하면서 미국의 역할도 강조했다.

"한국 정부는 몇 가지 중요한 문제에 관한 입장을 바꿔 지금 약속을 하려 하고 있다. 이것은 미국 측의 장기적 노력의 일환이기도 하며, 더욱 중요한 것은 한국 국민의 장기적 노력의 일환이다."

몇 시간 뒤인 9시 5분경 노태우는 민정당 중앙집행위원회 회의실에서 수많은 내외신 기자들이 몰려든 가운데 '역사적인 선언'을 읽어 내려갔다.

친애하는 국민 여러분!

저는 이제 우리나라의 장래 문제에 대해 굳은 신념을 가지게 되었습니다. 국민들 사이에 쌓인 뿌리 깊은 갈등과 반목이 국가적인 위기로 나타난 이 시대적 상황에서 정치적인 진정한 사명에 대해 깊은 사색과 숱한 번뇌를 하여 왔습니다.

또한 학계·언론계·경제계·종교계·근로자·청년·학생 등 각계로부터 지혜를 구하고 국민의 뜻을 확인하였습니다.

오늘 저는 각계각층이 서로 사랑하고 화합하여 이 나라의 국민임을 자랑스럽게 여기며, 정부 역시 국민들로부터 슬기와 용기와 진정한 힘을 얻을 수 있는 위대한 조국을 건설하기 위해 비장한 각오로 역사와 국민 앞에 서게 되었습니다.

그러면 저의 구상을 주저 없이 말씀드리겠습니다. 이 구상은 대통령 각하께 건의드릴 작정이며, 당원 동지, 그리고 국민 여러분의 뜨거운 뒷받침을 받아 구체적으로 실현시킬 결심입니다.

첫째, 여야 합의 하에 조속히 대통령 직선제 개헌을 하고, 새 헌법에 의한 대통령 선거를 통해 1988년 2월 평화적 정부 이양을 실현하도록 하겠습니다. (······)

둘째, 직선제 개헌이라는 제도의 변경뿐만 아니라 이의 민주적 실천을 위해서는 자유로운 출마와 공정한 경쟁이 보장되어 국민의 올바른 심판을 받을 수 있는 내용으로 대통령 선거법을 개정하여야 한다고 봅니다. (……)

셋째, 우리 정치권은 물론 모든 분야에 있어서의 반목과 대결이 과감히 제거되어 국민적 화해와 대단결을 도모하여야 합니다. 그러한 의미에서 저는 그 과거야 어떠하였든 간에 김대중 씨도 사면 복권되어야 한다고 생각합니다. (……)

넷째, 인간의 존엄성은 더욱 존중되어야 하며, 국민 개개인의 기본적 인권은 최대한 신장되어야 합니다. 이번의 개헌에는 민정당이 주장한 구속적부심 전면 확대 등 기본권 강화 조항이 모두 포함되기를 기대합니다. (……)

다섯째, 언론자유의 창달을 위해 관련 제도와 관행을 획기적으로 개선해야 합니다. 아무리 그 의도가 좋더라도 언론인 대부분의 비판의 표적이 되어온 언론기본법은 시급히 대폭 개정되거나 폐지하여 다른 법률로 대체되어야 할 것입니다. 지방주재 기자를 부활시키고 프레스카드 제도를 폐지하며 지면의 증면 등 언론의 자율성을 최대한 보장하여야 합니다. (……)

여섯째, 사회 각 부문의 자치와 자율은 최대한 보장되어야 합니다. 각 부분별로 자치와 자율의 확대로 다양하고 균형 있는 사회발전을 이룩하여야 국가발전의 원동력이 된다고 믿습니다. (……)

13대 대선·총선과 지역분할 고착

1987년의 6·29 선언과 그에 이은 9차 개헌은 여러 가지로 의미가 컸다. 급속한 공업화로 인한 하부구조의 변화에 맞추어 그에 걸맞은 상부구조를 구축할 수 있는 제도적 기반이 형성되었다. 그리고 '진보' 세력에게 제도권에 진입할 공간이 마련되었다. 그러나 이들은 사상적 기반이 허약하여 보수 야당의 '상대적으로 진보적인' 유력 정치인을 추종하자는 비판적 지지론에 함몰되는 엄청난 과오를 저질렀다.

비판적 지지론은 한계는 있지만 상대적으로 진보·개혁적인 유력 정치인의 집권을 지지하며 그 지지는 절대적·맹목적인 것이 아니고 집권한 이후에는 그 한계와 잘못을 비판하여 바로잡아 나간다는 것이었다. 이것은 '야당편승론', 즉 재야와 운동권이 독자적인 진보 정당을 창당해서는 '수구 반동세력'의 세뇌교육으로 민중의 의식화가 덜 된 시기에 성공하기가 어려우니 일단 진보적인 정치인의 정당에 들어가 힘을 키워 독자적인 정치 세력을 이루자는 주장과 궤를 같이 한다.

비판적 지지론은 한국사회의 근본적 변화를 소망한다고 주장하는 세력의 중간 목표가 될 수 있었다. 운동권 내에서 비판적 지지론자는 하나같이 비판적 지지가 중간 목표임을 강변하였다.

그러나 비판적 지지론은 그것을 주장하는 저의가 극히 의심스러웠을 뿐 아니라 논리적으로도 엄청난 허구성을 지니고 있었다.

우선 '비판적'이란 수식어는 아무 의미가 없는 말장난이다. 오늘날 민주주의 사회에서 양식 있는 유권자가 누구를 지지한다는 것은 전제왕정의 신료들이 임금에게 하는 식으로 절대적으로 충성하거나 지지하는 것이 아니다. 비판할 것이 있으면 비판하는 것이지 잘못을 저질러도 지지하는 것은 아니므로 그 자체가 이성적·합리적 지지다. 그러므로 '지지'라는 말에 다른 수식어가 붙을 필요가 없다. 거기에 '비판적'이라는 수식어를 붙이는 것은 '지지=절대지지'라고 생각하고 있거나 무엇인가 다른 속셈을 은폐하려는 것이다.

비판적 지지는 선거 과정에서나 집권 이후에나 절대 지지가 되기 쉬운 속성을 지니고 있으며, 중간 목표가 아닌 최종 목표로 전락할 소지를 다분히 가지고 있다.

비판적 지지론은 최악의 존재를 전제하고 그에 대항하는 논리이므로 정권 교체 이후 정권에 대한 비판을 어렵게 한다. 선거 후에도 그 최악의 존재(특정 정치인 또는 정치세력)는 야당으로 존속한다. 혁명이 아닌 선거를 통한 정권교체는 기존 집권세력이 야당으로 존속하는 것을 인정할 수밖에 없다. 그러므로 비판적 지지의 대상이 아무리 잘못을 저질러도 이를 비판하면 최악을 돕는 것이 된다는 이유로 비판하지 못하게 될 가능성이 크다. 비판적 지지의 대상을 비판하는 것은 모두 '수구·반동·반통일·냉전세력'을 이롭게 하는 '이적 행위'로 본다. 이런 저질 논리는 사회를 흑백으로 양분시켜 늘 사회적 긴장을 팽배하게 하고 세상을 시끄럽게 한다.

더 나아가서 비판적 지지의 대상이 과거에 저지른, 그리고 현재에 저지르고 있는 잘못을 궤변으로 변호하게 될 개연성이 크다. 정권교체 이후 정권의 비리가 드러나도 '수구·냉전·반통일 세력'이 집권하던 시기보다는 덜하다, 언론자유가 보장되고 사회가 투명해져서 정권의 비리가 드러난 것이다, 뚜렷한 증거가 없는 정치공세는 하지 말아야 한다, 나라 형편이 어려우니 정쟁을 중단해야 한다는 식의 궤변이 자칭 '개혁·진보 세력'의 입에서 나올 수 있다.

또 해방 이후 최악의 존재들이 집권했다는 전제 하에서 과거를 전적으로 부정할 수밖에 없다. 과거 정권의 업적은 모두 필사적으로 깎아내려야 하는데 그 과정에서 역사 왜곡이 빚어질 수 있다. 언론자유가 보장되면 '이제는 진실을 말할 수 있다'고 할 환경뿐만 아니라 '이제는 거짓말할 수 있다'고 할 여건도 갖추어진다. 유언비어 유포의 자유, 중상모략의 자유, 헛소리의 자유도 잘 보장된다. 이러니 비판적 지지론자들은 그들이 지지하는 세력이 집권해 목표가 이루어진 뒤에 자기네 정권 옹호와 과거 정권 비난으로 세월을 보내게 된다.

21세기에 들어와 일부 '진보' 세력이 겨우 독자정당화에 성공하고 소수이나마 의석을 보유하게 되었지만, 북한의 조선노동당에 대한 합의된 관점이 없어 많은 잠재적 '진보' 유권자들에게조차 불신을 받고 있다. 이 역시 비판적 지지론을 완전히 청산하지 못해 일어나는 현상이다.

비판적 지지론은 세상을 고정불변하는 것으로 보는 세계관, 즉 반변증법적이고 반진보적인 수구적 세계관에서 비롯된 것이다.

진보와 개혁을 바라는 이들은 기본적으로 진취적이고 건설적이어야 한다. 남들이 보기에 불가능한 것에서도 일말의 성공 가능성을 찾아야 하며 늘 이상을 품고 살아야 한다. 이상을 품은 사람들이 '최선'은 생각하지도 않고 '차선'만 선택한다든지 '차선'을 옹호하는 데에만 전력을 기울일 수는 없다. 사회주의자나 마르크스주의자도 이상을 포기한 경우라면(스스로는 이상을 유보했다고 변명하겠지만) 가장 저열한 마키아벨리주의자나 사기꾼이라 해야 마땅하다.

수구적이고 사대적이었다고 비난받는 조선시대의 양반도 얼어 죽어도 곁불은 쬐지 않았다고 하는데, 자칭 진보개혁 세력이 기생충처럼 특정 정치세력에 빌붙는 것은 언어도단이다. 비판적 지지론은 운동권을 이론적·실천적·도덕적으로 궤멸시킨 이론이며 그것을 주장한 사람들은 자신들의 집단적 품성과 지적 수준이 어떠한지를 만천하에 자백한 셈이었다.

비판적 지지론은 본질적 개혁이든 부분적 개혁이든 모든 개혁을 포기하는 이론으로서 사회를 무기력하게 만드는 원흉이다. 비판적 지지론이 승해지면 그것에 반대하는 유권자들이 수세적으로 방어하는 입장이 되어 비판적 지지론자들이 떠받드는 대상을 '최악'으로 설정하고 역시 '차선' 또는 '차악'을 선택하게 되기 때문이다. 모든 유권자들이 최선을 포기하니 사회가 활력을 잃고 무기력하게 된다.

비판적 지지가 횡행하면 보수-진보 구조로 정치세력이 개편되는 것이 불가능해지고, 야합이 성행하게 되며, '보수'니 '진보'니 하고 말로만 떠드는 정치 협잡꾼들의 발호가 극심하게 된다. 한국사회가 비판적 지지의 망령에서 벗어나지 못하는 한 미래의 비전은 결코 있을 수 없다. 비판적 지지론의 가장 큰 수혜자인 '상대적으로 진보적인 제1 야당'은 '민주대연합' 등 여러 가지 구호로 비판적 지지론의 수명을 연장하고 있다. 한국 진보세력에게 내린 저주인 비판적 지지론을 이론적·실천적으로 분쇄하지 않는 한 한국사회에 진정한 진보가 설 자리는 없을 것이다.

1987년 12월 16일 실시된 13대 대통령 선거의 투표율은 89.2%나 되었다. 1987년 대선은 전두환식 '4파전 필승론'과 김대중식 '4파전 필승론'이 주도한 선거였다고 볼 수 있는데, 전자의 계산이 옳은 것으로 판명되었다.

김대중식 '4파전 필승론'의 논리는 선거를 한 달여 앞두고 미국 〈로스앤젤레스타임스〉에 게재된 김대중의 기고문에 잘 나타나 있다.

미국은 한국 군부가 자제하도록 해야 한다

한국의 민주주의는 얼마 안가 판가름 나게 된다. 오는 12월에 한국 유권자들은 아르헨티나와 필리핀 국민들이 했던 것과 같은 역사적 선택을 할 것이다. 그들은 억압의 시대를 뒤로 하고 민주적 대통령을 선출할 것이다. 나는 네 명의 대통령 후보 중 한 사람이다.

현 군사정권이 후보로 내세운 노태우가 지난 6월 국민의 압력을 받아 민주적 선거를 실시하겠다고 선언한 뒤로 미국 일각에는 군사독재 정부가 총을 내려놓고 선거를 통해 정권을 유지할 수 있으리라는 기대가 있었다. 이러한 착각은 야당 후보 두 명의 출마로 고무되었다. 우리가 반정부표를 나누어 갖게 될 것이라고 생각한 것이다.

그러나 그렇지 않다. 국내외 여론의 압력이 한국 정부로 하여금 스스로 약속한 대로 자유롭고 공정한 선거를 실시하도록 한다면 여당이 패배할 것이다. 암살, 부정부패, 대다수의 저임금, 극소수의 경제적 특권 등 다년간에 걸친 광범위한 억압의 유산은 단번에 일소될 수 있는 것이 아니다.

미국은 노태우 후보가 승리할 수 있다고 믿음으로써 앞으로 해야 하는 어려운 선택들을 당분간 피할 수 있을지 모른다. 그러나 실제로는 미국이 한국에서도 지난해 필리핀에서와 마찬가지로 격렬한 민주주의와 독재 간 충돌에 직면하고 있다. 자유선거가 실시된다면 현 정부는 승리를 기대할 수 없으며, 미국은 한국에서 새로운 시대가 도래하는 것에 대비해야 한다. 만일 여당 후보가 선거에서 이긴다면 그것은 이 정권이 과거와 마찬가지로 국내 투표과정과 미디어에 대한 통제력을 이용해 선거를 도둑질했기 때문일 것이다.

김영삼도 대통령 후보로 나섰기 때문에 야당표가 분열될 것이라는 많이 선전된 주장에도 불구하고 노태우가 공정한 방법으로는 이길 수 없는 이유는 무엇일까? 야권 동료인 김영삼의 대통령 선거 출마는 역설적이게도 나의 우세 폭을 더욱 넓히고 있다. 내 고향인 남서부 지방과 서울을 포함한 수도권, 두 지역에서 내가 가장 우세하다는 것은 모든 정파가 인정하고 있다. 이 두 지역의 유권자 수는 전국 유권자 수의 절반을 넘는다.

게다가 지난 일요일 김영삼의 표밭인 부산에서 나를 환영한 집회는 나에 대한 유권자의 지지가 지역적 경계를 뛰어넘고 있다는 사실을 증명했다. 1971년 대통령 선거 때 엄청난 부정이 있었음에도 불구하고 투표자의 46%는 나를 지지했다. 나의 지지기반은 확고하며 점점 확대되고 있다.

반면 김영삼과 노태우는 그들의 지역적 기반인 남동부 지방의 표를 나누어 가질 것이고, 중부 지방의 표는 네 번째 후보인 김종필에게 잃을 것이다. 국무총리를 지낸 김종필은 전국적으로도 노태우의 표를 가져갈 것이다. 그러므로 이들 세 후보는 서로 표를 빼앗아서 결과적으로 나의 우세를 강화할 것이다.

그렇다고 내가 이 글을 쓴 목적이 선두 주자를 지지해달라고 미국에 호소하려는 것은 아니다. 한국 정부는 여론조사를 금지했다. 그러고는 분열된 야당표에 관한 잘못된 주장을 퍼트리고 있으며, 자신들이 직면하고 있는 도전을 희석시키기 위해 뉴스 보도를 조작하고 있다. 미국이 당면한 외교정책상 도전을 인식하기 위해서는 내가 여기서 대강 밝힌 정치적 산술을 이해할 필요가 있다. 즉 정권의 생명은 이제 몇 주밖에 남지 않았으며, 어떤 대가를 치르고서라도 살아남기 위해 버티던 그 일각에서도 분명히 자포자기하고 있음을 알아야 한다.

우리는 모든 외부세력의 중립을 원한다. 이에 더해 우리는 우리의 우방이며 우리의 국방을 위해 4만 병력을 제공하고 있는 미국이 한국의 민주적 과정 자체에 대한 공약을 명백히 해주기를 바란다. 나는 한국 군부가 국민의 선택을 거부하는 것은 용납되지 못할 것이라고 믿기에 이번 선거에 출마하기로 결심했다. 모든 국민의 신뢰를 받는 강력한 민간인 대통령이야말로 우리 국민뿐 아니라 군부에도 최선의 이익이 된다. 나는 우리 군부가 이 점을 인정하리라 믿는다.

또한 노동 문제부터 군부 문제와 지역간 불균형 문제에 이르기까지 모든 문제에 대해서도 오랫동안 억압당해온 열망들이 폭발하는 가운데 가장 요청되는 것은 자유선거에 대한 국민의 신뢰, 그리고 민주정부로부터 강력한 치유의 목소리를 들을 기회다.

예기치 못한 이유로 김영삼이 야당의 선두 주자로 부상할 만큼 국민의 지지를 받게 된다면 나는 지체 없이 대통령 후보를 사퇴하고 그를 밀어줄 것임은 두말할 나위가 없다. 그는 좋은 대통령이 될 것이다. 그러나 누가 이기든 간에, 심지어는 노태우 장군이 이기더라도 공정하고 정직한 선거로 선택을 받아야 한다. 선거운동이 교묘하게 진행되고 있고 국내 언론이 조작되고 있는 만큼 워싱턴의 공적이거나 사적인 성명, 미군의 한국군 접촉, 국제 선거감시단과 해외 미디어는 한국의 민주적 자유에 대한 비판적 수호자가 될 것이다. 선거 전 부정행위가 예상되고, 군대 부재자 투표 활용과 개표 시 기만행위를 포함한 선거 당일의 부정선거도 예상된다.

한국 군부가 새로운 민주주의를 받아들이고 있으므로 국제적 압력이 그런 한국 군부에 긴요한 억제장치가 되어줄 수 있다. 이번 선거는 한국 역사의 분수령이며, 우리의 주된 우방인 미국은 선거에서 군부가 승리할 것이라는 잘못된 기대의 뒤에 숨어 이번 선거의 중대한 의미를 제거할 수 있으리라고 여겨서는 안 된다. 미국은 특정한 후보가 아닌 민주주의를 지지하는 입장을 확실히 해야 한다. 그러면 누구든 최선의 후보가 승리할 것이다.

〈로스앤젤레스타임스〉 1987년 11월 6일자〉

1987년 대통령 선거에서 총 투표수 2306만 6419표 중 민정당 후보 노태우가 828만 2738표(36.6%), 통일민주당 후보 김영삼이 633만 7581표(28.0%), 평화민주당 후보 김대중이 611만 3375표(27.0%), 신민주공화당 후보 김종필이 182만 3067표(8.1%)를 각각 얻어 결국 노태우가 대통령으로 당선되었다.

노태우를 찍지 않은 63%의 유권자들은 군사독재의 종식을 바랐으나 그들의 희망은 좌절되고, 노태우를 찍은 36%라는 소수의 의사가 관철되었다. 야권의 후보 단일화가 이루어지지 않으면 이러한 결과가 나타나리라는 것은 대다수 국민이 예감한 일이었다.

1987년 대선은 누가 봐도 민주 대 반민주의 대결이었으며, 실제로 이런 선거구도가 형성되어야 정권교체가 가능했다. 그러나 야권이 단일 후보를 내지 못하면 이것이 불가능해졌다.

당시 야당 진영의 선거운동은 2·12 총선 때와 같이 '바람'이 일기를 기대하는 것이었다. 이러한 기대 아래 김영삼 측과 김대중 측에서는 선거전이 몇 파전으로 가더라도 결국은 김영삼-김대중 대결로 그 구도가 압축될 것으로 예상하기도 했다. 민정당의 조직력이 아무리 뛰어나도 선거유세가 시작되면 국민들의 군정 종식에 대한 열망으로 노태우의 인기는 순식간에 무너질 것으로 보았다.

민정당 후보 노태우가 군부독재의 무거운 짐을 지고 있었던 것은 사실이다. 실제로 선거 기간에 12·12 쿠데타, 광주사태, 제5 공화국의 여러 대형 부정사건, 고문살해 등 이루 헤아릴 수 없는 군부독재의 치명적 약점들이 집중적으로 공격받았다. 특히 정승화 전 육군참모총장의 통일민주당 입당과 12·12 쿠데타의 진상 폭로는 노태우 측의 치부를 강타했다. '정승화 쇼크'는 노태우 진영을 궁지에 몰아넣었고, '군정 종식 바람'이 상승 무드를 탔다.

그러나 이런 분위기는 김대중이 정승화 씨의 민주당 입당을 비난하면서 꺾였다. 정승화야말로 10·26 이후 계엄사령관 시절 군의 비토권을 제일 먼저 얘기한 '정치군인'이라는 것이었다. 민정당도 정승화 씨를 맹공하였는데, 언론에서는 김대중과 노태우가 처음으로 같은 입장을 보였다고 지적했다. 이러한 야당간 상호 비방은 선거전 막판에 이를수록 심해졌다. 이에 염증을 느낀 국민들 상당수가 야권 지지를 철회했다.

김대중식 4파전 필승론자들은 역대 정권 중 가장 인기가 없는 여당인 민정당이 1985년 2·12 총선 때에도 35.3% 득표한 사실을 외면했다. 이것은 그때까지의 대통령 선거, 국회의원 선거를 포함하여 한국 역대 선거 사상 집권당이 얻은 득표율 가운데 두 번째로 낮은 것이었다. 따라서 그 밑으로는 여당 득표율이 내려가기 어려웠다. 게다가 6·29 선언 이후의 국면에서 한때 노태우는 대통령 직선제를 능동적으로 받아들인 인물로 인식되어 상당한 지지를 얻었다. 노태우는 전두환과는 다른 시대를 열 인물로 인식되기도 했던 것이다. 민정당 후보 노태우가 30% 정도의 친여 고정표를 확보하는 것은 그리 어려운 일이 아니었다. 선거운동 효과까지 감안하면 노태우가 아무리 못해도 35% 정도 득표는 가능하다는 추론은 무리가 아니었다(실제로는 36.6% 득표).

나머지 65% 표의 행방도 예측하기가 어렵지 않았다. 김종필이 10%정도는 득표하리라 예상할 수 있었다(실제로는 8.1% 득표). 그 나머지는 55%이니 김영삼과 김대중이 정확하게 반분하면 각각 27.5%가 된다. 한쪽으로 표가 몰려 35% 이상 득표해야 노태우와 경쟁이 되는데, 당시는 지지율 여론조사 공표가 불법이었으므로 누가 우세한지를 알기 어려워 표가 조금이라도 우세한 쪽으로 몰릴 수가 없었다(선거법 개정 문제를 놓고 여론조사 공표를 금지하자는 민정당의 주장을 야당이 받아들인 것이 단일화 실패의 가장 큰 원인이었다고 볼 수도 있다). 4파전 아래서는 35% 정도의 득표율로도 무난히 당선될 수 있을 것이라는 계산을 전두환은 했던 것이다.

김대중 진영의 4파전 필승론이라는 어리석은 선거전략은 자기 역량에 대한 과대평가와 집권 여당의 힘에 대한 과소평가에 기초한 것이었다. 전두환 정권의 실력은 예상 외로 강했다. 군부정권은 직선제 선거를 통한 재집권이라는 목표를 달성하기 위해 관권·금권·언론 등을 총동원하여 사활을 건 자세로 선거에 임했다. 야권은 집권세력이 제도적 프리미엄을 활용 내지 악용하여 확보할 수 있는 득표율이 적어도 35%를 상회한다는 것을 가까운 역사적 경험이 보여주었는데도 이를 외면했다.

민주화를 바라던 사람들에게 1987년 대통령 선거 결과는 허망하기 짝이 없었다. 전두환 정권은 유권자의 투표가 아닌 총칼에 의해 성립된 정권이었다. 따라서 그와 같은 반민주적이고 정통성 없는 정권에 대한 저항과 타도 운동은 폭넓은 지지를 받았다. 많은 사람의 죽음과 피땀 어린 노력을 물거품으로 만들면서 전두환이 지정한 후계자 노태우에게 국민의 선택을 받았다는 정통성을 주는 것으로 귀결된 대통령 선거 결과에 대한 분노는 엄청났다. '민주화 정치집단'의 도덕성은 크게 의심받았고, 이들을 겉 다르고 속 다른 정치집단으로 바라보게 된 유권자들이 많았다. 이후에도 이들은 '보수 정치집단'에 대한 굳건한 비판적 지지자가 되어 주요 선거 때마다 그 결과에 큰 영향을 주었다.

한편 민정당은 국회마저 장악할 생각으로 중선거구제를 소선거구제로 바꾸려 했는데, 이는 엄청난 오산이었다. 중선거구제 아래서는 여당이 제1당이 되는 것은 보장되지만 여당에 유리한 불공정한 제도적 장치를 마련하지 않고는 과반수까지 얻기는 어렵다. 그렇다고 해서 전국구에서 제1당에 의석의 3분의 2를 주는 제5공화국 국회의원 선거법을 유지할 수는 없었다. 다른 방법을 찾아야 했다. 야권 분열로 인한 어부지리로 대선에서 승리한 민정당은 소선거구제를 채택하면 총선에서도 역시 어부지리로 의석의 3분의 2 정도는 쉽게 얻을 것으로 착각했다. 실제로 박정희 정권은 소선거구제로 치러진 6대, 7대, 8대 국회의원 선거에서 50%에 미치지 못하는 득표로도 단독으로 다수 의석을 차지했다. 그것은 야당의 분열로 얻

> **정통 야당의 한계**
>
> 1972년 유신 선포 이래 민주화 운동은 줄기찼다. 1980년 국가의 폭압성이 적나라하게 드러나자 민주화 운동이 그동안 내건 '자유민주주의' 이념의 한계가 많은 지식인과 대학생의 가슴에 다가왔다. 이후 군사독재 정권이 '좌경용공'으로 규정하게 된 각종 이데올로기가 대학가를 중심으로 널리 퍼져나갔다.
>
> 개헌운동이 활발해진 1986년에 대학가의 학생운동은 민족해방(NL) 계열과 민중민주(PD) 계열로 세력이 양분되었다. 이 두 계열은 모두 자유민주주의를 '진정한 민주화를 실현하기에는 너무나 미흡한 것'으로 보는 공통점이 있었다.
>
> 민족해방 계열은 직선제 개헌을 내세웠고 민중민주 계열은 제헌의회 소집을 주장했다. 직선제 개헌론은 민중운동을 활성화시킬 수 있는 장을 마련하자는 측면에서 나왔으나 야당의 대부인 김영삼과 김대중의 정치적 목적과 일치하는 것이었다. 직선제 개헌론의 가장 큰 문제는 직선제 개헌이 이루어진 후 선거 결과가 전두환 후계자의 집권 또는 야당 정치인의 집권으로 귀결된다는 점이었다. PD 계열은 직선제를 성취해도 '부르주아 정치인'의 이익에만 봉사할 뿐이라고 주장했다.
>
> 일반 국민이 보기에도, 그리고 실제로도 1981년 구성된 11대 국회에는 진정한 야당이 없었다. 1985년 2·12 총선에서 대승하여 제1 야당이 된 신한민주당은 진정한 야당이자 정통 야당이었다. 신한민주당의 주류 세력인 김영삼계와 김대중계는 이민우 파동의 여파로 1987년 4월 집단 탈당하여 통일민주당을 창당했다.
>
> 6·29 선언 이후 일반 국민이 보기에는 '진정한 야당'인 통일민주당이 집권하는 것이, 구체적으로 김영삼과 김대중 양인 중 일인으로 후보 단일화가 되어 대통령 선거에 이기는 것이 가장 중요한 일이었다. 그러나 제1 야당인 그 정통 야당은 신민당 시절에도, 통일민주당 시절에도 너무나 한계가 많은 집단이었다.
>
> 제1 야당인 통일민주당은 1987년 가을 김영삼의 통일민주당과 김대중의 평화민주당으로 갈라져 13대 대통령 선거를 치렀다.

은 어부지리 덕분이었는데, 특히 1963년에 치러진 제6대 국회의원 총선에서 공화당은 불과 32.4%를 득표했으나 야당 후보 난립의 결과로 175석 가운데 110석이나 차지했다.

그러나 이전과 달리 지역 몰표가 나온 13대 대선 결과를 놓고 조금만 깊이 생각하면 유력 정당들이 각자 자신의 근거지에서 의석을 휩쓸 것은 쉽게 예상할 수 있었다. 이를 정확히 계산한 김대중은 선거제도를 소선거구제로 변경하는 데 적극 찬성했다. 이에 따라 선거법은 지역구별로 국회의원을 2명 뽑는 중선거구제에서 1명만 뽑는 소선거구제로 개정되었다. 개정된 선거법에 따라 1988년 4월 26일 13대 국회의원 선거가 치러졌다.

김대중은 재야인사들을 대거 입당시켜 세력을 확장하려 했다. 이해찬, 임채정 등 민통련의 비판적 지지 결정에 앞장섰던 인물들이 대거 평민당에 입당함으로써 민주화운동 세력 내에서 민통련의 대표성에 대해 중대한 의문이 제기되었다. 이제 민통련은 민주화운동 세력 전체의 대표가 아니라 한 정파의 대표로 인식되었다. 이미 13대 대선에서 김대중이 3위로 패배하면서 민통련의 비판적 지지 결정에 대한 안팎의 비난이 거세진 상황이었다. 선거 패배에 대한 책임을 지고 민통련 의장단이 사퇴하였으나 민통련에 대한 비난은 줄어들지 않았다.

13대 총선 투표율은 13대 대선보다 많이 떨어진 75.8%였다. 개표 결과 지역구 224석 중 민정당은 87석(득표율 34%), 평민당은 54석(득표율 19.26%), 민주당은 46석(득표율 23.8%), 공화당은 27석(득표율 15.6%), 무소속은 10석을 차지했다. 전국구까지 합쳐 민정당은 125석, 평민당은 70석, 민주당은 59석, 공화당은 35석을 얻었다. 민정당은 전체 의석 299석의 과반수에 훨씬 못 미치는 의석을 얻는 데 그치고 야당들은 모두 합쳐

150석을 훨씬 넘는 과반 의석을 확보해 의정 사상 처음으로 '여소야대' 구도가 출현했다.

이 선거에서 민정당, 평민당, 민주당이 각각 얻은 득표율은 대선에서 소속당 후보가 얻은 득표율보다 모두 낮았지만, 김종필의 공화당은 대선에서 얻은 득표율 8.1%의 2배에 가까운 15.6%를 얻은 것이 특이했다.

평민당은 전국 득표율이 19.3%에 불과한 3위를 차지해 민주당의 23.8%보다 4.5%포인트 뒤졌으나 지역구에서 8석을 더 얻었고 전국구를 합친 의석수는 민주당보다 11석이 더 많은 행운을 얻었다. 당시 전국구 의석은 각 당의 득표율이 아닌 지역구 당선자 수에 비례하여 나누었으므

13대 총선 주요 정당별 득표수(명)				
	민주정의당	통일민주당	평화민주당	공화당
서울	119만 1511	106만 623	122만 4100	72만 9664
부산	57만 5970	97만 3902	3만 4973	12만 2646
대구	47만 7458	28만 925	6536	13만 394
인천	25만 5322	19만 2728	9만 5818	10만 5504
광주	4만 5690	1914	41만 7667	3025
경기	86만 8810	55만 2090	38만 3106	43만 7817
강원	36만 7686	18만 2111	3만 3606	17만 332
충북	30만 6551	11만 2131	9724	23만 3609
충남	42만 3619	21만 784	5만 3873	65만 2613
전북	29만 5511	1만 3449	63만 1545	2만 5396
전남	28만 497	9886	84만 6711	1만 5687
경북	78만 7232	37만 8502	1만 3924	24만 6677
경남	70만 6846	64만 8483	1만 7909	18만 1298
제주	8만 3315	6만 2647	1만 3787	7844
합계	667만 494	468만 175	378만 3279	306만 2506

로 평민당은 득표율이 통일민주당보다 뒤졌어도 전국구에서도 3석을 더 얻었다.

　재야 민주화운동 세력은 끝내 독자노선을 걷는 데 실패하여 결과적으로 민주화 투쟁으로 얻은 명성을 이용하여 기성정당에 입당하여 직업 정치인이 되려는 자들에게 길을 닦아준 셈이 되었다. 이후에도 재야 민주화 세력은 여러 차례 제1 야당의 도구 역할을 했다.

　이후 지역구도는 고착화되어 대부분의 국회의원 선거에서 '여소야대'가 출현했다. 집권당은 여소야대 구조를 극복하려고 합당을 하거나 야당 의원과 무소속 의원을 영입하는 무리수를 두었고, 이에 야당은 극렬 반발하여 정쟁이 일상화되었다.

전두환의 백담사 유배극

전두환은 퇴임 후에도 권력을 유지하려고 여러 가지 작업을 벌였으나, 노태우의 반격으로 수포로 돌아갔다. 전두환은 퇴임한 지 얼마 지나지 않은 1988년 3월 22일 레이건 대통령의 초청으로 3주 예정으로 미국을 방문했고, 3월 24일 레이건을 면담했다.

전두환은 대통령 재임 중 레이건을 세 번 만났다. 그런데도 레이건은 네 번째 면담 직전 비서실장의 설명에도 전두환을 기억하지 못했고 한다. 누차 기억을 살려보려고 설명하자 한마디 하는 말이 "아, 그 대머리 친구"였다. 전두환이 대머리가 아니었으면 레이건은 그를 전혀 기억 못 했을 수도 있다.

전두환이 미국에 체류 중이던 3월 31일 새마을운동중앙본부 회장을 지낸 아우 전경환이 부정축재로 구속되었다. 전두환은 귀국한 지 사흘째인 4월 13일 국가원로자문회의 의장직과 민정당 명예총재직을 사퇴했다. 이후 전두환 자신의 비리와 친인척 비리가 언론에 의해 계속 보도되었고, 전두환은 이에 대응할 필요를 느꼈다.

1988년 10월 17일 노태우는 미국 방문 길에 올랐다. 당시 항간에는 전기환(전두환의 친형), 이창석(전두환의 처남) 등 친인척에 대한 구속설이 떠돌

앉다. 노태우의 부담을 줄이기 위해 그가 외국을 방문하는 중에 정부가 비리에 연루된 전두환의 친인척을 구속시킬 것이라는 관측이 있었다. 그러나 노태우는 떠나기 전날 밤 전두환과의 통화에서 "각하와 더불어 백 번 같이 죽고 백 번 같이 살 것입니다"라고 말하여 전두환을 안심시켰다. 전두환은 통화를 마치고 가족에게 "경환이가 구속된 것 말고는 앞으로 더 이상 별 일 없을 것"이라고 말했다.

그러나 노태우가 외국을 방문하는 중에 전기환과 이창석이 구속되는 등 친인척이 대거 구속되자 전두환은 6·29 선언의 진상과 정치자금 문제를 폭로할 생각까지 했다. 당시 한 언론의 보도에 따르면 1987년 대통령 선거 당시 야당 후보에게 정치자금을 지원한 것까지 폭로할 생각도 있었다고 한다.

노태우 측은 전두환을 해외로 내보내는 방안을 비밀리에 추진했다. 전두환의 사돈 박태준도 전두환에게 해외 망명을 권유했다. 친인척 비리 수사와 관련해 교도소에 들어가게 된 전두환의 친인척들도 당시의 분위기에 질려 전두환에게 한국을 떠날 것을 권했다.

전두환도 마음이 흔들렸다. 그러나 미국 유학 중이던 전두환의 장남은 "밖으로 나가지 말고 옥(獄)으로 들어가라"는 편지를 보냈다. 전두환 부부와 사위 부부 4인은 가족회의를 열어 '양심선언'을 하자는 결론을 내렸다. 검은 정치자금의 행방, 막후정치의 비리, 1987년 대선에서의 공작정치 등을 모두 공개하자는 것이었다. 그리 되면 여권뿐 아니라 야권의 비리도 모두 드러나 정치권은 여야를 막론하고 도덕적으로 파멸할 가능성이 컸다. 당시 〈한국일보〉는 이를 두고 '전두환, 폭탄선언 준비'라고 보도했다.

전두환은 장세동과 안현태를 불러 양심선언 계획에 대해 상의했다. 장세동과 안현태는 결사 반대했다. 이들은 전두환에게 "양심선언을 할 경우 정치권은 풍비박산이 납니다. 그렇게 되면 재야·학생이 어지럽게 일어날 것이고, 군부가 다시 나설 게 분명합니다. 만약 또 다른 군부가 등장하면 이에 대한 책임은 각하가 지게 될 것입니다. 정치란 결과로써 판단되는 게 아닙니까"라고 설득했다. 전두환은 이에 동의하고 양심선언 계획을 포기했다.

전두환의 양심선언 계획을 들은 노태우는 전두환을 해외로 추방하는 계획을 포기하고 '재산헌납'과 '낙향' 안을 전두환에게 내놓았다. 양측의 협상은 '재산헌납'과 '은둔'으로 매듭지어졌다. 은둔 장소로는 허문도가 상원사와 백담사를 추천했고. 둘 중 백담사가 선택되었다.

1988년 11월 23일 전두환은 TV가 생중계하는 가운데 대국민 사과문을 낭독했다.

저는 지금 말할 수 없이 참담한 심경으로 여러분 앞에 섰습니다. 지난 9개월 동안을 피나는 반성과 뼈아픈 뉘우침 속에서 지냈습니다. 저는 딱하게도, 침묵을 지키는 것이 겸손한 자세이며 그것이 그냥 사죄로 통할 것이라고만 알았습니다.
그런데 그것이 잘못이었습니다. 여러분의 분노와 질책이 날로 높아가는 소용돌이 속에서 침묵만을 지킬 수 없다는 것을 깨닫고 오늘 이 자리에 서게 된 것입니다.
국민 여러분!
그동안 얼마나 마음이 언짢으셨습니까.
텔레비전과 라디오는 물론 온갖 잡지와 신문 등을 통해 연일 쏟아져 나오는 저와 관련된 불미스러운 보도에 얼마나 화가 나셨습니까.

7년 반이나 한 나라의 대통령을 지낸 사람이 자리에서 물러나자마자 이루 다 형언하기조차 민망스러운 비리의 주역으로 9개월간 줄곧 여론의 지탄을 받고 있는 사실을 보면서, 저를 아껴주셨던 분들까지도 허탈과 배신감을 참기 어려우셨을 것입니다.

국민 모두가 하루하루 열심히 살아가면서 밝은 미래를 개척해 나가고 있는 때에 저로 인해서 온 사회가 들끓고 있고 큰 물의가 빚어지고 있는 데 대해 한량없이 죄송스럽습니다.

먼저 저는 본인이 재임했던 기간에 있었던 모든 국정의 과오는, 그것이 누구에 의해 착안되었고, 또 어느 기관의 실무자가 시행한 것이건 간에, 모두가 최종 결정권자이며 감독권자인 바로 이 사람에게 그 책임이 돌아오는 것이라고 생각합니다. 그런 만큼 이 모든 잘못에 대한 국민 여러분의 심판도 제가 받을 것입니다.

본인이 재임 중 나름대로 최선을 다하려고 했으나, 그 7년 반의 세월이 국민 여러분에 의해 권위주의와 비리의 시대로 단죄되고 있는, 그 모든 책임은 제가 져야 하기 때문입니다.

그러므로 본인이 지시하고 위임했기 때문에 실무에 임했던 모든 공직자들에 대해서는 그 잘못이 개인의 사리사욕 추구와 관련된 비리가 아닌 한에는 국민 여러분께서 관대히 용서해주시고 그 허물을 저에게 물어주실 것을 간곡히 부탁드립니다.

최근 국회의 국정감사와 특별위원회 활동을 통해서 본인이 국정을 맡고 있던 기간 중에 빚어진 많은 비리와 과오가 지적되었습니다. 그 가운데서도 많은 사람들이 고통과 피해를 당한 삼청교육대 사건과 공직자·언론인 해직 문제, 인권침해 사례 등의 실상들이 파헤쳐지는 것을 저도 아픈 마음으로 보고 있습니다.

이러한 일들은 당시의 국가적 비상시국 하에서 아무런 준비와 경험도 없이 국정의 책임을 맡게 되었고, 또한 오랜 병폐를 하루빨리 뿌리 뽑고 기강을 바로잡아서 사회의 안정과 국가발전을 도모해야 한다는 마음이 앞선 나머지, 시행착오를 가져오게 된 것이라고 솔직히 인정합니다.

그런 만큼 억울하게 피해를 당한 분들의 아픔은 저에게도 평생을 두고 가슴에 아물 수 없는 상처로 남을 것입니다. 국민의 기본적인 권익을 침해한 이러한 사례들에 대해서 매우 유감스럽게 생각합니다. 이 기회를 빌려 피해 당사자 한 분 한 분에게 진심으로 사과를 드리며, 이들에 대한 적절한 보상이 이루어지기를 바랍니다.

무엇보다도 80년 5월 광주에서 발생한 비극적인 사태는 우리 민족사의 불행한 사건이며, 저로서는 생각만 해도 가슴이 아픈 일입니다. 이 불행한 사태의 진상과 성격은 국회 청문회 등을 통해서 밝혀질 것으로 생각됩니다만, 그 비극적인 결과에 대해 큰 책임을 느끼고 있습니다. 또한 그후 대통령이 된 뒤에 그 상처를 치유하지 못했던 점을 깊이 후회하면서, 피해자와 유가족의 아픔과 한이 조금이라도 풀어질 수 있다면 어떤 일이라도 마다하지 않겠습니다.

국민 여러분!

지금 이 시점에서 제가 특히 부끄럽고 개탄스러운 일로 생각하면서 사죄의 말씀을 드려야 할 것은 저의 친인척들로 인한 물의에 대해서입니다.

본인이 대통령으로 취임할 당시, 저의 근친을 비롯한 거의 모든 친척들은 부유하다고는 할 수 없는 생활을 하고 있었습니다. 이들은 갑자기 대통령의 친척이 되자 처음의 놀라움과 자랑스러움이 시간이 흐르고 주위의 유혹이 계속되면서 흔들리기 시작했고, 급기야는 여러 가지 말썽을 빚어내기에 이르렀습니다.

어려서 고향을 떠났고 워낙 대가족 집안이어서 이름이나 얼굴조차 모르는 많은 친척들 가운데 문제를 일으키는 사람들에게는 "제발 자중해 달라"고 여러 차례 간곡히 부탁도 했고 단속도 했습니다.

그러나 제가 재임 중 처리하지 못한 채 대통령직을 물러난 지금, 많은 집안사람들이 형사소추를 받을 정도로 비리를 저질러서 국민 여러분의 분노를 사게 된 것은 참으로 면목 없는 일입니다. 진심으로 사죄하며 머리 숙여 용서를 빕니다.

다음으로, 국민 여러분의 의혹과 질책이 쏟아졌던 일해(日海)재단과 새세대육영회, 그리고 심장재단에 관해 사실을 아는 대로 말씀드리겠습니다.

내세울 일은 아닙니다만, 저는 어린 시절 매우 가난하게 자라났습니다. 객지 생활을 하며 움막집에서 산 일도 있기 때문에 동네 사람들한테 "움막집 아이"라고 불리기도 했고, 학교도 오랫동안 다니지 못하고 국민학교 5학년 때 가서야 겨우 정규학교에 편입될 수 있었을 정도였습니다.

또한 바로 밑의 동생은 돈이 없어서 병원 한 번 데려가보지 못한 채, 부모님이 곁에 안 계신 사이에 어린 제 품에 안겨 숨을 거두는 모습을 충격과 눈물 속에 지켜본 일이 있습니다.

이러한 경험 때문인지 저는 불우한 처지의 어린이와 고통 받는 어린이들에게 남다른 관심을 갖게 되었습니다.

그래서 가난하고 소외된 계층에 대한 정부 지원의 복지대책이 아직도 많이 부족한 실정이라면 비교적 여유 있는 분들의 정성을 모아서 어려운 처지에 있는 어린이들을 돕는 것은 보람 있는 일이 아닐까 하는 소박한 믿음이 생겨서 새세대육영회와 심장재단을 설립해보도록 했던 것입니다.

그러나 돌이켜 생각할 때 아무리 좋은 취지의 일이라 하더라도 돈이 필요한 사업을 대통령 부인이 직접 맡아서 한다는 사실이 기업인들에게 무언의 압력이 되었을 것이라는 점을 미처 생각지 못했던 것은 큰 잘못이었습니다.

일해재단도 당초의 설립취지대로 아웅산 사건 유가족을 돕고 자녀들의 학업을 지원하는 일에 그쳐야 했다고 후회하고 있습니다.

아웅산 사건은 저에게 있어서 평생을 두고 잊을 수 없는 가장 가슴 아프고 충격적인 사건이었습니다. 그런 까닭으로 이 같은 비극이 다시는 일어날 수 없도록 안보와 평화와 통일을 추구하는 데 있어서 저의 경험이 연구소 활동을 통해 활용될 수 있지 않을까 하는 생각에서 목적사업이 확대된 것입니다.

그러나 현직 대통령이 이 사업에 깊은 관심을 보임에 따라 시설을 호화롭게 꾸미게 되었으며 기금을 모으고 관리하고 운영하는 데 있어서 잘못이 빚어진 점에 대해서는 모두가 저의 불찰이며 감독 소홀의 탓임을 자책하지 않을 수 없습니다.

국민 여러분!

지난 2월 25일 두 살 난 손녀의 손을 잡고 청와대를 물러 나오던 날 저는 해외망명과 부하에 의한 시해로 종말을 고했던 전임자들의 전철을 밟지 않았다는 사실에 안도하면서 큰 보람과 기쁨을 느낄 수 있었습니다.

그러나 대통령에 취임하면서 국민 여러분에게 약속하고 다짐했던 것과는 달리, 정치자금과 관련해서 '권력을 남용한 대통령', '부덕한 대통령'으로 낙인이 찍혀버린 지금, 무엇을 더 숨기고 무엇을 더 변명하겠습니까.

다만 저는 지금 역사와 국민 앞에 심판의 자료를 제공하고 교훈을 남겨야 한다는 생각에서 정치자금 문제에 관해 몇 가지 말씀을 드리고자 합니다.

본인은 대통령에 취임할 당시 1인 장기집권과 권력형 부패가 우리나라 정치발전을 저해하는 암적 요인이 되고 있다는 생각에서 어떤 일이 있더라도 이 장애만큼은 제거해 나가겠다고 스스로 굳게 다짐하였습니다.

그래서 단임의 실천은 다소간의 난관이 지적되고 예상되는 가운데서도 저 스스로의 확고한 의지로써 밀고 나왔습니다. 그러나 정치자금 문제는 뜻대로 만은 되지 않았다는 사실을 솔직히 고백하지 않을 수 없습니다.

대통령직을 수행하고, 특히 집권 여당의 총재로서 정당을 유지하고 선거를 치르자면 적지 않은 정치자금이 필요하다는 사실을 깨닫게 되었습니다.

본인은 이러한 비용을 최소화하려는 노력과 함께, 과거 정부와 당의 고위 간부들이 각기 정치자금을 조달함으로써 권력형 부패의 온상이 되었던 전철을 밟지 않도록 하기 위해 정치자금의 창구를 일원화하고 그것을 본인이 직접 관장했습니다.

현행 정치자금 관련 제도는 우리의 현실과 너무 유리되어 있어서 정당을 운영하는 사람이거나 특히 선거를 치르는 정치인이라면 거의 예외 없이 어려움을 겪게 되는 것이 우리의 실정입니다.

특히 대통령 선거와 국회의원 선거는 그 경쟁이 치열하면 치열할수록 자금도 여·야를 가릴 것 없이 엄청나게 소화된다는 것은 우리 모두가 다 짐작하고 있는 일입니다.

우리의 정치 현실과 관련 제도 사이의 이러한 괴리를 대통령이었던 본인은 적극적으로 해결해나가야 할 위치에 있었음에도 불구하고 별다른 개선 노력을 기울이지 못한 데 대해 책임을 통감하고 있습니다. 그 결과 임기를 마치고 스스로 물러난 대통령이 퇴임하자마자 비리의 주인공으로 국민적 비판의 표적이 되고 만 것은 자업자득이라고 하겠으며, 국민 여러분의 어떠한 비난과 추궁도 모면할 길이 없다고 생각합니다. 아울러 저는 국민 여러분에게 속죄하는 뜻에서 이 자리를 빌려 저의 재산 모두를 밝히고자 합니다.

제 가족의 재산은 연희동 집 안채(대지 385평, 건평 116.9평)와 두 아들이 결혼해서 살고 있는 바깥채(대지 94평, 건평 78평), 서초동의 땅 2백 평, 그 밖에 용평에 콘도(34평) 하나와 골프회원권 2건 등이며, 금융자산은 재산등록 제도가 처음 실시된 83년 총무처에 등록한 19억여 원과 그 증식이자를 포함해서 모두 23억여 원을 갖고 있습니다.

대통령직에 있으면서 축재했다고 단죄를 받는 이 사람이 더 이상 재산에 무슨 미련이 있겠습니까. 이 재산은 정부가 국민의 뜻에 따라 처리해 주시기 바랍니다.

그리고 제가 퇴임하던 지난 2월 이 사람이 국가원로자문회의 의장을 맡게 됨에 따라 전직 대통령으로서의 경험을 살려 나름대로 국가발전에 이바지할 수 있다고 생각했습니다.

그래서 여기에 요긴하게 쓸 요량으로 여당 총재로서 사용하다가 남은 돈 139억 원을 관리해 왔습니다. 그러나 지난 4월 이미 동직을 사임한 만큼 이제 이 돈은 우리나라 정치발전을 위해서 국가가 관리해 주시기 바랍니다.

국민 여러분!

지난 9개월간 침묵해오는 동안 눈덩이처럼 부풀어오른 의혹 속에 저의 지금 이 말을 그대로 믿기는 어려울 것으로 생각됩니다.

또한 우리 헌정사의 불행한 경험 때문에 대통령을 지낸 사람은 으레 부정으로 모은 재산을 해외로 빼돌려 놓았다고 믿어버리는 경향이 있는 것 같습니다. 그러나 저는 결단코 한 평의 땅, 한 푼의 돈도 해외에는 갖고 있지 않다는 점을 분명히 말씀드립니다.

그런 만큼 이 사람이 해외에 재산을 도피시켜 놓았거나 국내에 은닉해 놓은 재산이 있는 것으로 밝혀진다면 그 어떠한 책임추궁도 감수할 것입니다.

우리 사회의 깊은 불신감 때문에 본인이 대통령이 된 뒤 "임기에서 하루도 더도 덜도 않겠다"고 되풀이 강조했습니다만 많은 사람들이 끝까지 의심했으며, 이 말을 모든 사람이 믿게 되기까지는 7년 반이라는 시간이 필요했다는 사실을 이 순간 상기하게 됩니다.

지금 이 자리에서 고해하는 마음으로 부끄러운 얘기를 털어놓는 제 처지가 참을 수 없이 괴롭고 안타깝습니다. 오늘 이 말씀들은 스스로를 변명하기 위한 뜻은 추호도 없습니다. 변명을 함으로써 궁지에서 벗어나고자 했다면 감옥생활보다 더 견디기 어려웠던 지난 9개월의 세월을 어떻게 침묵으로 지내올 수 있었겠습니까.

한 나라의 국정의 최고책임자를 지낸 사람으로서 오늘날 이러한 의혹과 물의를 빚어낸 사실 하나만으로도 저는 국민 여러분에게 참으로 씻기 어려운 죄를 지은 것입니다.

여러분의 마음을 후련하게 풀어드릴 수만 있다면, 그리고 모처럼 시작된 민주화를 통해 국민의 화합을 이룩할 수만 있다면, 저는 어떤 단죄도 달게 받아야 할 처지임을 깊이 깨우치면서 국민 여러분의 심판을 기다리겠습니다.

군문에 들어설 때 국가와 민족을 위한 제단에 이 한 몸을 바치기로 한 저는 이제 어떠한 고통과 시련이 닥친다 하더라도 회피하지 않을 것이며, 더욱이 그것이 저의 과오로 인한 인과응보이고 보면 여한이 있을 까닭이 없습니다.

국민 여러분이 주시는 벌이라면 어떤 고행도 마다하지 않을 것이며, 국민 여러분이 가라고 하는 곳이면 조국을 떠나는 것이 아닌 한 속죄하는 마음으로 어느 곳이라도 가겠습니다.

이제 저는 지난 일과 저 자신을 돌아보며 조용히 반성의 시간을 갖기 위해 국민 여러분의 의혹과 책망의 시선이 모아졌던 이곳 연희동 집을 떠나고자 합니다.

생업을 위해 부지런히 길거리를 오가는 시민들, 추수를 끝낸 농민 여러분의 평범한 일상과 행복이 한없이 부럽게 느껴지는 이 사람의 말을 끝까지 들어주신 데 대해 진심으로 감사를 드립니다.

덧붙여 여러분께서 저에게 한 가지 희망을 말씀드릴 기회를 주신다면 저에 관한 어두운 기억에서 벗어나셔서 새 정부의 출범과 함께 맞이한 희망찬 미래를 향해 국민 모두가 힘과 슬기를 한데 모아 나아갈 수 있게 되기를 간절히 바랍니다.

국민 여러분 정말 죄송합니다.

1988년 11월 23일

사과문을 다 읽은 후 전두환은 백담사로 '기약 없는 유배'의 길을 떠났다. 전두환은 계속해서 연희동 자택으로 돌아오려고 노력했고, 이것은 노태우에 큰 부담이 되었다. 1990년 12월 24일 노태우는 기자들과의 간담회에서 전두환의 귀환에 적극적인 찬성 의사를 보였다. 다음날인 12월 25일 김대중도 전두환의 연희동 사저 거주에 반대하지 않는다는 입장을 표명했다. 전두환은 1990년 12월 30일 2년 1개월의 백담사 유배를 마치고 연희동으로 돌아왔다.

연희동에서 별 탈 없이 지내던 전두환은 1995년 12월 군사쿠데타와 5·18 민주화운동 무력진압에 대한 법적 응징으로 구속되어 1996년 1심에서 사형 선고를 받았다(2심에서 무기징역으로 감형). 한국사에서 최고 집권자 가운데 불법과 비리를 저질렀다가 처벌받은 것은 전두환이 처음이었다. 이는 한국의 민주주의 발전을 위해 바람직한 선례가 되었다.

에필로그: 87년 체제의 극복을 위하여

인간은 제도를 창조하기도 하지만 제도의 영향을 받거나 그에 의해 규정되기도 한다. 정치 체제는 인간 사회의 최상위 제도다. 1948년 건국된 대한민국은 민주공화정을 국민 모두의 행복을 구현할 수 있는 이상적인 정치 체제로 보고 이것을 선택했다. 그러나 이 체제의 이상을 구현하고 그 내실을 다지는 데 필요한 요소들이 결핍된 상태였다.

산업혁명 이후의 민주공화정은 산업화를 하부구조로 갖춰야 제대로 유지될 수 있었다. 그러나 건국 당시 대한민국은 농업국가 단계에 머물러 있었고, 일제강점기에 건설된 공업시설도 남한 지역보다 북한 지역에 집중되어 있었다.

또한 산업화라는 토대 못지않게 중요한 것이 공익과 사익을 조화시키는 방향으로 세상사를 인식하고 그에 따라 행동할 수 있는 교육받은 공민(公民)인데, 이런 인적 기반이 절대적으로 부족했다. 그나마 일제의 식민지 교육 등으로 형성된 소수 지식인 집단이 사회지도층에 편입됐지만 이조시대 이래의 출세주의 사고방식에서 벗어나지 못했다. 일제강점기와 해방 직후에 수많은 지식인들이 공익을 절대시하는 사회주의에 경도된 것은 과거제도에 인생을 저당 잡혔던 조선시대 지식인(양반)들의 모습과 대조된다. 이들도 세월이 흐름에 따라 상당수가 변질되었지만 그래도 초심을 유지한 일부는 사회 각 분야에서 공민 의식을 키우는 데 모범이 되었을 것이다. 그러나 한국전쟁과 이후 남북 체제대결의 결과로 이런 이들은 남북한 모두에서 입지를 잃었다.

한국전쟁 이후 남한과 북한에서는 각각 극단적인 반공주의와 반미주의 외에는 선택의 여지가 없었다. 남북한 모두가 사실상 '유일사상 체제'가 되어버렸고, 대한민국의 공식 이념이 된 '자유민주주의'는 허구화되었다. 이에 따라 정치인이나 지식인들이 안보를 위해서는 자유민주주의가 유보될 수 있다고 공공연히 주장했고, 일반 국민 중에서도 이런 주장에 동조하는 사람들이 갈수록 많아졌다. 유신체제와 전두환 독재는 이러한 배경에서 성립된 것이므로 겉보기와 달리 의외로 허약했다. 경제성장 제일주의를 내건 이 두 정권은 경제가 성장할수록 안보 이데올로기의 힘이 약해지는 탓에 그 기반이 흔들리게 되었다. 이런 면에서 '민주화'를 하지 않으면 오래갈 수 없는 정권이었다.

처세에 능하고 기회 포착을 잘하는 정치군인 전두환은 쿠데타로 집권했지만 이전 박정희 정권이 씨를 뿌린 중화학공업 육성에 어느 정도 성과를 거두었다. 그러나 자신을 객관화해서 볼 줄 아는 능력이 없었다. 박정희는 자신이 독재하는 것을 잘 알고 있었지만, 전두환은 자신에 대해 그렇게 생각하지 않았던 것 같다.

전두환이 집권 초에 대학생 수를 종전 대비 거의 2배로 늘리는 '교육개혁'을 단행한 것이 어떤 측면에서는 자신의 정권에 몰락을 가져온 큰 요인이었다고 볼 수도 있다. 그 많은 대학졸업자들의 높은 기대수준을 충족시키는 것은 불가능했고, 정권 차원의 부정부패와 정치사회 구조의 모순은 그들의 공격 대상이 되기에 안성맞춤이었다. 결국 대학생들의 선도적인 반독재 투쟁과 늘어난 중산층의 호응으로 더 이상 군사독재 체제를 유지하는 것이 불가능해졌다. 그 결과가 1987년의 대통령 직선제 수용을 포함한 개헌이었다.

1987년의 개헌으로 성립한 '87년 체제'는 민주화 시대를 활짝 연 것으로 보였다. 그러나 그로부터 30년의 세월이 지난 지금 돌아보면 87년 체제는 '판도라의 상자'를 연 것에 불과했다.

그 뒤에도 무엇보다 민주공화정의 원활한 가동에 필수적인 요소인 '공민'은 여전히 절대적으로 부족했다. 교육을 신분과 계층 상승의 수단으로만 인식하는 사회 분위기와 그러한 사회 분위기에 편승하고 그것을 더욱 조장하는 공교육에 큰 문제가 있었다. 그래도 각성한 유권자층이 점점 확대되었지만 지역분할 구도, 소선거구 제도, 양당제 등의 정치구조 아래서는 이들의 목소리가 국가의 정치와 행정에 반영될 여지가 거의 없었다.

이렇게 된 것은 무엇보다 1987년 개정 헌법에 의거한 정치제도가 우리 사회를 두 진영으로 분열시키고 그런 구도를 유지시키기에 알맞기 때문이었다. 박정희 정권과 전두환 정권에 걸쳐 국민이 선출하지 않은 집권자의 전횡과 독재에 시달리다 못해 질려버린 국민에게 '대통령을 내 손으로'라는 구호는 호소력이 컸다. 그러나 그 뒤로도 대통령 중심제가 금과옥조처럼 떠받들어진 것은 대통령 중심제에 대한 성찰이 부족했기 때문이다. 대통령 중심제는 미국의 건국 과정에서 생긴 매우 특수한 정치제도다. 미국의 영향을 받은 여러 나라들이 수입하여 운영하고 있어서 보편적인 제도인 것처럼 보이지만, 사실 미국 이외의 나라들에서는 성공하기가 어려운 제도다.

우리나라 국민은 성군 이데올로기에 많이 사로잡혀 있어서 정치지도자에게 무한한 기대를 걸곤 한다. 국가의 기틀이 튼실하지 않았던 건국 초기에는 의욕적이고 공익 정신이 있는 사람이 집권하게만 된다면 대통령 중심제가 소기의 성과를 거둘 수도 있었다. 그러나 집권자의 만기친람을 당연시하는 이 제도는 국민의 역량이 커지고 민주의식이 발전함에 따라 부작용이 커진다.

대통령 중심제라는 제도 자체가 승자독식 방식이어서 선거에서 패배한 정치세력과 그 정치세력을 지지한 국민들은 선출된 대통령과 그 정치세력에 대해 반감을 갖기 쉽다. 게다가 우리의 대통령 선거에는 결선 투표가 없어서 1987년 이후 일곱 번의 대통령 선거에서 과반수 득표로 대통령에 당선된 이가 단 한 사람(박근혜)뿐이었는데, 그 사람은 탄핵을 당해 유일하게 임기를 채우지 못했다. 50% 미만의 소수 지지로 당선된 권력자가 모든 행정권력을 다 누리게 되지만 정책을 수립하고 시행하는 데 큰 장해를 겪게 된다. 여기에다 소선거구제로 치러지는 국회의원 선거는 다양한 정당의 출현을 근원적으로 막아 여야 양대 정치진영간 '적대적 공생 관계'를 제도적으로 만들어낸다.

사회 구성원들의 공익 의식을 봐도 1987년 이후 그것이 고양되기는커녕 계층을 막론하고 더욱 저하되어왔다고 볼 수밖에 없다. 게다가 많은 사회제도가 공정성이 훼손되는 방향으로 개악되었다. 그 결과 다수 국민이 이제 한국사회는 계층 상승의 가능성이 없어 부모의 사회적, 경제적 지위가 자식의 운명을 결정하게 되었다고 개탄하기에 이르렀다. 법 자체와 그 집행의 공정성은 건국 이후 줄곧 의심받아왔으니 제쳐 놓더라도 교육의 공정성은 그나마 어느 정도 지켜졌다고 믿었던 국민들이 이제는 그렇게 믿지 않는다. 이러니 다수 국민들이 삶에 대한 희망을 잃고 있다.

이는 특정한 정치진영 탓으로 돌릴 수도 없고, 또 그런다고 해결할 수 있는 문제도 아니다. 국민계몽 캠페인이나 의식혁신 교육으로 풀 수도 없고, 전교조가 주장하는 '참교육'으로도 풀기 어려운 문제다. 우리 사회 내 각종 제도의 공정성과 공익성을 제고하는 제도개혁에서 문제 해결의 실마리를 찾아야 하리라고 본다. 그런데 서로 타협하기 어려운 양대 정치진영으로 국민들마저 편을 갈라 대치하는 현재의 상황에서는 이마저 무망한 일이다. 지금 한국사회의 양극 분열상은 마치 두 개의 민족을 보는 듯하다.

제왕적 대통령 중심제를 규정한 1987년 헌법의 변경 없이는, 그리고 국회의원 선출 방식의 수정 없이는 근본적인 제도개혁이 불가능하다고 필자는 생각한다. 야당은 책임을 지지 않는 현행 제도 아래서는 야당이 반대를 위한 반대를 일삼게 되고, 여당과 야당을 막론하고 '상대 진영의 실패는 우리 진영의 행복'으로 여기게 된다. 주요 정치세력들이 국민에 대해 같이 책임을 지게 하는 방향으로 정치제도를 손질해야 한다. 그래야만 정파간 협상과 타협, 그리고 진정한 정책대결이 가능해질 것이다.